民と神と神々と

――イスラーム・アメリカ・日本を読む

関西学院大学キリスト教と文化研究センター［編］

池　明観
花崎皋平
阿満利麿
小田淑子
小杉　泰
中田　考
森　孝一
板垣雄三

関西学院大学出版会

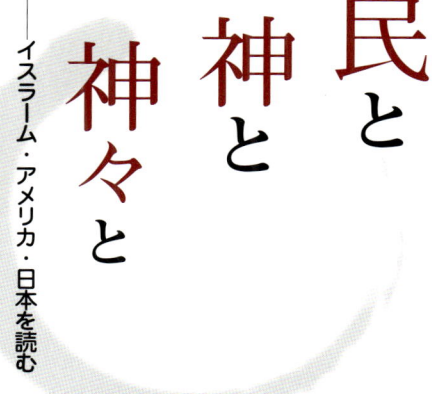

◆民と神と神々と

──イスラーム・アメリカ・日本を読む

まえがき

ロシア革命、二度の世界大戦、ナチスによるユダヤ人弾圧、広島・長崎への原子爆弾投下、東西の対立、ヴェトナム戦争、湾岸戦争、二〇世紀は波乱に満ち、人類の歴史において多くの悲劇をもたらした。ただその中でも、長年の植民地支配から、アジア、アフリカなどにおいて多くの民族の独立と多くの国家の成立、東欧革命により自由になったひとびと、新たな情報技術によりグローバル化され一体となった世界、そこに希望をたくして迎えた二一世紀。人類は進歩し、世界は平和になり、さらに豊かになるかもしれない。しかし、それは夢想にすぎなかったようである。

すでに長年にわたるイスラエルとパレスティナの対立は泥沼化の様相を呈しており、それに冷戦終結後の世界ですぐに民族間の紛争がわき起こっていたので、困難は予感されていた。それに二〇〇一年九月十一日、ニューヨークで起こった同時多発テロにより、世界は実際に混乱に陥っていく。そのさい特に、欧米のキリスト教世界とイスラーム諸国との対立が焦点となり、問題にされるようになった。すでに一九九三年、S・ハンチントンが「文明の衝突?」という論文で、冷戦終結後の紛争を、イデオロギーではなくて、それぞれの文明が自らのアイデンティティを求めることから分裂や対立が起こる、つまり、異文化間の衝突として捉える見方が提示されていたが、ある意味で世界は現実にそのような状況になってきた。そこにアフガニスタン、イラクでの戦争がキリスト教的な国アメリカによって仕掛けられた。同時代に生きるわれわれ自身は、この状況をどのようにみるのか。これが重要な課題になった。

本研究センターでは、このような現在の世界の情勢をふまえ、「民族・宗教・紛争」を総主題にかかげ、みなで協力して研究に取り組むことにした。そこで、まず、具体的に各民族と宗教の関係とその問題、特にイスラームとキリスト教の歴史、教義、特徴などとその政治との結びつきについて改めて学び、理解を深める、紛争について単に政治的にだけではなくて、その民族の歴史と宗教を考慮しながら研究していく。そして同時に、この主題に関わる各分野の専門家を招き、全学の学生を対象にした公開講演会を開いて、この現在われわれが直面している大きな問題について一緒に学び、考えていくことにした。

ここに収めた七つの論考は、上記のような意図のもとに、二〇〇〇年六月から二〇〇二年十一月までに、当研究センター主催で行われた公開講演会（RCCフォーラム、第十回から第十六回、第十九回）でなされた講演をもとに、各講演者にお願いして、原稿にしていただいたものである。お忙しいなか、講演を担当してくださっただけではなく、それを論文にしてご寄稿くださいましたおひとりおひとりに、この紙面をかりて、衷心よりお礼を申し上げたい。

さて、以下、ここに掲載した各論文についてその意図を簡単に紹介しておく。

「東アジアの理念」を問い、地政学的な優位を求める発想から東アジアにおける日本に対して地政文化的な発想を促す〈池明観〉氏の論文。

二〇世紀の終わり、日本では急速に台頭してきた新しい国家主義が政治を動かし、国家構造変革への歩みが加速され始めた。そこで、戦後日本の「ナショナリズム」がどのような生態で機を伺い「神国日本神話」の翼賛を調達しながら、何処へ向かおうとしているのか。このような問題意識から宗教の問題を論じているのが〈花崎皋平〉氏の論文。

無宗教を標榜してやまない人々が多数を占める日本社会、無宗教とはどのようなことなのか、無宗教をもたらした原因は何か、近代日本百年の精神史をふまえて、日本の宗教文化のかかえている課題を考える〈阿満利麿〉氏の論文。

イスラームの特徴は世界宗教でありながら、独特の法体系をもつことにある。その存在理由と意味を考えながら、イスラーム的共同体（ウンマ）の特徴と、原罪を認めず激しい律法をもつイスラームの罪悪観を解明する。イスラームは近代以前の中東でユダヤ教やキリスト教と共存していたが、近代以降のイスラーム世界には多くの紛争や戦争が生じている。その理由を考察している〈小田淑子〉氏の論文。

冷戦終焉後、ナショナリズムが世界各地で活性化し、民族紛争が頻発するようになった。その傾向はイスラーム世界とその周辺で一層強く見られる。それは何故か。そこでイスラーム固有の世界観と近代世界システムの相克、イスラーム世界の復興と国際社会の再編などを視野にいれながら、イスラームの宗教観、共同体認識、民族論を検討する〈小杉泰〉氏の論文。

ユダヤ教、キリスト教、イスラームの歴史的な関係を概観した、またイスラームの基本教義、学問体系について検討し、イスラーム法上の国際関係、異教徒の地位規定などについて詳しく論じた〈中田考〉氏の論文。

宗教とキリスト教の立場から「同時多発テロ」後のアメリカを分析し、今後のアメリカにおける宗教の課題について考察している〈森孝一〉氏の論文。

日本社会は世界認識の燦々たる欠陥をかかえながら、9・11と対テロ戦争に立ち会っている。日本・欧・米・「アジア」、そしてイスラーム世界の関係を考え、日本人のイスラーム理解の可能性を読み直す。また、イスラームのメッセージをどのように特徴づけることが出来るか、を問題にしている〈板垣雄三〉氏の論文。

なお、これらの講演の後、当研究センターとしての最後の締めくくり、総括として開催した第二十回RCCフォーラム「民族・宗教・紛争　―多元化社会・日本からキリスト教とイスラームを問う―」（松木真一司会、パネリスト：後藤裕加子、畑祥雄、宮谷宣史）は紙面の都合で本誌に採録できなかった。

各分野における優れた講演者を迎えることができ、またその原稿を頂けたおかげで、このような内容の豊かな、刺激と含蓄に富む本をまとめることが出来て感謝している。本誌が、混迷を続ける今日の世界情勢の理解に役立つだけでなく、日本において「民と神と神々」について、民族と宗教についてわれわれの考えるべきこと、またアジアと世界において為すべきことについて、道標を与える一冊となれば幸いである。

宮谷宣史

関西学院大学キリスト教と文化研究センター　センター長

目次

第1章
東アジアと日本

池 明観

池 明観

（チ・ミョンクワン）

一九二四年生まれ。ソウル大学文理科宗教学科卒。盛徳大学教授、ソウル大学講師、『思想界』主幹など歴任。一九七二年来日。一九九三年まで東京女子大学現代文化学部教授、韓日文化交流政策諮問委員会委員長、日韓文化交流会議韓国側座長などを務める。現在、韓国翰林大学教授日本学研究所所長。

日本と韓国に足場を据え、東アジアの文化的共同体を追求し、日韓関係の新しい前進のために重要な役割を果たしつつある、韓国を代表する知識人。

二〇〇三年三月、北朝鮮を訪問。五月までKBS（韓国放送公社）理事長。

二〇〇三年八月、かつて「T・K生」の名で発信された地下通信「韓国からの通信」（七三年五月―八八年三月「世界」誌）は 氏の匿名による国際共同プロジェクトによる連携作業であったことを発表して話題となった。

著書

『流れに抗して』（新教出版社）
『破局の時代に生きる信仰』（新教出版社）
『勝利と敗北の逆説』（新教出版社）
『人間的資産とは何か』（岩波書店）
『韓国民主化への道』（岩波新書）
『日韓関係史研究』（新教出版社）
『日韓の相互理解と戦後補償』（日本評論社）
など多数。

はじめに

韓国のこと、日本のこと、東アジアのことを考える、このような機会を与えてくださいまして本当にありがとうございます。大変な激動の時代に入っていく様子で、私が東京に来ているということを知って、日本のテレビでも南北の問題をいろいろ話してくれないかと言ってくるので、私は日韓関係のことしかわからないといって逃げ回っています。

実を言えば、韓国の民主化は、日本の心有る方々に支えられて今日があるわけです。特に、いま私を紹介してくださった前島宗甫先生（キリスト教と文化研究センター教授）は、そういった動きの中の中心の一人であったし、日本の教会が韓国の民主化運動を長く支えてきた中で重要な役割をしてくださいました。その先生のお呼びに従って、今日は喜んで参りました。

まず、皆さんとの間隙をせばめるために自分について少し話したいと思います。

韓国では半世紀以上、日本の大衆文化は入れないというように、日本の大衆文化に対して鎖国状態を続けてきたわけです。それはいろいろな理由がありますけれど、なによりも日本の植民地支配による影響が大きく、日本あるいは日本の大衆文化に対してかなり国民の反発が強いので、今まで国を閉ざしていたわけですが、金大中大統領が就任されてからは、日本の大衆文化を開放して、全面的に入れるようにしなければならないというような政策を打ち出したので、日本の大衆文化を入れるのにどうするかという委員会を作りました。それが日韓文化交流政策諮問委員会です。

ここで国民のいろいろな感情とか国民の状況とか、韓国における大衆文化や産業のことなどを配慮しながら、最初は例えば日本の映画でも世界の四大映画祭で入賞した作品に限ると、一九九八年の十月に決めたわけですが、去年の九月に二回目の開放をした際には、日本語で日本の歌を歌ってよい、しかし、場所は座席が二千席以内の室内に限るというような決定をしたのです。そのように徐々に、国民の抵抗がないように配慮しながらやっています。

私は、帰ればすぐ第三回目の日本大衆文化の開放のための協議をやることになっています。今大体案ができていますけれど、これまでは開放の幅を少しずつ広げてきたわけですが、今度はだいぶ大幅に広げるだろうと思います。一回、二回と成功してきたので、第三回目はここを開くというような、そういうことを考えているところです。金大中大統領という方は、政策を決めたらその後はほとんど関与しない人ですから、私たちにそれを預けておいて、われわれの決定に従って、政府がそれを発表していくというやり方をしているので、このような仕事が可能になっています。

私は、東京女子大学を定年でやめて帰る頃には、日本のことはあまりしないで、私は本来宗教哲学をやってきた者ですから、宗教哲学にのみ精進したい、あるいは老後を楽しみたい、のんびりとすごしたいと思っていたのですが、そうはいかなくて、今こういうことをしています。そのために国内でも日韓関係のことになると、専門家面をして方々に引っ張り出されています。

自分のことを先に申しましたが、これから本題の「東アジアと日本」ということについて、できるだけオープンに話していきたいと思います。多少難しいところがあるかもしれませんが、ここは大学ですので、共に考えるということで、お聞きいただきたいと思います。

南北首脳会談の持つ歴史的意味合い

今度、六月十三日から十五日まで、ご存知のように南北首脳会談が開かれました。私は、前島先生からこの講演を依頼されたときは、南北首脳会談が行われるとは思わなかったのでお引き受けしました。もし、南北首脳会談が行われることを知っていたら、もちろんその時は韓国に踏みとどまって歴史的な事件を経験したかったのですが、仕方なく日本に来て、日本のマスコミを通して、皆さんと同じようにこの首脳会談を眺めたわけです。

私が報道を見ながらふと思ったのは、日清戦争のことです。これはだいぶ唐突かも知れません。なぜ日清戦争のことを思ったか。後で言及しますが、ハーバート・ノーマンの『日本における近代国家の政治』という本を読んだばかりだったので、それでたぶん日清戦争のことを思い起こしたのかもしれません。なぜかというと、一世紀以上前の日清戦争で日本が勝利した歴史、それと今韓国の南北の首脳が出会って二〇世紀に新しい試みをしようとしていること、これはとても象徴的なことのように思えてならないのです。一九世紀末の日清戦争が二〇世紀に対する一つの予兆とでもいいましょうか、未来に対する兆しであったとすれば、今回の南北首脳会談というのは二一世紀に対する兆しであるということですね。

日本について言えば、日本はたぶん日清戦争のときに、日本が勝利したということで非常に喜んだわけですが、その喜びと、今朝鮮半島における、同じ朝鮮半島で起こった問題ですけれど、そこで南北の首脳が出会ったということで日本人が驚き喜ぶこととは、非常に質的に違うのではないか。その違いがこの二つの出来事に表されている。他方、日清戦争というのはまさに近代における朝鮮の悲劇の始まりであり、北東アジアの状況が二〇世紀に向かって全面的に変わっていく、そういう事件であったとすれば、今回の南北首脳会談というのは、二一世紀において朝鮮半島の状況を変える事件であると言える。朝鮮半島にとって大変なことがこれから展開されるはずですが、朝鮮半島だけに終わらないで、同時に東アジア全体に大きな波紋を広げるでしょう。そして今それは韓国内で喜ぶだけではなくて、世界が喜ぶような事件である。

そしてわれわれ自身に戻って考えるならば、日清戦争は、大国によって侵略された歴史の始まりであるけれど、今度の歴史はそういう侵略によってもたらされた状況を変えていこうとするものであり、和解と協力のための歴史の始まりである。そして、一八九四年、九五年の戦争の時には朝鮮はまったく無力であったのに、二一世紀に入ろうとする今日においては、首脳会談をしながら自らこの問題を解決しようとするくらい、決して周辺諸国の協力なくしてはありえないことですが、しかし自分たちの力がついて民族の運命に自分たちの力で対処できるところまで成長したということも同時に言える。まさに隔世の感とは、こういうことではないかと思います。ここでわれわれ、特に若い人たちが考えなければならないことは、二一世紀に向かって、世界、特に東アジアは激動を繰り返しながら変わっていくだろうけれど、これに果たして私たちはどのように対処していくのか。こういうことだと私は思いました。

金大中大統領の北朝鮮訪問と東アジアの平和

金大中大統領は鮮やかな外交を展開しました。かつての社会主義陣営であろうと、自由陣営であろうと、その全部の国が南北の和解に賛成できるように外堀をかためておいて、それから北と関係をなしていったわけですね。そしてその間に太陽政策ということで、北に信頼感を持たせるために隠忍自重、忍んでようやくここにたどり着いたのです。

東アジアと北東アジアの問題を考えるときは、朝鮮半島というのは非常に重要な、それこそ核になると言っていいわけです。これは国際政治的にいいますと、大陸の方の勢力が朝鮮半島にやってくる。地政学的に申しますと、そうすると今度は日本、今日においてはアメリカをも含めてですが、海洋勢力がはいってくる。そして朝鮮の中で衝突する、せめぎあいをする。ついにはそのために南北が分断するという状況になっていきます。ですから朝鮮半島のことと東アジア全体のこと、あるいは周辺諸国との間の関係を切り離しては考えられないということになります。その中における日韓関係です。だから、日韓関係を考えるためには、この東アジア全体の問題を考えざるを得ないわけですが、それに対する解釈の糸口が与えられるよう、私は韓国人の一人でありますので、今日は、日韓問題を中心に語ることで東アジア全体が直面している課題が見えてくるという立場でお話申し上げようと思っております。

金大中さんの話をいたしましたが、金大中さんが今、北にむけて和解の手を差し伸べて解決しようとしているのは、近代という百年以上の歴史が集結し、それが集約的に表現されている朝鮮半島の問題であるといえます。私は、彼が六月十三日にソウルを出発したときの、出発声明の中に書いてある、その冒頭の言葉に感銘を受けました。彼はこう言っています。日本の新聞に翻訳されているのを読みますと、「私は今日から二泊三日平壌を訪問する。民族を愛する熱い思いと、現実を直視する冷静な思考をもって訪ねようと思う」。この言葉です。皆さんもこの言葉を聞いて、あるいは思い出すかもしれませんが、マックス・ウェーバーが一九一九年にドイツの敗北を前にして語った有名な講演がありますね――「職業としての政治」。その中でこういうことを語っています。政治とはなにかということで、政治とは情熱と判断力の二つを駆使しながら、堅い板に力をこめてじわじわと穴をくりぬいていく作業である」。これは数日前の朝日新聞も引用していました。民族に対する熱い思い、情熱ですね。しかし現実はそう簡単ではない。今まで敵対している間柄でありますから、それに対する判断力、現実を直視する冷静なる思考をもって北を訪ねる。南北の間には堅い板のようなものが横たわっているわけですが、しかしそれに絶望しないで、当たってみて、駄目だと退くのではなく、じわじわと穴をくりぬいていく作業をしなくてはならないとマックス・ウェーバーは言っているのですけれど、まさにそれと重ねて考えられる言葉ではないかと思います。

それから十三日、北の金正日委員長が晩餐会を催した席で言った言葉ですが、こういう言葉の中に政治家の思想、信念、同時にそこに朝鮮を中心とした東アジアの歴史観がこめられているような気がしてならないのです。晩餐会で金大中さんはこう言っています――「歴史は不信と対決ではなく、和解と協力を選択する民族に栄光を与えるだろう。南北が北東アジアの平和と安定にも寄与することを期待し、今日が和解と協力に向けて民族の新たな出発の日になることを祈願する」。われわれは和解しなければならない。一九世紀、二〇世紀が不信と対決の時代であり、戦争の時代であり、革命の時代であるとするならば、これからは和解と協力の時代である。われわれはこれから共に歩んでいくしか道はないのではないかということをいっているわけです。それだけではなくて、そこに必ず南北が北東アジアの平和と安定にも寄与するということを言っているんですね。これは非常に単純な言葉のように聞こえても、実はそこに、私は朝鮮民族の悲願というものが込められていると思います。それは先ほども申しましたように、大陸勢力と海洋勢力がぶつかる。そしてここで戦うわけです。そのために常に朝鮮は苦しまなければならない。そういうような状況であるから、朝鮮問題を解決しなければならない。そして、その周辺の大国との間でも、やはり平和を保っていかなければならない。そのためにわれわれは和解と協力をしなければならない。われわれが和解協力することは必ず北東アジアの新しい時代に貢献するのだという、この朝鮮における近代以来の悲願がそこに込められていると思います。言葉を変えて申しますと、朝鮮半島の平和は東アジア諸国の平和であり、東アジアの諸国、朝鮮半島を取巻く諸国の間に平和があれば朝鮮半島には必ず平和がある。この図式といいますか、こういう関係に立って述べている言葉だと思います。日本で「東アジアの平和」と言うのとは、少し違った重みが朝鮮にはあると思います。いわば、その平和がないがゆえに苦しんできた民として、その平和を必ず築かなければならない。それがわれわれのためであり、東アジアのためであるというような発想がそこにあると思います。それで今日の題に「地政学的問題と地政文化的問題」というふうにサブタイトルをつけたわけですが、最初に地政学的問題と地政文化的問題のずれということについて申し上げたいと思います。

朝鮮半島における地政学的問題

今まで申し上げましたように、朝鮮半島における地政学的問題、それを東アジアの歴史から見れば、まさに大陸勢力と海洋勢力が衝突する、これが日清戦争であり日露戦争であり、ついに一九四五年以降においては、それは冷戦体制の中で南北に分断する、今のような状態になったわけです。そこにかつてのロシアがソ連となって入ってくる。日本は後退してアメリカが全面的に登場してくるということが、一九四五年以降の朝鮮半島を巡る状況であったと言えるのですが、これをわれわれが考える上で、わたしはよく文禄、慶長の役のことを考えるのです。これを韓国では南北朝鮮ともにですが、壬辰倭乱と呼んでおります。倭が入ってきてわが国土を踏みにじったということで壬辰倭乱と呼んでおりますが、一五九二年から一五九八年ですね。私は、これが朝鮮半島を中心にした地政学的考察をする上において最も典型的なものであると言っていいだろうと思います。

この時代というのは、ヨーロッパの歴史から見ると大航海時代であるわけです。コロンブスが一四九二年にアメリカに到着し、ポルトガル帝国、スペイン帝国、それからフランス、オランダ、イギリスなどが現れてきて、海へ海へと進んでいく。ヨーロッパ大陸の外へ向けて進んでいく。そしてその流れが日本にもとうとうやってきて、それに触発されたといいましょうか、一五四三年にポルトガル人から種子島に鉄砲が伝えられる。そして日本は武士社会ですが、日本の武力が強化されていくわけです。日本がヨーロッパの大航海時代におけるそのような時代に触発されて、ある種の力をつけた。するとと日本はどうしたかというと、アジア大陸へと進んだわけで、これがいわば文禄、慶長の役であると歴史的に考えられます。これは、日本の近世の初期に現れた状況でありますけれど、これが東アジア全体の状況に大変動をもたらしてくるわけです。朝鮮はこのときから衰退します。そしてその後に、大陸に清ができてそれがまたやってきます。北方民族というのは中国を支配するためには後方にある朝鮮をまず支配に置いてから中国へ行かなくてはなりませんから、そのようにやってくるわけです。この文禄、慶長の役に、壬辰倭乱に出兵していた明は国力が衰え、今申しましたように清によって滅ぼされてしまうという歴史がそれから展開されていきます。

ここで見られるのは、豊臣秀吉の軍が大陸へやってくるという朝鮮半島での状況によって、アジア全体が変わっていく。そして日本では徳川の幕藩体制になって、今度はアジアが鎖国の時代に入っていく。ヨーロッパにおいては大航海時代になって全世界へ伸びるのに、われわれは鎖国してしまうという状況になってくるわけです。これはある意味においては近代以降の歴史においても繰り返されたことではなかろうかと思うのです。鎖国が終った後、日本は近代化によって今度は富国強兵でもう一度力をつけると、また同じ様なことが繰り返されると思っていいわけです。そして東アジア全体に大変動が起こってきます。それが一九世紀末から二〇世紀の前半にかけての状況であり、二〇世紀後半は、その後遺症の中に東アジアが陥れられていたというふうにいっても過言ではないと思います。朝鮮民族というのは、北方民族の侵略は受けますが、中国の漢民族の侵略は八世紀以後は受けていません。八世紀以後は中国の漢民族とは非常に仲が良かったのです。それをよく事大主義であったというように言うのですが、しかしこの時代は、朝鮮自体が中国の文化に自らをアイデンティファイして、中国の儒教文化を全面的に受け入れたということを意味するわけです。政治的であるよりは私は文化的であったというふうに解釈いたします。これが大体朝鮮半島を巡る大雑把に申し上げた地政学的状況です。

「地政文化」という考え方——日本人と韓国人の違い

地政文化という言葉は、翻訳語としてまだ日本ではあまり定着していないと思いますが、前に挙げた地政学が geopolitics であるのに対して、地政文化は geoculture であるわけです。カルチャーの問題。東アジアにおける文化、文明というものはどうなってきたのか。東アジア文明圏のことをちょっと考えてみたいと思います。

東アジアの文明圏というのはやはり中国が中心です。それが長い間中心文明であったのです。そしてその文化が伝播していくわけです。この東アジアの伝統的文明圏の中で日本はどのような位置にあったのか、あるいは明治以降において、日本はかつての位置からどのように文明的に変わってきたのか、文明史的に変わっていったか、それをわれわれはもう少し考えていかなければならない。

私が書いた本の中で何度も繰り返していることですが、だいたい文明というのは、その文明の中心から離れれば離れるほど、その中心の文明より弱いものになってしまう訳ですね。これは当然そうならざるを得ない。いつも例にあげることですが、韓国では漢字を音読みしかしません。訓読みはしません。それから、漢文を読むとき、韓国では棒読みをします。日本のように上下しながら読まない。これは朝鮮の方がより中国に近いから、自然と中国文化をそのまま入れようとした傾向を持っていたことの現れです。日本はだんだん遠くなって（漢字の読み方も変わって）いったということが言えるわけです。

これは、トインビーなどがヨーロッパの文明を考える時に考える考え方ですが、しかしトインビーはこれだけで終わるわけではなくて、もう一つ、巨大な文明が出会う場合についても述べている。ここに巨大な文明があるのにまた新しい巨大な文明が来る時、そこに奇跡が起こり、火花が散って新しい文明が発展する、ということも同時に言っているわけです。だから私は、日本は大陸文化を受け入れただけではなくて、根付いたものに新しいものがはいってきて、そこに奇跡、火花が起こって日本独自の文化を作っていったと解釈しています。こうして日本は、アジアと違うものを持ち始めた。

これを今日の話では一応、丸山眞男先生の「古層」という言葉で考えてみたいと思います。日本文化の「古層」という話です。丸山眞男先生が一九七二年に書かれた「歴史意識の古層」という重要な論文があります。その「古層」として日本人の歴史を考える考え方の根底にあるものはこれだという ことで、このようなことを言っています。歴史に対して日本人はこう考えているみたいだ。すなわち、「次々に成り行く勢いである」、自然とそうなっていく。歴史は変わっていくと言いましょうか、流れていくといいましょうか、そのようになる。それでそのような考え方が基盤にあって、現在、今とセットになっているオプティミズム、楽観論を日本人が持っているのであろう。これが日本人の歴史意識における古層だという話を展開しているわけです。「次々にそのようになっていく」。そして、過去が今にのしかかる。「今」は過去からのエネルギーを満載しているものである。そしてその満載しているものから何かが現れる─「初発する」という言葉を使っていますね。だから、過去がこのように積み重なってそこから何か爆発する、何かができてくる、それが未来であるということです。これは自然とそのようになるということですから、一種の自然主義的な歴史観であると言えるわけです。これを丸山先生は、日本人の持っている歴史に対する楽観論、オプティミズムであると言っています。

私は、それ（＝古層という考え方）に対して異議を唱えるというよりも、それがオプティミズムであろうかという疑問を呈したいと思うのです。敢えてこれをオプティミズムと呼ぶとすれば、私はそれをネガティブ・オプティミズムと呼びたい。否定的なオプティミズムと呼びたい。オプティミズムとネガティブは合わないのですが、それを敢えて結びつけてネガティブ・オプティミズムと思いたいのです。何故ならば、これはオプティミズムのように見えるけれど、同時に悲観論ではなかろうか、ペシミズムではなかろうかというふうに思うからです。言葉を変えてもう少し易しい言葉で言いますと、歴史はこのように、自然に成り行くのだから、人間の力ではどうにもできないという諦めがこの中にあるのではないかということです。だからわれわれはこのような問題があれば、山里みたいなところに逃げていて、歴史はそうなっていくはずだから、しばらく待っているということになる。また、丸山先生は、「成る」ということを盛んに言われるわけです。このように「成る」のだ。「作る」のではない。「作る」というのは人間が作るわけです。「成る」というのは自然に成るわけですから、成るのであって人間が歴史を作るのではないとすれば、世の中は変えられないものであり、世の中は変わらないものであり、われわれが変えることのできないものであり、成るに任せなければならないものである。ということは、われわれ人間がいかに行動しても世の中はどうにもならないという悲観論ではないのか。今選挙がありますけれど、如何でしょうか。仕方がない、そう成るのだから。われわれが歴史を作りかえるというそういうことがないとすれば、それはペシミズム、歴史に対する悲観論ではないかという思いがあるのです。

韓国人はこの点が違います。韓国人はどう考えるかというと、日本のオプティミズムとペシミズムの逆を生きています。歴史は変わるというのです。いかなる歴史も永遠に続いたことがない。いかなる歴史も長くはない。十年以上続く権力もないというような—私はこれを「変わる」という一般命題だと言うわけですけれども—「変わる」というふうに歴史を認識する。実体というものは変わらないのですが、変わらないのではなく変わると考える。その一般命題が今度は「命令命題」になる。これはどういう意味かと申しますと、歴史は変わる、故にわれわれは変えなければならない。これはやや飛躍とも言えるわけですが、変わるから待っているのではなく、変わるから、安心して、変えていく。今われわれが戦って牢屋に入っていれば変わるのだから、そしてその次何年かたてば、われわれは歴史の主人公になるのだから、だからわれわれは安心して自己を犠牲にしながらも戦って変えなくてはならない。このような、「変わる」ということから「変えよ」ということになるのです。私は金大中の南北問題にもこれがあると思います。南北問題が変わるだろう、成り行くだろうと待っているのではなく、歴史は変わる、だからわれわれは変えなければならない。そこに金大中の一種の歴史哲学があったのではないかと思います。だから歴史に参加してそれを変えようとするのですね。

もう一つここで（丸山眞男）先生の論文に多少コメントをしようと思います。日本人は歴史を、そういう成り行く勢いであると捉えていたから黙っていたのかというと、そうではないのではないか。ならば、アジアを侵略したのはどうしてなのか。日本人は巨大な力でもって歴史を変えようとしたではないか。もちろん日本中心でありますが、歴史を作ろうとしたではないか。決して作ろうとしなかったわけではないのだということです。あるいはこういう考え方も可能かも知れません。若い人たちにもっと研究していただきたいと思いますが、力があるときには変えようとした。力がないときには、あるいは力がない階層は、成り行くのだからあきらめていたのかも知れない。そうするとわれわれが日韓の問題をこれから考える上において、日本において「成る」といって待つことと、「作る」といって歴史を主体的に創造することがどう絡んでいるのかを研究しなければならないのではないか。あるいは、韓国においても、「成る」と考えた面がある。それはどのような意味で「変わる」と絡んでいるのか。こういうことがこれからの研究課題ではないかと思います。だから二一世紀における日本の歴史的行動、あるいは日本国民の歴史的行動、あるいは朝鮮民族の歴史的行動の中でわれわれはこの問題をもう一度考え直すべきであると私は思っています。

武士社会と文人社会

いずれにせよ、この東アジアにおいて日本と朝鮮は、今申しましたように、地政文化的に非常に違っています。両国は非常に違っているけれど、その違いを、人間の意識、エートス、思考方式、そういうものよりもう少し社会的、具体的に考えてみると、日本は武士社会であると言えることからきていると思うのです。日本の古層というのは武士社会のエートスを持っていると私は考えます。他方、朝鮮の社会というのは儒教的文人社会であります。この二つの違いですね。非常に違っています。この武士社会と文人社会とがどう関わって、日本の武士社会というのが日本人の発想の中にどのような影響を及ぼしてきたかということを、われわれはもう少し考えてみなければなりませんが、九三九年に平将門の乱が起こり、関東武士が台頭するわけですね。それから鎌倉幕府になり、日本の武士階級がだんだん社会全体を支配するようになっていくのですが、アジアのなかで、中国と朝鮮と日本を考えた場合、徹底した武士社会になったのは日本だけなのです。朝鮮の方はより儒教的文人社会です。中国は多少ミックスした形で展開されますが、文人社会的傾向が強いです。日本だけが武士社会になるのです。その前は、源氏物語の世界を考えますと、貴族社会ですから、日本も文人社会でした。しかし一〇世紀以降になって急激に武士社会になる。それで私は、日本は実は近代に入って脱亜したのではなく、その時から脱亜したのであると考えています。なぜならアジアの他の社会と違ってきたわけですから。源氏物語の世界とはちがって、非常に武士社会的な傾向になるわけですが、これが日本のその後の歴史像を支配していったのではないか。アジアの他の国と違って、変わってきたのではないかと思います。

簡単に申し上げれば、こう言っていいと思います。日本ではこういう社会のなかで「次々に成り行く勢い」という歴史意識が過剰であったとすれば、朝鮮の方は儒教的観念で歴史を作らなければならないという意識が過剰であった。そうすると、社会的に日本の中では武士的なエートスが――丸山眞男先生は「古層の隆起」という言葉を使っていますが――起こった。日本の武士社会のエートスが上がってくる。他方、朝鮮では儒教的エートスが隆起してくるということです。朝鮮の儒教社会でエートスが隆起した例としては、朝鮮では、自分たちは実際そうではないのに非常に物事を道徳的、善悪で考えるということがあります。日本の武士社会のエートスでは、物事を道義的に考えるよりは、非常にリアリスティックに考える。力のあるものとないものとの分別をはっきりとさせる考え方をする。しかし朝鮮社会においては非常に物事を道義的に考えようとする。そこから両国の発想の違いというものができてきたのではないかと思います。

私は最近改めて福沢諭吉を読んで驚いたのですが、明治十五年に彼が『時事新報』に書いている文章の中で、彼がヨーロッパに行ったとき、インド洋を回りながら、あるいは中国人の状況を見ながら、ヨーロッパ人に支配されている状況、それからヨーロッパ人はそれこそ傍若無人に、人類に接しているとは思われないほどの接し方をしているということを書いて、「我輩はそのありさまを見て、一方を憐れむの傍らに一方を羨み、われも日本人なり。いずれのときにか一度は日本の国威を輝かせてインド、支那の土人等を支配すること英人にならうのみならず」、イギリス人と同じようにインド人や中国人を支配したいというふうになるのみならず、「その英人をもたしなめて」そのイギリス人までも支配して東洋の力を「わが一手に握らんものを」と言っています。ここで福沢諭吉が言っていることは、たぶん福沢諭吉が文久元年（一八六一年）、中津藩の藩士として二八歳の時にヨーロッパに行った折に見た状況であろうと思いますが、それから十四年を経て、『文明論之概略』にその時の模様、インド人や中国人の悲惨な模様を描いています。そして今度はそれから七年ぐらいたって、日清戦争が起こる十二年前に今の文章を書いているわけです。東洋の政略は果たしていかにというようにそこで書いているわけです。福沢諭吉がインド人や中国人を眺めた目つきというのは、われわれはいつになったらイギリス人のようになって彼らを支配するか、ひいてはイギリスまでも支配できる日が来ることを念願するものだったのです。そうだとすると、決して歴史を作ろうとしなかったのではない。はっきり作ろうとした。これはもう間違いのないことであります。その発想の根底に武士社会というエートスがものすごく働いているのではないかと私は思うのです。

朝鮮人の場合はそういう発想はできないのです。この文人社会の中では。朝鮮の位置をこれから具体的な事実によって私は調べなければならないのですが—ここにおられる留学生の方々、どうぞ調べてほしいと思います。その後から、インドでガンジーの運動が起こるでしょう。そうすると朝鮮の、一九二〇年、三〇年代の新聞にはガンジーに関する報道が続けざまに現れてきます。その報道はしかし、抑えられた側に共感を持っていて、そのような時代、支配されて蹂躙される時代でない時代が来ないかと念願するのであって、あえて朝鮮民族が支配民族になってインド人や中国人を支配したいという発想にはいたらない。これはやはり儒教的文人社会のエートスであるというように考えられるわけです。

このあたりを説明するとかなり長くなるのですが、ただひとつ、私が日本にいる間に福沢諭吉を読みながら日本近代思想史を勉強して考えたのですが、丸山眞男先生は福沢諭吉を偉大な思想家だと言っているけれども、私にはどうも偉大な思想家であるとは思えないのです。最近になって多木浩二さんが岩波新書に『戦争論』という非常に重要な本をお書きになりましたが、その中でベネディクト・アンダーソンの『創造の共同体』という中から引いてこういうことを言われています。ナショナリズムは政治的象徴としては非常に強いものである。しかし哲学的には貧困である。そこでこのナショナリズムの中においてはいかなる大思想家も現れてこない。そうしながら、それにもかかわらず、人々の情念を揺さぶって国家の運命を決めてしまうのがナショナリズムだ。こういうことを書いています。われわれキリスト教の考えはなぜ偉大な思想か。端的にいいますと、ローマのあの支配下にあっても決してナショナリズム的に考えようとしなかった。人間普遍の問題を考えた。だから大思想であり大宗教であると私は思います。だからわれわれは、ナショナリズムでもって自分の国を支配国ならしめようと考えた発想を思想とはいえないではないかと思うのです。

この疑問に関して、ハーバート・ノーマンが素晴らしいことを言っています。彼は、先ほど説明しました『日本における近代国家の成立』の中で、福沢諭吉に対して非常に的確な指摘を行なっています。すなわち、彼は穏健論であった。そしてイギリス功利主義の代弁者であった。また彼は不屈の著述家であり、翻訳家であり、恐らく日本語で書いた最大の時事評論家である。思想家ではなく時事評論家です。日本語における最も優れた散文の大家であると書いてあります。われわれは、福沢諭吉に対して脱亜の問題等いろいろな問題を投げかけていますけれど、新しい二一世紀の東アジアの中で、もしもわれわれが福沢諭吉を評価するとすれば、思想家としてではなく、やはりその当時の日本における最大の時事評論家としてではなかろうかと最近私は思っています。

地政文化から見た平和への展望

しかしこの儒教的文人社会（＝朝鮮）においては、地政文化的に平和思想が現れるのです。東アジア的発想が現れるのです。思想（と呼びうる質のもの）が現れるのです。地政文化的に。前に私は『世界』に書いた論文の中で指摘したのですが、別にこの論文だけではなくて、他の方々の著述にもあるわけですが、三・一独立運動の時の三・一独立宣言（一九一九年）に明らかにその思想が出ています。この宣言にはいろいろな解釈がありますが、一箇所だけ引用するとすれば、日本が近代においてアジアを侵略しようとするこの邪道から出て、東洋支援者としてその重責を全うしてくれることを望む。日本がそのようにするために朝鮮を独立させ、中国と朝鮮と日本の間に鼎のように三本が支えあうような状況を作っていくならば、いかにいいであろうかということですね。そうすると中国は今、朝鮮に日本が入ったことで不安、恐怖の中に陥れられているが、中国をその不安恐怖から脱出させることができるではないか。そして続けてこのように言っています。こういう平和をその重要な一部とする世界発展が求められている。人類の幸福にはこのような段階を経て至るべきではなかろうか。このような発想があって、いわば東洋平和ということが唱えられているわけです。

今回、（南北首脳会談に際して）いろいろな声明や北朝鮮との間の話し合いで、何度も言及されている東アジア（における平和）の問題というのは、実際はこの近代の帝国主義的侵略の中で、夢であって実際はかなえられないようなものであると考えられてきた儒教的文人社会の発想、いわば儒教文人社会のエートスが今日において、再び表れてきたものではないかと、私は解釈をしているのです。

地政学的立場と地政文化的な立場のずれがあったけれども、二一世紀に東アジアで三国が対等な関係を持ち、そしてこのような平和論に立つならば、私は、長い間のわれわれの懸案であった地政学的立場と地政文化的立場がひとつになるのではないかというふうに、それが二一世紀を展望する方向ではなかろうかと思います。もちろんここには中国の問題もあります。中国の近代思想をずっと調べてみますと、中国には、日本や朝鮮と対等で成り立つアジアという発想はほとんど出て来ないのです。中国では、中国即アジアです。ここにも中華思想的エートスが流れているのでしょう。そういうことで単に私は日本だけ、朝鮮だけをいっているのではなく、中国の問題も二一世紀においてわれわれは新しいパラダイムにおいて展開していかなければならないと思います。

それからもう一つここで付け加えたいことは、最近私は沖縄に行きましたが、どうも私が今までしてきた主張の中で東アジアを日中韓と捉えてきたことの間違いに気がつきました。それは国民国家的な枠組みでアジアを捉えているのではないかという自己批判です。今後それに対して訂正をした文章を書きたいと思っています。（国民国家という枠組みとは）沖縄は違うし、チベットも違うし、台湾も違うからです。また北朝鮮もそうでしょう。だからわれわれの近代国家主義的な、あるいは国民国家的な東アジアの捉え方が批判されなければならないのではないか。今後は、国民国家という枠組みを越えて文明共同体、文化共同体としてのアジアの地域を考えていかなければならないのではないかというふうに思います。だから東アジア共同体に対して国民国家的な、国際政治的な問題、それこそ地政学的問題で考えるよりは、東アジアにおける共同体の文化共同体としての、地政文化的な把握の仕方をしなければならないのではないかという考え方です。これが第一に私が申し上げたかったことです。

東アジアにおける日本の「大陸帝国主義」

私がどこかに若干書いたりしていることですが、大陸帝国主義の問題を、これはほとんど今まで考えられなかったことですが、東アジアの問題を考えるときに、もう一つの問題として考えたいと思います。それは先ほど申しましたように、文禄・慶長の役も、日本はアジアの島国で、すぐ大陸を帝国主義的に侵略しようとした。近代においてもまさにそうですね。武士社会のエートスとしては、井上清先生（歴史学者、京都大学名誉教授）などが書かれているように、「切り取り強盗」は武士のなりわいといいますが、力があれば人のものを取ってもよいことになっているのだといわれるし、悔しければ偉くなれというように―まさに福沢諭吉も悔しければ偉くなれというような考え方であったと思いますが—力をつけると大陸の方へ伸びて行くというのです。

これに比べてヨーロッパの、例えばイギリスやフランスの帝国主義はヨーロッパ大陸に向かっていない。それはやはり海外帝国主義です。アフリカへ行くとか、アジアへ行くとか、海外へ行ってしまった。他方、これはいろいろ歴史的にも研究する必要がありますが、後のナチスになるとまた違って来ます。ナチスは基本的に海外に行くのではなく、ヨーロッパを支配しようとするものでした。ですからナチスの場合は大陸帝国主義であるわけです。それは歴史的になぜそういうことになったかということを問題にしないといけないのですが、今回は時間がありません。

この問題をヨーロッパの歴史において指摘したのは、有名な女流政治哲学者であるハンナ・アーレントです。ハンナ・アーレントの『全体主義の起源』、一九五〇年に書かれた本ですが、その中にコンティネンタル・インペリアリズムという項目があります。日本語訳（みすず書房刊）の第二巻に入っています。詳細は読んでいただきたいと思いますが、この政治哲学者ハンナ・アーレントが非常に偉大であったと思うことは、ナチスを汎ゲルマニズムと呼ぶと同時に、驚くべきことにロシアの共産主義もこの（全体主義の）中に入れて、それを汎スラビズムと呼んでいることです。スターリニズムは特にそうだと言っています。これは素晴らしい洞察です。あの頃は共産主義が同情をもって見られた時代であったにもかかわらず、共産主義自体も結局は汎ロシア民族主義にすぎないと彼女は見ているわけです。前に述べた英仏の場合は帝国主義で侵略をしますが、国内は民主主義体制を保ちました。後のナチスやスターリニズムになりますと、国内も全体主義的になってしまいます。（海外帝国主義と大陸帝国主義との間には）この違いが生じてきます。

それでこの大陸帝国主義はどういうことになるかといいますと、ナチスはフランスに入るとかあるいはスウェーデンやデンマークやベルギーに、つまり同じ文明国に入っていくわけです。それから時には自分の国より優れた文明、文化の国に入っていくわけです。それからしばしば傀儡政権を作っていくわけです。そしてものすごい思想的統制をいたします。いわばブレインウォッシュをして、完全にナチスに服従するようにする。そしてそれに従わない者は反動分子として排除するわけです。獄中に入れるかあるいは処刑してしまうかということになってしまいます。異質なものは完全に排除します。これがナチスの大陸帝国主義であり、スターリニズムであるわけです。だから私は今ロシアを考える場合に、プーチン政権が立っていますけれど、ロシア（の抱える問題）はプーチン政権では絶対に解決できないと思います。なぜならば、このソ連の全体主義の中において追放されて人知れず死んでいった数百万の人々の問題をいったいどうするつもりなのか。プーチンも旧体制の人ですから、そういう問題について応えることはできません。われわれ韓国においてもそういう経験をしています。金軍事政権の落とし子のような政権がたった場合にはこの問題に対応することは絶対にできません。金大中さんがようやく民主政権でやろうとしても、国民の中の反動分子が足を引っ張ってできないというような状態になっています。だから韓国における人権問題が非常に深刻な問題として残っているわけです。プーチン大統領にもそれは解決できないわけです。

そうすると、力の支配に従うことは仕方なく、かつてのように従っていくけれども、そして、かつてよりはもう少し自由になったし、もう少し社会が良くなったかもしれないけれど、しかし道徳的に、モラル的にその政権をサポートすることはできない。こういう問題です。韓国においても問題になるのは何かと言うと、軍事政権の間において数多くの犠牲やあるいは原因のわからない死に方をしている人々がいる。それを覆い隠して権力を握り続けようとする場合には（政権の）道徳的な地盤が弱くて国民がそれをサポートしようとしない。心からのサポートができないという問題です。ロシアにおける人権の要請、あるいは宗教的な意味ではロシア（正教）の伝統の問題があるわけで、それらは、経済的な問題が解決することで解決するのではなく、続けて問題にならざるをえない。部分的には少しずつ今改善されているみたいですが。こういう問題をドイツは、例えば戦後において、戦前の問題を全部謝罪するなど、いろいろな形で清算しようとしてきたわけです。しかし今度は東ドイツが統一され、東ドイツにおける戦後の今いったような問題がまた起こってくる。いわば反動分子は許さないということで完全にブレインウォッシュしながら全体主義的支配をしようとしたことからくる問題がまだまだ起こってくる。ドイツも今までだいぶそれを解決してきながらも、問題はまだ残っています。

このような問題を考えた場合、日本ではどうでしょうか。もちろんハンナ・アーレントは日本の場合には言及していないですけれど、日本でも同じではないか。後進帝国主義国家として大陸へやってきた。同じ文化の所有者である大陸へやってきた。そして、福沢諭吉の文章の中に見られるように、にもかかわらずわれわれは今まで大陸に対して文化的に恩恵を受けたので、かなり高い評価をして来たけれど、もう大陸は固陋であり、まったく開明していない存在であるということで、アジア差別というものをものすごく強調したわけです。なぜならば、同一の文化線上にあったものを支配しなければならないからです。それと同時に、天皇制的な全体主義でもってそれを支配しようとして、少しでも従わない者は反動分子として投獄し、追放してしまった。

それから常に、満州や中国に見られるように、傀儡政権を立て、あるいは親日派を権力の周辺に集めていった。そこで掲げるスローガンはほとんど同じです。「内鮮一体」とか、満州においては「五族共和」です。漢民族、蒙古族、満州族、朝鮮族、日本族ないし大和族、これらはみんな一体だというように。あるいは「大東亜共栄圏」です。そしてそれを批判する者は許さないというのです。非常に種族主義であり、汎日本主義でありながらも、アジア主義を唱えたというような状況です。ほとんどヨーロッパの大陸帝国主義と同じような傾向に走ったわけです。そのためにわれわれは戦後において、中国の場合漢奸など日本に協力した分子を追放するという問題に遭遇しなければならない。海外帝国主義の場合、こういうことは起こらないのです。ほとんど起こりません。朝鮮半島においては親日派の追放という問題です。ある人は、その時親日派を充分追放していなかったので、韓国、朝鮮のアイデンティティが崩れたというようなことで、いろいろ批判する。そのような問題が起こってくるわけです。

日本と韓国における国民国家の形成と民主主義

だから、私は次のような二つの問題をここで提起したいと思います。一つは、日本の支配というのは何だったのかということです。

最近非常に強く感じていることですが、（韓国、朝鮮では）国民国家の成立が遅れたということをまず話したいと思います。今まで、日本でもよく、韓国人は民族主義的であるといい、今度は南北が出会うと、一つになると朝鮮のナショナリズムが強くなるのではないかというように言っています。日本の大衆紙にもありましたけれど、私はそれは間違いだと思います。そんな民族主義の働くような時代ではないし、韓国はそういう状況ではない。ですからそれはありえないと私は思うし、特に金大中さんが政権をとっている以上、彼はそういう意味においてアジア的自由主義者でありますから、それはあり得ないと思います。ただ、韓国、朝鮮における民族主義は、日本の支配下においてわれわれが抑えられているが故に初めて起こってきた感情であるわけです。これを考えなければなりません。

だが、日本の民族主義、ナショナリズムはどういうものであったか。当初それは、先ほどアジアの問題で申しましたように、（当時）幕藩体制の中にあった日本人を、天皇制を中心としてまとめあげなければならないという国内政治的な主張と、それから、ヨーロッパあたりから侵略される可能性があれば、それに対抗しなければならないという、敵対的な意味におけるナショナリズムであった。しかしだんだんと今度はアジアを侵略していきながら、ナショナリズムが作り上げられていくわけです。それでナショナリズムが、朝鮮の場合には、自然感情的な、自然発生的なナショナリズムであるのに対して、日本のそれは、近代国家を作りながら、いわば人為的に作っていったナショナリズムであるという差異が、私はあると思います。ハーバート・ノーマンの本を読みながら、ますますそのように考えたのですが、この国民国家というものは自然にできるものではないのです。近代において人為的に国民国家を、国をまとめあげて、富国強兵をしながら、それで海外へむけて侵略しながら作っていったわけです。だから、秩禄処分をしたり、天皇制国家を作っていきながら、ノーマンが指摘するように、何よりも真っ先に徴兵令をしいた。国内的な理由もありますけれど、徴兵令をしきながら強制的に天皇制国家を作っていく。他のアジアに対する大陸帝国主義をなすために作っていく。政治的作為によって国民国家は作られるのだということを、私は申し上げたいのです。それは感情で作られるものではないのです。

感情で作られたものは非常に脆いものであります。韓国は民族主義が強いといっても、この前の選挙をご覧になってもわかるように、必ずしも民族的ではない。嶺南《ヨンナム》勢力、湖南《ホナム》勢力、それぞれ自分の地方勢力に分かれて闘っているわけです。これはまだ国民国家以前であります。だから日本の支配によって、感情的な民族主義はできていても、人為的、他の言葉でいいますと政治的に国がまとまった国民国家はできていないのです。それで今、それを形成するプロセスにあるということも申し上げたいと思います。

だからそれだけ日本の歴史と大変なずれがあるのですけれど、ただ一つここで申し上げたいことは、日本の近代国家では専制的なものと国民国家樹立とが一緒になっているということです。イギリスとフランスの場合には、国内の民主主義と共に国民国家が作られるのですけれど、日本は民主主義を切り捨ててしまった。いろいろな理由がありますが、それが戦後において問題になる。日本の国民国家というものは、専制の過程を経ながら無理に作っていったもの、そのような政治的に異常な強制でもって作っていった国民国家であるが故に、いまだにもって日本の国民国家には、あるいは社会の中には、後遺症があって、時たま「神の国」という発言まで出てくるのです。それは、(国民国家が) 民主主義と共に作られてこなかったという歴史的な状況のせいです。

そうすると韓国は今、何をしようとしているのか。韓国は、軍事体制の軍事政権下でいろいろありましたけれど、その過程を経て、国民国家を作ろうとしています。金大中さんが一番主張していることは、地域感情を超えて、ナショナルなものに一つになろう、という訴えであり、彼の政治の中で一番重要なアピールであるはずです。これはまさに近代的国民国家を作ろうというような考え方であるわけです。ひいては北に対してもそうでありたいと思います。それで今、地域対立、完全なる個人エゴ、地域エゴ、親類エゴに分断されている韓国で、国民国家を樹立しようというふうに叫んでいるわけです。ただ、日本の近代国家の樹立と違うところは何かと申しますと、それは民主主義と共にというところです。ですから、この国民国家樹立の動きにおいて、われわれが成功するとするならば、たぶん日本のジャーナリズムが心配するような、ナショナリズム的で狂熱的なものにはならない。なぜならば、民主主義を土台にした国民国家になるからです。そのように、私は考えています。

そういう訳で、これからは、日本の国民国家の形成を、時にハーバート・ノーマンのような近代国家成立の過程を見ながら、アジアの国民国家樹立の問題と、どのように比較するのかが重要です。また中国も、まだ本当の国民国家になっていません。これがどうなるのか。あるいは漢民族を中心とし中枢とした国民国家ができて、他は連邦の形にならざるを得ないかもしれません。

日本のアジア復帰と過去の清算

次の問題として説明申し上げたいことは、過去の清算のことです。戦後において、先ほど言いましたように、親日派や漢奸というような問題になり、そして謝罪補償などが問題になって、日本はなぜ過去を清算し、謝罪をして、ちゃんとアジアに復帰してくれないかと、いろいろ議論されました。その中で、（戦後ドイツとくらべて、日本における過去の清算の問題が十分に進展しないのは）宗教思想的に、ヨーロッパは罪の文化で、日本は恥の文化だからと説明されてきたのですが、私は、日本が戦後においてアジアに復帰しようという気持ちがなかったということが一番重要な問題であったと思うのです。ドイツはヨーロッパに復帰しなければならないですから、ナチスの問題を取り上げずには、ヨーロッパに復帰することができなかった。

しかし、日本はアジアに復帰しようとしなかったわけです。アメリカとの間、ヨーロッパとの間で、明治以降のあり方でヨーロッパの列国に互していけばいいのであって、アジアに復帰しようとはしなかった。それは日本が悪いというだけではなく、アジアがその時、ずっと大混乱しており、経済的にも貧困で、日本が関心をもつ対象ではなかったということも重要な理由です。しかし、二一世紀になってアジアは非常に変わってくる。朝鮮半島すら、いまは南の韓国だけが通商貿易とか重要なパートナーになっていますが、今後、北朝鮮を含めた状況に変わっていく。いったい日本はどうしようとしているのかということが問題です。ですから、過去の清算は終わったのではなく、日本がアジアに復帰し、東アジアの共同体の中へ入って行こうとし、それが日本の行くべき道であると考えれば考えるほど、過去の清算ということが問題になるわけです。

脱亜した日本が入亜しようとするときに、過去の問題が問題になる。先ほど申しましたように、日本の帝国主義が結局大陸帝国主義であったが故に犯した大きな問題があります。それは、単に海外へ行って経済的に利益を得た帝国主義ではない。先ほど少し説明しましたが、この歴史認識が多分とても必要になってくるだろうと思うのです。だから、日本には本当に重い課題ですが、二つの課題を背負っていると思います。一つは、戦前における（日本の帝国主義が犯した過去の）問題ですが、今後は、戦後における日本の脱亜的な姿勢が、もう一つの問題になると思います。これが、日本がこれから解決していくであろう問題なのです。

苦しみの多い世界で共に生きるために

最後に「キリスト教と文化」ですから、キリスト教について、私はクリスチャンですから、今までクリスチャンとして生きてきたことに関連しながら、二つのことだけ申し上げて、終わらせていただきたいと思います。一つは、今のような時代をどう生きていくか、私のようなクリスチャンが今の時代をどう生きようとしているのかということですが、そのさい私は聖書のマタイによる福音書の十七章を常に考えます。そこでは、イエスがお弟子さんと山に登って、異常な幻想を見るのです。イエスの姿が目の前で変わり光り輝く、そういう神秘的な経験をするわけです。そのときに、「ここにいよう、宗教的な神秘的な経験はすばらしい」とか、そういうことを言わないで、地上に降りていこうというところです。この世の悩みの多い苦しみの中に降りていこうというのです。宗教的内面の世界を持ちながらも、常に外の世界へ通うというか、外の世界へ行って苦しみを共にするのです。疲れたとき内面の世界へ戻って力をつけて（この悩みの多い世界の只中で生きて）いこうという、このキリスト教のあり方というものに、私は励まされました。

それから最後にもう一つはエリヤの証しですけれど、これは列王記上の十九章の話ですが、エリヤがイゼベルに迫害されて逃げ回るのです。それでもう自分一人しか残っていないといって、洞穴に隠れているのですが、そのときに神に訴えるわけです。「私一人しか残っていない、大変だ」と。すると、神はこう言われました。「わたしはイスラエルのうちに七千人を残すであろう、皆バアルにひざまずかず、それに口づけしない者である」とです。ここで申し上げたいことは、われわれが正しいことのために努力しようとする時に、私一人しかいないと思っても、そうではないのです。「七千人まだ残っているのだ」という、このことです。これが、私が民主化運動に参加しながら考えたことですが、その人たちを探して手を握りあうと、案外大きなことができる。今韓国において、私は日に日にそういう体験をしています。あるいは、日本の友人たちの間でも、そういう体験をしています。二一世紀は市民運動の時代であるとするならば、まさに残れる七千人を探して手を握る時代であります。そして、そうしている間に歴史的な日がやってくると私は思います。まるでベルリンの壁が崩れたように。だから、われわれが歴史を作ろうとするその努力を続けていく時に、それが「成る」という新しい時代が訪れる。そういう意味で、私は「作る」と「成る」の弁証法的な歴史の動きを考えるべきだと思います。

第2章 現代日本のナショナリズムと宗教

花崎皋平

花崎皋平

（ハナザキ・コウヘイ）

一九三一年生まれ。

東京大学文学部哲学科卒。東京都立大学人文科学大学院修了。東京都公立中学、高等学校教員、都立大学哲学科助手を経て、一九六四年北海道大学文学部教員となる。一九七一年退職。以後、文筆・著述業。

ベトナム反戦運動、成田空港、伊達火発、泊原発などの地域住民運動、アイヌ民族運動への支援連帯活動に参加。一九八九年ピープルズプラン21世紀国際民衆行事で世界先住民族会議の運営事務局に参加。

著書

『生きる場の哲学』（岩波新書）

『静かな大地―松浦武四郎とアイヌ民族』（岩波書店）

『アイデンティティと共生の哲学』（筑摩書房）

『個人／個人を超えるもの』（岩波21世紀問題群ブックス）

『〈共生〉への触発―脱植民地・多文化・倫理をめぐって』（みすず書店）

など。

歴史に照らして今日を考える

私は札幌で著述業をしながら、平和運動、住民・市民運動に加わってきました。一九九〇年から、有志で〝さっぽろ自由学校「遊」〟という市民の自主的な学習組織を創立し、運営しています。NPOの資格も取得し、いまは年間通して平和、人権、アジア、多文化交流、環境、政治、差別などさまざまな問題についての講座やワークショップや現地学習のプログラムを実施しています。

私は、日本の近代思想の中ではとりわけ田中正造に興味を持ち、その思想に親しんでおりますが、最近は、田中正造に影響を与えた明治の特異なクリスチャンに注目しています。新井奥邃という人です。あまり知られていないキリスト教思想家です。森有礼と一緒にアメリカに行ったきり三十数年在留し、キリスト教共同体で祈りと労働の生活を送りました。帰国してからは、巣鴨に小さな塾を開いて自分の考えを伝えた人です。熱心な弟子がいて、『奥邃広録』という五巻本に、その思想をまとめています。現在、新しく編纂された著作集全九巻が刊行されつつあります。漢文調の文体で書いていて、なかなか読みづらいものですが、その新井奥邃に関心を寄せています。しかし、今日はそういう話題ではなくて、日本のナショナリズムに話を絞ります。

大東亜聖戦碑と国家神道イデオロギー

まず最初に、今年（二〇〇〇年）八月四日に金沢市の護国神社に建立された大東亜聖戦碑をご紹介します（六十二頁参照）。石川県は森首相（当時）の地盤で、彼が「日本は天皇陛下を中心とした神の国だ」といって物議をかもしたことはご存知のとおりです。この聖戦碑は、それが失言ではないことをうかがわせる文化的な土壌を物語っています。私など敗戦後に自己形成をしたものには、こういうことをおおっぴらにいえる時代がやってきてしまったのか、と肌に粟が生じる思いがします。この碑文は古い民俗宗教としての神道ではなくて、国家神道に変質したあとの神道の思想をはっきりと物語っています。この聖戦碑が誉め称えようとしている集団の中に、沖縄の少年鉄血勤皇隊、ひめゆり学徒隊とか、殉国沖縄学徒顕彰会とかが入れられています。しかも、その集団に所属していた人や遺族にまったく断りなしにです。大田昌秀前沖縄県知事は少年鉄血勤皇隊の一員だった方です。こういうやり方は日本の神道に特有の思想に基づいているようです。国家のために命を捧げたと一方的に判断した人びとを無差別に包み込み、それを神に仕立て上げて祀り、そのように祀られたくないという当事者の自己決定を尊重しない思想です。有無を言わせず個人を国家に融合させる国家中心思想です。そういう思想がこの聖戦碑に表れています。

二つの五十年サイクル

二〇世紀後半の五十年、一九四五年からの五十年間を、個人史において振り返ってみますと、私は十四歳、中学二年で敗戦を経験しました。それまでは軍国少年で、兵隊になってたぶん二十歳ぐらいまでに死ぬだろうと思っていました。一九四五年で突如自分の運命も自分の考え方もくつがえされました。自分の自発的な発展として変わるのではなく、外側からこれまでの思想と生活の枠がこわされる経験でした。そこからしばらくは呆然とした状態で、巷に氾濫する情報や文化に呑み込まれ、押し流される時期がありました。敗戦後五年ぐらい、大学一年ころまで生き方、考え方について迷いに迷っていました。敗戦から始まったこの五十年を、明治維新から始まったその後の五十年と比較すると、明治維新からたどった道筋と敗戦後からの半世紀がたどった軌跡はかなり似たところがあります。

明治維新からの場合、まず幕末に青年たちが、野蛮な夷狄、外国人たちを打ち払うという尊皇攘夷のスローガンで燃えたわけですが、私の世代にとっては、それは鬼畜米英を打倒しなければならないというスローガンでした。尊皇攘夷から開国への転換は、世界情勢を展望して若い人たちが主体的に世の中を変えていく力を発揮したという面がありましたが、敗戦の時はまったくそれがありませんでした。日本国民は、新しく建設すべき国家についての一切の準備なしに敗戦という事態に突き落とされました。ですから、そのスタートは非常に歪んだものでした。そして脆さ、弱さがあったといえます。そこで二つの五十年を並行させて比較してみますと、明治維新は身分制社会から四民平等、文明開化、自由民権の社会へ、という移行でした。敗戦は、天皇制超国家主義の体制から、平和国家、文化国家建設、民主主義と自由の社会へ、という転換でした。

明治の場合は、民権の伸長がやがて押さえ込まれ、民権から国権へ、近代化から侵略への路線転換が起こります。それに見合う戦後の転換の始まりは、朝鮮戦争でした。一九五〇年の六月二十八日、朝鮮戦争が始まりました。敗戦からまだ五年しかたっていませんでした。私は大学の一年生でしたが、朝鮮半島での激烈な戦争の勃発は本当にショックでした。その当時は、情報がアメリカ占領軍の完全な統制下にあったものですから、北朝鮮の侵略であるという報道を信ずることができるかどうか、南朝鮮が攻撃を仕掛けたのではないか、ということが熱い議論になり、何を信じたらいいのかをとても迷う状態でしたが、ともかくその時点から、戦争放棄だ、平和国家建設だ、という楽観的な展望が暗転し、米国の傘の下での反共防衛の国家体制へと政治の舵が切られていきます。それまで哲学や文学にだけ関心を持っていた私も、国際政治や社会の構造について真剣に考えるようになりました。朝鮮戦争は一九五二年に終わりますが、その後、水爆実験をきっかけとしての原水爆禁止運動、ベトナムの民族解放闘争などが起こります。一九六〇年には、戦後で最も大規模な平和と民主主義を目指す運動が生じました。日米安保条約反対の大衆行動です。しかし、それは目的を達成することができずに終わりました。それが敗北に終わったことから、「革新」勢力の拡散、分岐が起こりました。新左翼党派が成立しますが、やがて分裂抗争にいたります。ベトナム反戦運動とともに盛り上がった全共闘運動も機動隊に制圧されて崩壊し、赤軍派などの党派は武装闘争に活路を求めて自滅していきます。このプロセスは、自由民権運動の末期とよく似ています。自由民権運動は最初は憲法制定、国会開設、民権の伸長として始まるのですけれども、その末期は爆裂団闘争に行き着きました。静岡事件、名古屋事件、信州事件、茨城県の加波山事件などで武装蜂起を企て、失敗して壊滅していきます。

六〇年代から七〇年代の左翼運動もほとんど同じようなサイクルをたどっています。これから社会変革を考えるときには、この類似を深刻にとらえかえさなければならないと思います。

その後は経済成長中心、個人欲望中心主義の時代に入ります。この時代のイデオロギーと文明開化のときのそれとくらべるとやはり類似しています。文明開化の中で主導的な役割を果たした哲学者の西周は「三宝論」を説いています。人の世に宝になるものが三つある。人がこれを尊重すれば道徳にかなう。これを規範として自己を治め、人を治めるべしというのです。三つの宝とは、第一に健康、「まめ」です。まめで暮らせよというときの「まめ」です。第二に知識。これは「ちえ」と、かながふってあります。第三に富有、「とみ」です。これが三つの宝だというのです。健康、知識、財産ですね。この時代になりますと、人間の欲望を自然なものとして肯定して、合理的な努力で欲望を充たすことが人間の幸福だ、これが文明開化だ、という主張がなされ、受け入れられます。西周がいっているのですが、それまでは、温柔、つまり優しくて、穏やかで、謙虚で、そして欲が少なく、人に対してはへりくだるということが道徳とされてきた。そういう道徳を信奉している人からは、この三つの宝論は、きっとばかにされるだろうといいながらも、そう主張するわけです。ですから経済成長中心、個人欲望中心主義がでてくるのは、昔でいえば文明開化からです。戦後の場合はアメリカのスタンダードでの自由主義、経済的な発展中心主義からです。

国家構想への問い

八〇年代末から九〇年代初頭にかけて、ソ連東欧社会主義圏の崩壊をきっかけに、一国経済成長と核の傘の許での平和主義という戦後国家の枠組みが最終的に耐用期限切れになりました。そして、次の時代に向けての国家構想が政治の課題となりました。

国家構想は自由民権運動の頃にも盛んでした。いろいろな民間人が憲法の草案を作り、どのような国家をつくるべきかとを盛んに論じました。それと比べてみますと、この湾岸戦争後の日本の国家構想の議論は非常につまらないというか、矮小です。「小さくともきらりと光る国」とか「普通の国」とか「国際貢献できる国」とか、そういういくつかの言葉が残りましたが、内容はほとんど展開されないままに終わりました。そして、この時点から強い国家に対する待望、国際政治での発言力を強めるために軍事力を強化するというナショナリズム、現代のナショナリズムの潮流が強まってきます。

現代日本のナショナリズム

では、敗戦から一九九〇年代にいたるまでの日本のナショナリズムは一体どうなっていたのか。いったん死んで、また急に復活したのでしょうか。じつはそうではなくて、前述の聖戦碑にあるようなかたちで地域の中にひそんで息づいてきたのです。戦後日本のナショナリズムについては、政治学者の丸山眞男さんが一九五一年という早い時代に「戦後日本のナショナリズムの一般的考察」を書いて、鋭い観察と分析を行っています。それを読みますと、天皇がアジアを支配する大日本帝国をつくるという目的のために聖なる戦いを遂行する、この聖戦碑にあります聖なる戦いというのはそういう意味です、現人神である天皇の支配を他のアジアの諸国にも及ぼす戦争という意味で聖戦なのですが、それを遂行するということをシンボルにし、そのシンボルに向かって国民を一丸に統合していたナショナリズムは、敗戦によってその目標を失った。けれどもまったく姿を消したのではなくて、社会の底辺をなす家族、村落、地方的小集団のなかに分散還流した、とみています。そしてもともとの日本のナショナリズムは、地方的な郷土愛とか同一県人とか同一地方人という、同郷感情をもとにしていた。それから、血縁と家の存続を大事にする家父長制の伝統的道徳を基盤としていた。ナショナリズムは、そうした倫理感情が国家によってすくい上げられ、国家全体のためにと拡大された性質のものだから、中央への集中力が緩むと自動的に分解して古巣へ戻るのは、つまり地方的な郷土愛、地方人の同郷感情に戻るのは当然だとのべています。したがって過去のナショナリズムはその性格を質的に変えたのではなく、量的に細かく分かれて政治的表面から姿を消したのである、というとらえ方をしています。このとき丸山さんがいったことはその時点では歴史的事実によって検証されていなかったのですが、九〇年代のナショナリズムが戻ってくる歴史過程は、この分析の予見性を裏づけているのではないかと思います。

また、一九五三年に、やはり丸山さんが、予測を次のように述べています。今後の反動ナショナリズムの第一目的はホームコンサンプション用である、国内消費向けであるといっています。どういうことかといいますと、戦前ナショナリズムの対外輸出面が後退しているわけです。国内消費用のナショナリズムは、家父長制とか長老支配を国民的規模に拡大した戦前のナショナリズムと質は同じである。だから政党の派閥の長をおやじといったり、年齢の上下関係で、長老が年下の者を支配する長老支配構造が続いている。戦後の早い時期は、直接的には政治的な意味を持たないようなナショナリズムのシンボルが使われています。例えば、村祭り、神社信仰、修身道徳教育、伝統芸能や伝統文化ですね。そういうものをだんだんよみがえらせていくことで、戦前日本に対するノスタルジー、戦前はよかったなという気持ちを呼び起こす。そして、民衆が下から自分たちで自治の組織を作って社会を組み上げていくような運動に対する鎮静剤の役割を持たせ、それを眠らせる政治的効果をもたらしてきた。そういうとらえ方をしています。この時点で丸山さんは天皇制と家族制度、万世一系と忠孝一致、国内投資と世界政策、東洋の精神文明と西洋の物質文明とを、日本の国体において総合するといったイデオロギー、天皇の国が東洋と西洋を統一する、東洋の精神文明と西洋の物質文明を日本の国体が統一する、そういう大きな枠組みのナショナリズムはもう維持できなくなっていると分析しています。国内消費用ナショナリズムというういい方は、非常にうまいと思います。ちょうど日本が経済成長でジャパン・アズ・ナンバーワンといわれるようになったときに、日本人論が非常に流行った。日本人論という名前がついている本がどんどん売れる。その日本人論こそ国内消費用ナショナリズムとみなすこともできるのではないかという意味で感心したわけです。すぐに政治的なシンボルの回復にはならなかったけれど、企業戦士という言葉、企業に対する献身、忠誠心の涵養、企業は永遠ですといって自殺する企業人がでたりする帰属意識、そういうかたちでナショナリズムが分散して生き続けてきた。同じ質で生きつづけてきたと理解することができます。

他面、今日の日本ナショナリズムの役割は変りました。戦後ナショナリズムは自前の国家理念と世界構想を持たないという弱点をかかえてきましたが、このごろは、米国の世界支配体制への内属をつよめて国家間システム内での地位の保全と強化を得るというミニ「帝国」化を推進するものになりつつあるように思います。

植民地宗主国であったことの忘却

旧ナショナリズムを精算できなかったことの一つの原因、すべてではありませんけれど、非常に重大な原因は、日本帝国が植民地を持ってアジア諸地域を支配した植民地宗主国であったという歴史の側面が、戦後ずっと忘却されてきたことです。私たちが植民地宗主国の国民であったという事実を深刻に受けとめ、その支配の実際を明らかにし、国民全体に反省をうながすような政治的文化的な努力はほとんどなされなかった。ほとんどの日本国民は、被害者として敗戦を受け取り、もう戦争はこりごりだという感情に浸るだけで、自分たちの国が、朝鮮、台湾だけではなくて、南洋諸島、ソロモン諸島まで植民地にし、中国は半植民地にしかできませんでしたが、フィリピン、インドネシア、マレーシアや、タイといったところまで植民地化しようとしたことを忘れ去っていました。考えてみると、日本は非常に積極的に植民地支配をした国であったわけです。大日本帝国が大東亜共栄圏をつくるというナショナリズムは、その支配のイデオロギーだったわけです。戦後、植民地化された多くの国々は、植民地から独立して、新しい国民国家をつくりました。そういう脱植民地化のプロセスの中で、日本は植民地を支配した国だという歴史認識を次の世代に教えていくわけですが、日本の中では、日本が植民地宗主国であった歴史を直視し、その清算を図るという共通認識が確立されなかった。それが、日本国家の過去を美化するナショナリズムの新装復活を許す大きな原因ではないかと私は思っています。

つまり、日本人以外の他者の立場に立てない。自分中心主義から抜け出せない。それがナショナリズムに対する批判の力を国民的規模で養いきれなかったことなのではないかという気がしています。

西尾幹二著『国民の歴史』にあらわれたネオナショナリズム

西尾幹二著『国民の歴史』（新しい歴史教科書をつくる会編、産経新聞ニュースサービス発行、一九九九年）は、七百ページ以上もある大部な本です。全部読むのはなかなか時間がかかりますが、そんなに読みにくい本ではありません。これは二〇〇二年度春に採択を予定している新しい歴史・公民教科書のパイロット本です。パイロット本というのは、新しい歴史教科書をこんなふうな考え方に基づいて作ればいいのではないかということを示す本という意味です。そういう目的で「新しい歴史教科書をつくる会」の会長である西尾幹二が書いたものです。しかし読んでみて、これは歴史教科書のお手本にはなりにくいだろうなと思いました。西尾個人の、歴史についてのかなり恣意的な議論であり、主観的な主張に基づいています。私は、その内容の特徴を四つに整理しました。

全体を貫く歴史哲学的観点としてのべているのは、日本列島は東洋文明でもない西洋文明でもない日本文明独自の文明圏をその歴史のなかで作ってきたという主張です。日本国家と国民は、縄文以来、この連続性に支えられてきたのである。日本列島の歴史はすべて、日本独自の文明を形成することに役立ってきたのであって、その文明の精神を表現するものとして、天皇を現人神とする感情があり、それを土壌とする天皇制の統治システムがある。

古典ギリシャまでの古代諸文明が衰退・崩壊する時期に、ユーラシア大陸の東と西の端で文明の新しい組み替えと再出発を開始する地域があった。それが日本列島と西ヨーロッパ地域である。そして、この時期の日本とゲルマン民族の動きが、のちに近代社会を生み出していく地球上の大きな原動力となった。日本は、古代国家を建設した七、八世紀以来、ユーラシア大陸の東西の文明圏から離れた「独自の文明圏」を築き上げて今日までそれを維持している。日本文化は東洋文化の一翼ではない。東洋西洋をひっくるめたユーラシア大陸の文明全体とあい対している。

この『国民の歴史』は、全体をつうじて日本の文化が中国文明に大きく依存していたという認識を退け、中国文明をいわばさげすむ、低くみるということに力を入れています。日本列島の文化が中国文明の影響を受けてできあがったということを否定して、日本文化は縄文以来のエネルギーの連続的な蓄積としてあるのだと、日本の独自性、特殊性を強くのべています。

私は仰天したのですが、国号と天皇号が定まった七、八世紀以後、千三百年を経て今もなお天皇制が続いている事実は、それ自体で、それ自体というのは天皇制が千三百年続いているということ自体ですね、日本民族の歴史がそこから始まったのではないということを物語っている。ずっと古い時代から国家が生まれた千三百年前の時点まで上昇してきた国民の継続の意思が、その後の持続を可能にしてきた。千三百年までくる間にずっと力が溜まってきて、その力によってその後の千三百年が続いてきたのだと、そういう解釈なのです。七、八世紀の頃までは日本という国はありませんでした。国の号もなければまとまりもなかったわけですが、それよりずっと昔から日本という国があることにしてしまうわけです。日本国民になるべきものが昔からいて、それが徐々に日本国民になってきたのだというのです。この考え方では、北海道の先住民族であるアイヌも昔から日本国民であるし、琉球・沖縄人も昔から日本国民ということになります。渡来してきた朝鮮人も昔から日本国民の発展のエネルギーであったのだとして全部組み込んでしまう、この同一化、同一視、同一の日本国を作ったエネルギーという考え方こそ、国家神道の考え方にほかなりません。

異質な他者の存在を容認することができない。別のいい方では、日本歴史は縄文文化によって背後から支えられ、なにかしら縄文文明、縄文精神とも呼ぶべきものを背中に背負っている。そのような「なにか大きな、目に見えないパワー」が、「現代日本にも生きつづけている」といっています。精神といいますと論理が含まれます。その論理を含まない、一種の情念的なエネルギーが歴史を動かし作ってきたという考え方です。

「近代」のとらえ方

そういう情念的なエネルギー論は、検証することができず、信じるか信じないかしかありません。そういうエネルギーがあるからあるのだというふうにしかいわないわけですから。これは曖昧模糊としたものを信じることを世界観・宗教観を基にしているという意味で、蒙昧主義、オブスキュランティズム（obscurantism）です。迷信といってもいい。ただ個人の信仰としてそういう民族的な観念を持つだけではなくて、西尾の場合、それを近代の理解に結びつけています。この人の近代の理解は、軍事力で他の地域を植民地にしたり、大航海時代に世界各地をどんどん発見し領有していった活動、それが近代という時代の目印なのです。一方でスペインのフェリペ二世がそれの象徴的支配者であるとすると、もう一方は豊臣秀吉なのです。豊臣秀吉が朝鮮に出兵し、朝鮮を経由して中国を支配し、北京に天皇を移して、自分は寧波《ニンポー》を拠点に東アジア全体の王となるというプランを持ったことは、日本人の近代意識の最初にして最大の自己表現であった、立派なものであったというのです。

こういう大アジア主義というのはいろいろな形で明治の時期にも現れます。自由民権左派が朝鮮でクーデターを起こそうとして武器を準備していて未然に捕まってしまう大阪事件がありました。それから東洋のルソーと呼ばれた中江兆民に『三酔人経綸問答』という大変面白い政治論があります。洋学紳士と豪傑君と、それから南海先生と、三人の架空鼎談《ていだん》形式です。話の中で豪傑君がやはり同じようなことをいうのです。日本列島は国として小さすぎるから朝鮮、中国に日本の帝都を移して、日本列島などは適当にどうでもいいようにしたらどうかといっています。そういうアジア支配の考え方はずっと歴史の中にあるようですね。劇作家の木下順二さんに『子午線の祀り』というすばらしい戯曲があります。平家物語を題材にして、平家の滅亡を群読劇にしたものですが、その中で平家方の武将が、三種の神器をもって幼い天皇を連れて玄界灘を渡って唐天竺へいきましょう、そして再起を図りましょうと提案する場面がでてきます。そのような考え方は、日本の中にあるナショナリズムの一つの姿ですね。

この本では、ある国家集団が体現している文明に発展力があることかどうかは、その集団が外部へと支配権力を拡張する衝動とエネルギーがあるかどうかだといっています。したがって武力を行使して国外へ進出する行為は文明にとって必然であり、それを正邪善悪の道徳的判断によって批判してはならない。むしろ、権力拡張への意思が世界制覇をめざすレベルにまで達しているかどうかが問題だ。その意識の発展度によって近代に到達しているかどうかが判定できる。そういう判定基準からいうと秀吉は到達している。そういう話になります。さきほどのべたミニ「帝国」のイデオロギーはこういう姿で登場しています。この話は太平洋戦争のところにつながっていきますが、その前に、天皇を「現人神《あらひとがみ》」とするということについて若干のべます。

天皇信仰の全肯定

天皇を「現人神」と崇めることも日本文明に固有のカミ観念に基づく伝統文化として丸ごと肯定されています。天皇を「現人神」とするのは人間とカミの間が不連続でない日本のカミ観念に由来する万葉以来の表現であり、近代になっていまさらのように神格化が始まったわけではない。その誤解をとくには、日本の神々の世界の多彩な姿を、日本人であれば生活のまわりのいたるところに見つづけてきたことを思い出せばよい。その伝統を素直な気持ちで顧みて、その素朴な常識にたてば、天皇は最初から神であり、今も神なのである。

一種の民俗的な宗教感情が、人々の中にはあって、それが日本の場合は地域の産土神であるとか、森であったり、動物であったり、いろいろなものに託されて、自然を畏れ尊ぶ感情となってきた。それはそうですが、そういう信仰心を国家権力の絶対支配に結びつけるのが自然の姿なのだという考えが昔からあったわけではありません。天皇は、明治の頃、天皇制を定着させるため日本中を旅して歩きます。行幸といいますが、そのときにこれまで天皇のことを人々は全然知らなくて、天皇が通っても全然敬う気配もなければ、ただ物珍しそうにわいわいがやがやと眺めるだけだった。民衆がそのような卑俗で無知蒙昧な姿をとっているのは、嘆かわしいことだという記録があるぐらいです。天皇を聖なるものとする考えが昔からあったわけではないのですが、西尾はそういう天皇信仰があったというのです。

「人種対立」を日米戦争の本質原因とするイデオロギー

もう一点だけいいますと、日米の太平洋戦争の捉え方に、私は怒りを禁じえないものがありました。日米戦争の原因を、人種差別、人種対立に帰着させるのです。この主張は戦前とまったく似ています。西洋の白人種が日本を含むアジアの人種を差別してきた。この戦争は、キリスト教文明の外側あるいはその境目での人種間闘争の色濃い戦争であったというのです。日本は欧米文明の根深い人種差別によって迫害され、それと戦って負けた。人種差別に対してたった一国で立ち向かって集中砲火を浴び、ついに息の根を止められたものなのだ。器用に賢く立ち回れなかったといって非難してはならないといっています。

こういう人種差別に問題を還元するというのは、邪悪で最低の考え方です。人種という観念は生物学的な特徴を社会と歴史の中へ持ち込んで、価値の上下、優劣に結びつける考え方で、人種という概念が果たしてほんとうに成り立つかどうかが、今では疑問視されています。本質として人種が成り立つことはないという議論のほうがより説得力を得ています。それなのに、もういっぺん人種論を持ち込んで、怨念をあおり立てるのかという腹立たしさで私はこの議論を読みました。西尾幹二の『国民の歴史』がたくさん読まれて、各地の教育委員会で西尾幹二の講演会を開いたりするような傾向が今進んでいるということは、憂慮すべき事態であると思います。

近代日本における国家と宗教

つぎに近代日本における国家と宗教という問題についてのべます。日本が、近代国民国家を作ったときの国家と宗教のかかわりです。明治維新は、王政復古であり、神武創業の始めに基づいてすべてを一新し、「祭政一致」の制度を回復することが主旨なのです。ところが、それまでの神道は、非常に雑多であったので、それを国家公認の正統な宗教に仕立てるために、神祇官とか神祇局とかが整理をしたり、新しい教理を付け加えたりしているのです。

神祇事務局の亀井茲監《これみ》は、「天皇は万物の主宰で、剖判《ほうはん》（天地が開け別れること）以来天統は途切れることなく天地と共に化育を同じくし、大成の妙霊を自然に全備するのであるから、天皇は独り天意を稟授《ひんじゅ》（天から受けること）している。それゆえ国内臣民はあまねく天意を遵法せざるをえない」といっています。万世一系ということが根本的な拠りどころなわけです。しかし神道の神様は八百万の神といわれるように、非常にたくさんいて、その神々が秩序なく信じられていたのでしたが、それを整理して、天地を司る神、国を造った神、人間を産んだ神と、三体の神様を主神にするとかしました。

私も今度調べて知ったのですが、明治天皇の即位礼では、中国の即位の儀礼から取り入れたのだそうですが、大きな地球儀を用意して、日本列島の本州と北海道、千島、樺太、カムチャツカ半島の南部、朝鮮全部、中国山東省の一部を金色に塗り、そこに天皇が足を三回あてる。それを合図に臣下が庭からお祝いの言葉を述べてお辞儀をする。そういう儀式だったそうです。つまり、天皇が足を当てた地域が象徴的に天皇の御稜威の及ぶべきところと見なす呪術的な儀礼を行ったのです。日本の近代国民国家の発足時にそういう儀式を行ったという事実を、私たちは覚えておいていいのではないでしょうか。神道は呪術的な側面をずいぶん持っていました。おまじないとかたたりを恐れるとか、怨霊、恨んで死んだ人の霊を慰めるとか、そういうことを重視しました。靖国神社はそういうものとして造られたわけです。西南戦争で賊軍として死んだ人の怨霊、恨みの気持ちを鎮めるために最初つくられました。

明治期に天皇をどのように民衆に伝えたかといいますと、いくつかの例があります。「天照皇大神様の御子孫様」、「日本国の父母」、それから「この国にあるありとあらゆる物の所有者」というような蒙昧な規定もありました。その後次第に、文明開化を導く方というイメージが出てきます。「万民塗炭之苦」の救済者。つまり民衆の泥にまみれ火に焼かれるような苦しみを救ってくださる方。それから「旧弊御一洗」を断行し、「立憲政体」を先導した方などです。

天皇観の三本柱は、万世一系の伝統性、文明開化の先導者、それから日本という民族国家の代表者です。明治は四民平等が実現したと私たちは一般に習うのですが、確かに近世身分制をなくすという主旨でありました。その結果、一君万民、一人の君主のもとですべての民が平等という建前になった。完全平等ではないんですね。天皇という別格の主人がいる。天皇制の秩序の根幹は血統に基づいています。そして皇族、華族、氏族、平民、新平民、琉球人、旧土人（アイヌ）というように新しい身分秩序に旧身分秩序が再編成されたわけです。天皇の血統は最も清浄で崇高な血統であり、この血統を柱に、国民も血統と家の連続性を重視する家父長制的な家族秩序の法体系に組み入れられました。これが長らく敗戦までの日本の秩序であったのです。

日本型華夷秩序

この皇統、血統の重視は、近世以来の「日本型華夷秩序」の再編、温存を招いてきました。日本型華夷秩序とは、日本近世史学で用いられている用語です。なぜ日本型かというと、本来の華夷秩序は中国のものです。漢民族を中心に、まわりに野蛮な諸民族がいて、中華民族が一番文明が高くて、まわりは未開であるという中華思想に基づく秩序で、文字を持っているとか立派な儀礼を持っているなど、文化による価値づけだったのですが、日本の場合は文化よりも武力、軍事力によって秩序づけるという華夷秩序でした。それを明治以後も温存して、組み立て直したのです。そしてそれをナショナリズムの土壌としました。私は北海道に住んで、北海道におけるアイヌ民族に対する考え方と対策を知って、日本型華夷秩序の実際を身にしみて感じました。華夷の夷というのは、えびす、えぞですね。その人たちは明治以降も身分的に劣った立場とされ続けました。しかも西欧から社会進化論という科学の衣を着た人種論がはいってきて、アイヌは未開人種であって、やがては滅ぶべき運命にあるのだから、日本国民に同化したほうが幸せであると同化を強制されました。この華夷秩序観はいまでも生き続け、今日でもナショナリズムの土壌となっています。外国人、とくにアジア人を蔑視し排除する秩序観です。今、石原慎太郎東京都知事がいっていることなどは華夷秩序型の外国人排斥ですね。

キリスト教の位置づけ

ナショナリズムと宗教について、主として国家神道を軸にして批判的にお話をしてきましたけれど、明治以降、日本政府はキリスト教を文明の宗教として認めるようになります。日本の支配側の宗教観は、非常に実用主義的、利用主義的です。福沢諭吉は、明治十五年以降の不況、デフレ、恐慌が、弱肉強食を一段と強める世相を論じて、「宗教を奨励して人心を和するは、小民の軽挙を防ぐに最第一の要なり」とのべ、信心が薄くなったために、人は不人情になり、社会が対立的になり、貧者が富者に反抗し、乱暴することもあるようになったという治者の立場から、民衆の不安を鎮め、階級闘争の激化を予防するために宗教を奨励すべきだと説きました。この考えは功利主義の立場で宗教を利用しようとするものです。マルクスのいう「阿片としての宗教」の役割を利用する考えです。

明治政府にとってはキリスト教を国家の宗教政策としてどう扱うかは大きな問題でした。最初は消極的承認政策であり、抑圧的寛容でした。しかし、次第に国家主義が強まってくると天皇信仰への譲歩や同化を求めたり、教義への干渉を行うようになります。ご存知の通り、内村鑑三は、自分の信仰の立場から、天皇を神として礼拝する学校行事に際して、天皇の写真に礼をせず、不敬事件として非難されました。内村鑑三が今、公立学校の先生をしていたら、また非難されますね。国旗国歌の強制に対して思想信条の自由を貫くために起立しないと、今は天皇に対する不敬とはいいませんが、国家に対する尊敬心がないという形で非難されるようになってきています。

これからの時代では、どういう立場で、どういう世界を創ろうとするか、自分たちのコミュニティをどう作りあげていくか、が問われると思います。すでにある国家の枠組みを無条件に肯定して、その中で考えるというのではだめで、国家という枠組みを無視することはできませんが、もっと複数の秩序と複数の政治的コミュニティに生きることを考えなければならない時代にきていると思います。明治の場合は簡単で、国家構想でよかったのです。いろいろな国家構想がだされました。植木枝盛の東洋大日本国国憲案は、きわめて先鋭な憲法草案です。立憲君主制の連邦制国家の案ですが、人民の権利の条項がゆたかで、「政府国憲に違背するときは日本人民は之に従わざることを得」とか、「政府官吏圧制を為すときは日本人民は之に従わざることを得」といった権利が掲げられています。

内村鑑三は、天皇を神として拝礼はしないのですが、「天皇陛下万歳」という文章があるように、天皇に親愛の情を寄せ、天皇を尊重する心情を持っていました。そういう意味では共和主義者ではなく、立憲君主主義者でした。田中正造もおなじです。内村は、国のあり方としては「小なる日本」を理想としていました。国土も国民の体格も文化も小さいが、よい国家とは、もっともよく人類の進歩に尽くし、世界の改造を助け、大真理と大思想と大事業を最も多く世界に寄付する国である。世界の日本は世界を益することを以て、その目的にせよと、高邁な理想主義に立つ国家構想を述べています。そして十九世紀末から帝国主義政策へと突入しつつあった日本に、彼は滅びの姿を見て取っていました。

「亡ぶべき日本あり、亡ぶべからざる日本あり。貴族、政治家、軍隊の代表する日本、是れ早晩必ず亡ぶべき日本にして、余輩が常に預言して止まざる日本国の滅亡とは此種の日本を指して云うなり。然れども、之と同時に亦亡ぶべからざる日本あり、即ち芙蓉峰千古の雪と共に不変不動の日本あり。是れ勤勉正直《せいちょく》なる平民の日本なり、天壌と共に無窮なる日本とは此日本を指して云ふなり。是れ蜻《せい》蛉洲《ていしゅう》が太平洋の底となるまで決して亡びざる日本なり。余輩が忠実ならんと欲するは此不朽不滅の日本に対してなり、彼の暫時的にして、蜉蝣《ふゆう》的なる貴族、政治家、相場師の日本に対しては余輩はただ憤怒あるのみ、憎悪あるのみ」と、彼は昂然と言い切っています。芙蓉峰というのは富士山のことです。天壌は天地のことです。蜻蛉はとんぼです。とんぼがたくさん飛んでいる島と昔から日本のことをいってきました。蜉蝣はかげろうです。すごい熱血の文章ですね。内村鑑三は、二つのＪ、ＪｅｓｕｓのＪとＪａｐａｎのＪ、を愛するのだといっています。彼から学ぶべきことは、同質、一体的な日本を考えるのではなくて、自分にとっての日本と日本人を選ぶ、創造していく、そういう精神の態度です。私たちそういう作業をすべきだと思うのです。内村鑑三にとってそれは富士山であり、小国日本であり、勤勉な平民です。それと同じように私たちにとって、自分にとっての日本とは、世界とはこのようなものだと宣言し、創りだそうとする、そういう各人の無限に多様な在り方を開いていく精神を培うことが、ナショナリズムを超える営みになるのではなかろうかと思っています。

宗教観と民衆観との合流へ

最後に自分の宗教観についてごく簡単に触れたいと思います。私は、宗教が果たしてきた役割を、自己について深く顧みることを通じて、個人を超える超越の次元にたいする畏敬《ピエタス》を持つようにうながすということだと考えています。私の身体も生命も贈られたものであり、そのなかで生きている自然と世界も私が自由に処分することのできないもの、与えられたものです。宗教がうながしてくれることは、個人を超えた超越的なものの声を聞き取り、それに応答する精神の営みへ目覚めるように、ということだと思います。

作家の石牟礼道子さんに『アニマの鳥』（筑摩書房刊）という長編小説があります。島原天草のキリシタンの戦いを主題に、一九九九年に出た素晴らしい小説で、私は非常に感動してよみました。内容は島原天草の乱を、地元でつつましい暮らしをしている農民、漁民の側から描いているのです。キリシタンではない家から、キリシタンの若い息子がいる家に嫁にいく女性が登場して、夫婦に子どもがうまれ、舅姑をふくむその家族を中心に話が展開されるのですが、だんだん弾圧がきびしくなり、キリシタン信徒が追い詰められて一揆に立ち上がる展開になっていき、最後は原城に立てこもって、全員が殺されて滅びるという、一種の道行きの物語です。今日ここで紹介したいのは、登場する一人の女性の姿です。主人公の家庭に、子どもを育て家事をしてきたおうめさんという下働きの女性がいるのですが、親が死んでしまって孤児なのです。その人の家の宗旨は浄土真宗です。ですがキリシタンの家で長い間働いて、乳母として子どもを育てたおうめさんは、家族と一緒に一揆に加わる決心をします。

小説の一番最後の部分なのですが、もう今生の終わりまでにいくらも時間がないときに、おうめさんが、「前世は虫か魚じゃったろうと思いやす」というのです。「百姓は虫けらとおなじじゃと言われて来やしたが、地面の上下にゃあ虫もいろいろおって、信心深か虫もおりやすぞ、きっと」と、虫とか魚とか、そういうものたちと同じ目線のところに立つのです。風も鳥も使いをするので聞く耳さえあればそれを聞くことができる。そして、おうめさんはなぜ自分がキリシタンにならなかったのかを告白します。自分の亡くなったお父さんが、病弱なおうめさんに、彼女の姿に似せて木彫りの観音様の像を彫って岩戸観音に奉納してくれた。彼女は大事にしていたその像を、キリシタンの宗徒たちが伴天連の指令で叩き割して薪にしてしまった。そういうことがあったのでどうしてもキリシタンになれなかったのだというのです。そのことを告げたあと、おうめは「マリア様と観音様がお逢いになられたら、お二人とも、さらに優しゅう、仲ようなられるのじゃあなかろうか」というのです。若夫婦のお父さんにあたる雇い主の仁助は「おうめ、おまえが長い間、叩き割られた観音様を大切にして、心に仕舞いこんで、わしらのデウス様にも尽くしてくれたのにくらべ、わしは自分の宗門にあぐらをかいて、へりくだりを忘れておった。この期になって、わしは恥じ入るばかりじゃ。お前こそ観音様の化身じゃと、今にしてわかる」と答えるのです。

石牟礼さんは、「この世においてはかり難く巨きなものとごくごく小さなものは等格であり、ともに畏れ敬うべきである」ということなのだ。つまりおうめさんの持っている信心、人間としておうめさんの持っている心のあり方と、一揆で死んでいく信心堅固のキリシタンの信仰というものに優劣はないことを訴えて「キリシト様が教えらるるへりくだりの心を、さらに深めて生きて来た百姓女が静かな威厳にみちてここにいる」と書いています。石牟礼さんは最近、深い宗教的な思いを作品にこめているのですが、石牟礼さんの場合も、浄土真宗に近いけれど、より基層の、より底辺の虫や魚といっしょに生きてきた民衆の心の中にある宗教的な威厳、敬虔な感情というものに自分も帰依するというあり方に立っていると思います。天地自然に対する畏敬から出発しても、それをナショナリズムという形で、国家という力に結びつけて、他を支配する欲望を強化する方向と、石牟礼さんのようにごくごく小さなものの中に生きる思いや優しさ、威厳を見つけていく方向とがあるわけです。私は、石牟礼さんのような民衆観、人間観に基づく精神の在り方を、一人一人が真に民衆性に目ざめる在り方としてとらえ、「ピープルネスに生きる」という言葉で、世界のどこにでも通じる普遍的な在り方へつなぎたく思っています。日本の伝統的な宗教感情にしても、権力と結びつく方向と、「ピープルネス」に向かう方向とにはっきり分かれると思います。そういうことを考えさせてくれた文学作品として、この『アニマの鳥』を感銘深くよみました。

長時間ご静聴ありがとうございました。

第２章　現代日本のナショナリズムと宗教

聖戦大碑建立の意義

粛然と襟を正して聖戦の意義を伝へん

大東亜戦争は平和を希ふ我国が共産主義謀略と
欧米侵略国の挑発によりやむなく立ち上がった
自存自衛の戦ひであった

衆寡敵せず敗れたが　結果的にはアジア諸民族
開放の宿願が達成された

戦ひに敗れ悲願がかなへられたためしは古今東
西人類史上曽てその例をみない

タイ国のククリット・プラモート首相が当時
「日本は身を滅して仁をなした」と述べてゐるが
けだし至言であらう

以上から天意天命による戦ひであったとする
以外に道はなく聖戦たる所以もまたここにある

さて世にさまざまな碑があるがこの大碑は
単なる慰霊顕彰のみの碑ではない

即ち戦後よこしまな者達が　この聖戦を他民族
を苦しめた侵略戦争にすりかへるため日本のす
べてを悪として断罪した

この策謀によって亡国憲法が押しつけられ教
育・報道・出版はすべて彼等の術中に陥り古来
温和寛容の大和民族なるが故にこれが仇をなし
たやすく奸計にはまり　今や国民の大多数は
本来の精神を失ひ亡国の状態を呈してゐる

この悲しむべき現状から人々の覚醒を促し本然
の姿をとり戻すためこの碑を正気澎湃の拠点た
らしめ

又この尊い国を護るため身命を賭したすべての
英霊と祖先に感謝の誠を捧げ子孫萬世に日本の
真実とその氏名を正しく伝へ

更に全世界の人々に萬邦共栄の日本精神を宣揚
し以て世界恒久平和の拠点たらしむべくこの聖
戦大碑を建立するものである。

◇「大東亜聖戦大碑」

石碑の土台部分には「大東亜　おほみいくさは　万世の歴史を照らす　かがみなりけり」と詠んだ元軍人の歌が刻まれ、御影石の最上部には日の丸をかたどった赤い石盤がはめ込まれている。また、裏側の刻銘には全国から集まった六百五十人余の個人、二百六十を超える団体寄付者の名や各地の戦友会名が連なり、その中に混じって、沖縄戦の「少年鉄血勤皇隊」「少女ひめゆり学徒隊」や「殉国沖縄学徒顕彰会」の名称もみられる。石川護国神社境内には、今回建立した石碑の他に、戦没者慰霊碑など六つの碑がある。

資料：金沢の反戦平和運動誌『VIEW』より
金沢市の護国神社に二〇〇〇年八月四日建立された「聖戦碑」

第3章

「無宗教」社会・日本の課題

阿満利麿

阿満利麿

（アマ・トシマロ）

一九三九年京都市生。

京都大学卒業後、ＮＨＫに入局。教養番組などの制作に従事したあと、一九八七年、明治学院大学国際学部教授となる。専攻は、日本宗教思想史。

著書

『法然の衝撃』（人文書院）

『国家主義を超える』（講談社）

『宗教の深層』（ちくま学芸文庫）

『日本人はなぜ無宗教なのか』（ちくま新書）

『社会をつくる仏教』（人文書院）

など多数。

「無」宗教な日本人？

無宗教という言葉は日本の社会が生みだした日本人の間にだけしか通用しない言葉なのです。そのことについて多くの人たちはあまり自覚が無くて、特に無宗教という言葉をなにげなく使ったために、ずいぶんと苦労する人たちが最近は出てきています。その最も多い人たちはアメリカに留学した若い学生諸君ですね。アメリカに留学した学生諸君にホームステイ先の人たちから、あなたはどういう宗教を信じているんだというようなことを質問されて、うっかりと無宗教であると答えたばっかりに、まあそれから大変な事になるわけですね。ご承知の通り、無宗教である、宗教を信じていないというのは、人間でないということと同じですから、日本から来た若い学生たちがこんなに可哀想なことでは見ておれないということで、ホームステイ先の両親が、毎週教会に通うように熱心に勧めてくれたり、あるいは大学の仲間たちが、宗教とは何か、バイブルの教えは何であるかと懇々と教えてくれるというような経験をします。そして、一体日本人の宗教心というのはなんだろうかという深い疑問を持って日本へ帰ってくるという若者がどんどん増えているのです。先日も、デイリー読売の記者が、私のところへ取材に参りました。英字新聞で私の無宗教のことが聞きたいというのですが、その記者は実は帰国子女だったのです。アメリカで暮らしている時に、いろいろとアメリカ人から、あなたの宗教は何かとか、人間にとって宗教の役割は何かと聞かされたのだけれど、私としてはどうもうまく答えられない。自分も日本にいたときはどうも生まれた時にはお宮参りをしているし、おじいさん、おばあさんのお葬式の時には仏教の僧侶が来て仏教式の葬式をしたと。そしてまた周囲を見回すと自分の姉や叔母はどうも教会で結婚式を挙げているらしい。こういうことを見ると、自分は特定の宗教を信じているとはとても言えないので、無宗教と言ったのですと。その「無宗教」がアメリカの人には通じなかったのだと。そういう悩みをずっと持っていて、私のところへこられたということがあったのです。

日本人が無宗教という言葉を使いだしたのは早いのです。なんと百年前に、もう既に「無宗教」という言葉が日本にはやっております。この一八九八年に出ているある雑誌の正月号を見てみますと、こんなことが述べられています。外国では無宗教者を軽蔑することは甚だしい、しかるに日本では無宗教者を公言してはばからないばかりか、かえって無宗教を自負する人が多い、というようなことが巻頭論文になっています。それから、一九〇三年にハワイででた日系移民の人たちの雑誌を見ておりますと、「無宗教の日本国民」というような特集が出ております。ですから今世紀の初めからもうすでに、無宗教という言葉は日本人の間にポピュラーになっていて、しかもそれはどうやら問題をはらんでいるらしいということはなんとなく気が付いていました。しかし誰もそのことを十分な検討もせず、ずっと今に至ったわけです。最近では、例えばよく生前に遺言を残す会というものが盛んですけれども、それを見ておりますと、ほとんどの方が葬式は無宗教でというふうに書いておられます。この場合の無宗教というのは、アメリカに留学した学生さんがつい無宗教と言ってしまうのとは、ちょっと違ったニュアンスがありまして、要するに特定の宗派の儀式には縛られたくないというふうな意思表示だと思うのです。でも、特定の宗派儀式に縛られたくないけれど、もっと言えば、葬送儀礼を行うということは、宗教的儀礼ですね。いくらご本人たちが無宗教でとおっしゃっていても、葬送をする、亡き人を送るという儀礼は、これは広い意味で宗教であることに変わりはないわけです。だから、後で言いますが、葬送宗教は特定の宗教に縛られたくないという一方で、何らかの宗教心が働いているということなんです。私の本（『日本人はなぜ無宗教なのか』筑摩書房刊）が意外に売れましたのは、無宗教だ無宗教だといっているけれど、その無宗教の中身をなんとなくはっきりさせたいというお気持ちを持っておられる方が意外に多かったということだと思うのです。

「無宗教」のなかの宗教心――自然宗教

この無宗教の中身というものは、一体どういうことになるのか検討してみると、いくつかあることに気が付きます。まず私が、私の本の中でも試みましたことは、宗教という言葉にどうやらいろいろな誤解があるらしいので、もう少し宗教という言葉を限定したほうが、宗教心を理解する上で役に立つのではないかということで、自然宗教と創唱宗教という区別をしてみました。この自然宗教というのはどういうものなのか。それはこの創唱宗教という言葉を先に説明するほうがわかりやすいと思います。創唱宗教の、創唱というのは、初めて唱えるという意味ですから、教祖がいる宗教のことです。教祖がいて、つまり教えを初めて説いた人がいて、そしてその内容をさまざまな聖典類にしてまとめている。バイブルであるとか、経典であるとか、そういう聖典類を持っている。そしてその教えを自覚的に信仰している、そういう信者たちの組織がある。当然その信者たちの組織の中には教会とか寺院であるとかいう組織も含まれている。こういう宗教のことを創唱宗教というふうに宗教学ではいいます。宗教というのはどうも創唱宗教のことだと私たちは思い込んでいますが、宗教にはもう一つ性格のちがうものがあります。自然宗教です。私が申し上げる自然宗教の自然というのは自然発生的という意味なのです。つまり教祖はいないし、誰が言い始めたのかわからない。従ってその教えを特にまとめたような聖典類のたぐいもない。従って当然でありますが、自覚的な信者組織というもののもない。しかしながら、どうもある種の宗教心というものが大変豊かである。そういう宗教のことを自然宗教と呼びます。

それでは、具体的にはどういう内容が自然宗教なのでしょうか。それぞれの民族、文化は、それぞれ自然宗教を持っていると思います。日本は日本の文化に即して日本の中に自然宗教が生まれてきたと思いますが、それは例えば先祖を大切にするというふうな観念です。もっと端的に言えばお墓に参るのが好きであるということをあげておきましょう。この日本人の墓参り好きというのは、相当顕著なものでありまして、外国の事情に詳しい方はご存知のように、そうそう外国の方はしょっちゅう墓参りをするという習慣はないですね。日本人は悲しいにつけ嬉しいにつけお墓参りをする。私の友人の会社社長は、早く亡くなった自分のお母さんのお墓に毎月命日に遠いところから京都までお墓参りにくるということを何十年も続けています。このようにお墓参りに非常に熱心である、先祖を大切にしたいと思う、こういう気持ちを持っておられる方々は実は自然宗教の信者なのです。

いろいろな宗教の調査がありますが、日本人の宗教心というのはよくわからない、不可解であるということから、日本人の宗教心を調査したものがあります。その中で、あなたは何か宗教を信じますかという問いに、だいたい七割以上の方が宗教は信じないと答えるんですね。しかしさらにその方々に、あなた方は先祖を大切に思うか、あるいは死後の世界を信じているか、あるいは宗教心は大切だと思うかというような質問を続けて訊ねてみると、そのほとんど、八割近い人たちが大事だと答えるのです。自分は宗教を信じていないけれど、先祖は大切にしたい、あるいは死後の世界は信じているとか、あるいは宗教心は大事だと答える人がたくさんいらっしゃるのです。それは一見大変混乱しているように見えるけれど、私は宗教を信じませんというときの宗教は創唱宗教のことなんですね。つまり特定の教団、宗派の宗教というものは信じない、その宗教の信者ではない。しかしその後に質問された内容ですね、先祖は大事ですと答えるのは自然宗教の信者であるということなのです。でも多くの人はこの自然宗教ということをもちろん知りませんし、ましてや自然宗教の熱心な信者であるという自覚もないわけです。しかし、日本人の多くがこの自然宗教というものに、実は深くかかわっているのです。

一番良い例は年二回の年中行事ですね。お正月に初詣に行く人は大変多いですね。極めて自覚的な創唱宗教の信者、例えば大変熱心なクリスチャンの方であるとか、創価学会の信者であるとか、そういった特定の宗教の信者を除いた殆どの日本人が初詣に出かけます。日頃神社など詣でたことがない人でもお正月には初詣に行きます。なぜあれだけの人が初詣に出かけていくのか。それからお盆の時期に、最近は少しましになりましたが、たくさんの人が故郷に帰りますね。あれだけの交通渋滞にもかかわらずどうして、もっと他の日に故郷に帰ればいいようなものですが、あの時期に故郷に帰る人がこれだけ日本人の間に多いのか。それは、お正月の初詣にしてもお盆の行事にしても、いずれもそれは、簡単に言ってしまえば、先祖と対面するという宗教行事、つまり自然宗教の行事なのです。お正月の行事というのは大変自然宗教では大事な行事で、つまり日本人の考え方ではご先祖は神々になってそれぞれの村々に帰ってくるという信仰がありますから、お正月に帰ってこられる神々と対面をするのです。そしてお盆の行事もそうですが、故郷に帰ってこられるご先祖たちとともに過ごすということを目的にしていたのです。もちろん現在ではお正月の意味を知っている人はほとんどなくなってしまいました。

自然宗教の世界では人間というものはタマシイの入れ物だというふうに考えられているわけですね。われわれの肉体は容器である。実はわれわれが人間であるというのは、遠いところからやってくるタマシイというものを受け入れて、それでわれわれに生命の活力を与えられているのだ、そういう自然宗教のカシタマの考え方があるのです。ですからそれぞれ私たちはタマシイを持っているんですね。それが証拠に例えば歩いていて、誰かにどんと背中を突かれてびっくりした時、われわれは「たまげた」といいませんか。これはタマシイが消えると書くんですね。タマシイがぽんと外へ出て、タマシイがなくなったと。つまり、私どもに生命を与えてくれているものは、よそからやって来たタマシイが、私たちの中に入ってきて、それが力を発揮しているからだという考えなのです。そういうタマシイの信仰というのはいろいろあるのですが、例えば、これから暮れにかけて奈良の東大寺の大仏のお掃除をするというのがニュースにでると思います。大仏のお掃除をする前に、お坊さんたちが集まって何をするかというと、大仏様のタマシイを抜く行事ということをするのです。タマシイを抜くと大仏様は単なる金属の塊でしかありませんから、その上に人間が上っていっても失礼にあたらないということですね。ですからタマシイを抜くというような行事をして、そして掃除が終わると、またタマシイを入れる行事をするのです。だからわれわれの意識の中にはどうもタマシイは出たり入ったりするものらしいというような意識があるのです。沖縄へまいりますと、小さな子どもが熱を出してぐったりすると、子どものタマシイが出て行ってしまったから、ユタと呼ばれる特別の人に来てもらって、子どものタマシイをまた呼び戻さなければならないという「マブイゴメ」というような行事がおこなわれることがあるんですね。それは大体麻糸を使って、子どもの数だけの輪を作って、そしてその輪を子どもの胸に置いて、散らばったタマシイを、どのようにしてかは知りませんが、呪術者（ユタ）がそれを集めて、そして子どもの中にもどる、そして子どもは元気になりましたというようなことを言うわけです。

こういうようにタマシイが出たり入ったりするということは、自然宗教の大事な要素になっているのですが、そのわれわれの中に入っているタマシイというのは、一年間使っていると、だんだん弱くなっていきます。冬至という季節にいろいろな民間行事があって、例えば、ゆずのお風呂に入るとか、かぼちゃを食べるとか、いろいろなことがなされます。これは冬至の頃にわれわれのタマシイが一番元気がないので、元気をつけてやろうという行事なのです。そしてもっと強いタマシイを身に付け直して、この一年がんばりましょうというのが、お正月の行事なのです。ですからお正月で大事なことは、文字通りお年玉、トシダマを身につけるということが大事だったのです。ですから、新しい強力なタマを、家族全員が一斉におもちというシンボルを経由して、身につける。雑煮を祝って、おもちを食べるということは、そのお雑煮の中に込められた新しいタマシイを自分の身の中へ入れようという行為なんですね。そういうことで一斉に家族がお雑煮を祝って、新しいいわば霊力を身につける。これがお正月の行事なんです。そして一つずつ年を取っていきます。ところが最近は満年齢になってしまって、年を取るのは自分の誕生日ですから、お正月に年を取るという意識はほとんどないわけです。お正月に元気が出ているのは、子どもだけですね。お年玉をもらって一番元気が出ているのは子どもです。つまりお正月が持っていた自然宗教の意味というものはもはや失われているのです。失われているけれども、習慣になって、私たちはお正月の行事を行い、しかも、お正月の時に初詣に出かけることによって、氏神などの新しい霊力を身に付けようというふうなことになっている。こういうことが私どもに、知らず知らずの内に伝承されてきた自然宗教の内容なのです。

ですから、日本人の多くの方が、私は無宗教ですというふうに答えるということは、実は特別の創唱宗教の信者ではないというだけであって、実は中身は自然宗教にどっぷり浸かっているということがたいへん多いということになります。その自然宗教というものの中身はどういうものなのか、あるいはそれはどういう問題を持っているのか。あとでまた少し話してみます。

宗教を拒否するタイプの「無宗教」

もう一つ無宗教だという時には、これは文字通り、無神論者という方もいらっしゃいます。およそ宗教というものは全部拒否をする、そういう意味では宗教を否定している。そういう立場の人も無宗教であると主張される方の中にいます。でもこういう方は大変少ないのです。日本人の中で、自分は無神論者であるとはっきりと、哲学なり神学を勉強した上で、断言できる人は大変少ない。感覚的に自分は信じていないという程度でしかないですね。例えばそういう人の中には、人間は死んだら「無」になるのだ、何もないのだと、だから、自分は無宗教なのだという方もいらっしゃいます。ですが、みなさんちょっと考えたら、すぐにわかるでしょう。死んだら無になると誰が見てきたのですか。誰も、死んだら無になると見てきて、戻ってきて、実は無であったというようなことを確認してはいません。それはちょうど、ちょっと前の時代の人は、死んだら人は天国へいくとか、地獄へいくといっていたことと何ら変わりはないのです。天国や地獄という言葉がだんだん気に召さなくなってきたので「無」という言葉に置き換えているだけです。死んだら無になる。無になるということは、何もそれほど立派なことでもなんでもないですね。昔の人が天国へいくとかあるいは地獄へいくといったことのほうが、もっと深い宗教的な意味合いがあります。今の人は無になるといっていい気になっているだけであって、あまり内容は大したことはないですね。どちらにしても神や仏や超越者、あるいは自己を超えたものは一切信じないんだという人も無宗教者の中には少しいらっしゃいます。

それからもう一つは今の若い人たちもそうですが、宗教について無知であるという人たちですね。

宗教について何も知りませんと。私は白紙状態ですという人たちは文字通り無宗教だとおっしゃいます。先だってもある大学で講演をしました時に、どういうわけか高校生がたくさん聞いていまして、問題の「十七才」が次々と手を挙げて質問をしました。そして私がいろいろ無宗教について説明したけれど、どれも自分には当てはまらないと。つまり宗教について全く知らないんです。こういう私たちはどうしたら良いでしょうかという質問をした若者が何人もいましたけれど、そのように無宗教といったときに、宗教について全く無知だというそういう人も中にはいらっしゃるでしょう。

それからもう一つ無宗教の中で、やっかいなというか、慎重にならなくてはいけない内容がります。それは創唱宗教は否定する。創唱宗教の権威とか教義とかあるいは教団というもの、特に教団は醜くてあんなものと付き合うのはごめんだといって、創唱宗教とは距離をおく。しかしながら、といって自覚的な自然宗教の信者でもない。つまりその種の人たちはどうも人間には自己を超えた世界を認識したり、あるいは自分を超えた世界と融合できる能力が自分の中にはあるんだと。潜在的に人間にはそういう能力が備わっているのだということを信じる立場の人なのです。こういう人たちは、自然宗教の信者とはいえないですね。つまり自然宗教的な、ご先祖とか神であるとか、そういうものを信じているわけではないのです。その人たちが信じているのは自分の中に自分を超えたものと融合できる能力があるということを信じておられる立場ですね。つまり創唱宗教に頼る必要性は認めないけれど、自分の中に自分を超えたものと融合できる力があって、その力を信じているんだという、そういうタイプの無宗教者も意外に日本の場合は多いです。

これは特に日本の文学というものがこういう伝統を強く育ててきた一面があります。例えば夏目漱石という人は、ある意味ではそういう無宗教者の代表だと思いますけれど、夏目漱石は特定の創唱宗教の信者ではありません。確かに禅に大変興味を持ったという一面はありますが、しかしご承知のように則天去私というような言葉で自分の最終的な境地を表明した人物であります。その夏目漱石は修善寺の大患で死ぬような経験をいたしますが、その重い病気をした後、病床で寝ていると、見るものといえば窓越しに見える青い空しかない。秋から冬へかけてどんどん青さが深まっていく、そういう空を毎日毎日見ながら、ついにある時、青い空と自分とが一体になった。青い空の中に自分がとけ込んでしまうというような経験をするのです。自分というものを超えた大自然に融合するということは、人間にとって一番幸せなあり方なのだというようなことを考えるようになるわけです。こういう大自然と融合するということによって、自分の最終的な安心の境地というものを手にしようという考え方ですね。これは私ども日本人には大変強くて、自然との生命的な交流ですね。これは昔の言葉で言えば「風流」ということですが、風流ということで自然と自分との間に垣根がなくなって、自然の中の一つの存在だと思いきることができる。そういう境地を大事にすれば、もはや特別の創唱宗教に頼る必要もなくなるわけです。これは、実は日本人の間に歌道や短歌、俳句が大変盛んであるということと関係があって、歌を詠み、俳句を詠むという行為によって多くの人たちは自然の中の一つの存在というものを確かめているということなのです。私どもは、際立って特別にコンバージョン、「回心」をして神や仏と向かい合うということよりは、なんとなく美しい景色と対面しながら、風景の中に自分を溶け込ませていくといったようなことで、安心が得られるというような道を選びやすいわけです。創唱宗教に頼らずに自分の中にある大自然との交流の中に安心を見出していくという意味の無宗教者は結構日本人の間には多いと思います。

アメリカのデューイという哲学者は、人間の経験の中には自己を超えたものとの合一感、自分と自分を超えたものとの合一感、一体になっているという感覚が人間の経験の中にあるものだ、誰でもそういうものを持っているのだ、ただそれをなんと呼ぶかは文化によって異なるのだ、というようなことを言っております。キリスト教ではそれは場合によれば神と一体になったというような表現になるであろうし、他の文化圏ではまた違った言い方をすることもあるだろう。しかし、人間の経験の中に自分を超えたものとの一体感というものを作るということがあるのだという指摘をしているわけです。先ほど申しあげた夏目漱石なんかでもそういう一面があるわけです。こういうことは、もう少し現代ではさまざまな表現になっておりまして、例えば精神世界といって一括りにされます。本屋さんへいってみると精神世界というようなコーナーがあって、呼吸法や瞑想法というようなものによって、ある種の心の落ち着きを得ようというようなことを教える本がたくさん出ていますね。こういう癒しであるとか「気」というものを重んじるとか、こういったものも、自然との一体感というもの、それを得るための技術、方法を強調しています。そこまで含めて無宗教の中身だと考えていいと思います。

当初は私は主に、人間は無宗教だといっているけれど、一つの自然宗教という宗教の信者であるのだという一面を強調してきたのですが、しかし今申し上げたように、特に人間の中に自己を超えたものと合一できる能力があって、その開発のほうに興味があると、創唱宗教といったものとは関係を持ちたくないという、そういう無宗教の問題というのは、これは大きな問題をはらんでいると思われます。

日本人のもつ自然宗教――「タマシイ」と「ムラ」の祭祀

今日は時間が短いので、詳しくは申し上げませんが、今申し上げた、とりあえず日本人の多くの人は、実は自然宗教の自覚しない信者であるということに絞って申し上げたいと思います。先ほど申しましたように、日本人の自然宗教というものの特徴は、一つはタマシイとその祭祀を中心とする宗教心だということですね。では一体タマシイとは何なのかということになると、そういうことをちゃんとまとめて研究したものがあまりないのです。ただ日本の民俗学という学問は、実は日本人にとってのタマシイとは何かということを明らかにした学問だと言っていいと思います。一人は柳田国男であり、一人は折口信夫です。この二人は、私からいいますと、日本人の自然宗教の神学者というような位置にあるのではないかと思います。もし皆さん方が日本人の伝統的な霊魂観念といったものにご関心があれば、この二人の業績というものをご検討になることをお奨めいたします。ただ同じタマシイといっても、柳田国男が諒解したタマシイと折口信夫が諒解したタマシイでは相当内容が違うのです。この二人の学者によって明らかにされたタマシイというものをまだ統一的に理解するという、そういう学説は生まれていません。

時間の関係で、柳田国男のほうのタマシイ論というものを少しだけ簡単にご紹介しておきます。柳田国男がいうタマシイというのは、実は死者の霊魂のことなのです。人間の死者の霊魂です。折口信夫がいうタマシイというのは他界からやってくるタマシイ。これはみなさんも宗教学のほうでいろいろお聞きになっておられるでしょうけれど、他界という、この現世とはまったく違う世界にタマシイは存在していて、そのタマシイが現世にやってきて、その現世の人間に働きかけるという、そういう考え方です。ですから、先ほど申し上げたお正月にお年玉をもらって元気をつけるという考え方は実は折口信夫のタマシイ論から説明できることなんですが、この柳田国男の霊魂観念というのは、実は死者の霊魂にほとんど限定していると言ってもいいと思います。そして死者の霊魂について大切なことは、死者のお祭りということです。

大事なことは、日本の自然宗教では死者の肉体にはほとんど無関心なのです。時代を遡れば遡るほど遺体というものに対する執着心はゼロですね。それは捨てておくだけのことです。一三世紀の京都の葬送の記録などを見てみますと、息がある間にもう墓地に捨てられます。まだ息のある間に戸板に乗せられて、水を二、三杯椀の中に入れられたまま。もうそれでおしまい。犬がきたり鳥が来たりしてついばんでいく。日本は決して土葬の国ではなく、風葬の国ですね。遺体はそのように粗末に扱う。しかし死者の霊魂は非常に大事にお祭りするのです。ですから沖縄などでも洗骨というような習俗がありましたけれど、肉体から完全にタマシイが解き放たれていることが、霊魂祭祀の重要なポイントなのです。ですから洗骨という儀礼は、白骨にまだ肉体が付着している状況では霊魂は自由になっていない、だから霊魂が自由になったかどうか確かめるためなのです。つまり洗骨をして完全に白骨になりきった時にタマシイのお祭りを始めるということなんです。

その死者のタマシイのお祭りで大事なことは、死んだ人の血肉を分けた子孫のお祭りを必要とするということです。これは日本の自然宗教の大事なポイントなのです。つまり他人がいくらお祭りをしても意味がないのです。死者の血肉を分けた子孫が死者のタマシイのお祭りをする。どれぐらいお祭りするのかというと、だいたい三十三年お祭りするんですね。三十三年、毎年お祭りをする。三十三年たつと死者は固有名詞を失い、「ご先祖」というものになるのです。個性を失うのです。そうすると死者の祭祀、タマシイの祭祀は終わります。「ご先祖」とは、村の死者、その村で生まれて亡くなった人全部がご先祖になっているのです。ですから、ご先祖になった以上は誰の何某という霊魂を取り出そうと思っても、無理なのです。ご先祖というものに全部融合しているわけですから、自分のおじいさんの霊魂を取り戻したいと思っても、それは無駄なことであって、それはご先祖という一つの大きな霊魂の塊になっています。その霊魂の塊が、時には孫になって生まれ変わってくる。そしてまた村の鎮守様になる。

ちょっと前までは、赤ちゃんが生まれてくると、すぐその顔を見て、これはおじいさんに似ているだろう、おばあさんに似ているだろうという話をしたものです。そして必ずおじいさんやおばあさんの名前の一字をもらって孫につけるというのが伝統的なしきたりだったのです。ところが今若い方々でおじいさん、おばあさんの一字をもらっている方はどれだけいらっしゃいますか。ほとんどおじいさん、おばあさんが舌をかむような名前になっているでしょう。そういうふうに死んでご先祖になってまた孫になって生まれ変わってくる。生きているものと死んでいるものとの間に循環があるということを信じていた。これが自然宗教の一つの特徴ですね。

そしてその死者のタマシイは死んでも遠くへいかないというのが大きな約束事だったのです。日本人はお墓参りにいくと必ず墓石に水をかけます。キリスト教の方では墓石に水をかけるというようなことはなさらないだろうと思いますが、日本人しか水をかけません。僕は世界をあちこち旅行すると必ず墓地に行って、誰かお墓に水をかけないかと観察するのですが、残念ながら水をかけるのは日本人だけです。なぜ墓に水をかけるのでしょうか。これは自然宗教からしか説明できないことですね。子どもが生まれた時に昔は産湯をつかったのですが、産湯の時に使う水というのは特別の井戸から汲んでくるんです。お墓に祭られている人が、産湯の時に使った井戸水を持ってお墓参りにいって、その水をお墓にかける。これが本来のお墓に水をかける作法なのです。

なぜそういうしち面倒くさいことをするのかというと、死者の墓にその人が生まれた時に使った井戸水をかけることによって、今あなたは死んでいるけれど、生まれ故郷から遠くへいっていないのだ。あなたの慕わしい子どもや孫の生活圏の中にあなたは祭られているということを教えるためですね。死者はどういうふうにして水を観察して自分が生まれた時の井戸のそばにいると認定するのか知りませんよ。最近はお墓にかける水は、東京ですとどこの水だかわかりませんからね。そんな水をかけられたら死者は自分がどこにいるのか訳がわからなくなるでしょうけれど、ともかくそういうふうな手続きを経て死者は死んでも遠くへいかないのだということを確認しつづけています。そういうことが習俗になって、残っているのです。生きているものと死者との間に絶えざる交流があるということを前提に日本の自然宗教はできているのです。

このように死者の霊魂というもの、死者の供養ということ、そして死者は草葉の陰でじっと見ているのだというふうなこと、そしてご先祖は孫や子になって生まれ代わってくるのだ、あるいは氏神になって自分たちを見守っているのだというふうなことが、自然宗教の一つの大きな約束事であります。ですから年中行事というものは、そういうことの確認の連続なのです。例えば今申し上げたようにお正月は先祖とイコールである神々、氏神と対面するということを含んでいますし、あるいは春秋彼岸にはお墓参りにいく。春秋彼岸にお墓参りに行かなくてもおはぎを食べるということは他の宗教の信者でもなさるかも知れません。おはぎを食べるということは、おはぎは先祖のタマシイのシンボルですね。そういう春秋の彼岸でまたご先祖と対面する。お盆の時にもまた対面する。というふうにして、年中行事というものの中に、今申し上げた死者のタマシイとの交流ということを繰り返し繰り返し経験するようになっているのです。実は日本人の自然宗教というのは、年中行事と分かちがたいものなのです。年中行事は日本の自然宗教の経典だと言っていいわけですね。ですからそういう年中行事というものの中にどっぷり浸かって暮らしている多くの日本人にとっては自然宗教というのがいつの間にか身に付いているわけです。ですから特別の宗教の助けを借りなくてもその自然宗教の力によって自分の生き死にを納得していくことができる。だから無宗教でもよろしいと、こういうふうに多くの場合はなっていたわけです。

しかし自然宗教にも問題がある。自然宗教は、先に申し上げてしまえば、村の宗教なんですね。日本の自然宗教というのは個人の宗教ではない。村（ムラ）の宗教なんです。村全体で、村人全体でお祭りしていく、そういう宗教心なのです。村というのは、もうすでに高度経済成長以降、崩壊してしまいました。だから自然宗教の基盤はもうないと言っていいわけです。基盤がないけれど、自然宗教の考え方というのはなんとなく生きている。基盤を失って考え方だけ生き残っているというところにいろいろな問題をはらんでいるのです。一昔前の村の最大の関心事は、村の和をいかに守るかということなのです。この間自民党が大変揺れに揺れましたけれど、最後はまあ手打ちで終わったようなことになりますが、要するに一つの団体、社会を構成している人たちが気持ちを一つにする、一味になるということなのです。ですから村の最大の関心事は村の和であり、村人は皆同じような気持ちになることが大事ですから、その村人の気持ちが一つであるということを確かめる行事が、氏神の祭りであったりするわけです。

そうすると、創唱宗教というのは村の宗教からいうと具合が悪いですね。これは沖縄へいくとしばしば聞くことでありますが、沖縄の村の人たちにとって一番困るのは、実はクリスチャンなのです。クリスチャンは一番困る。それからもう一つは創価学会の人たちです。クリスチャンと創価学会は沖縄では大変困った存在だということになっています。それはなぜか。村の祭りに協力しないからです。村というものの和、村を一つにまとめていく上で大きな役割を果たしていくさまざまな祭りがあるのですが、その祭りに対して創唱宗教の自覚的な信者は自分たちの信じている教義と異なるからそういうものはお断りしますとおっしゃいます。それは当然ですね。そうすると村の祭りが執行できなくなる。人数が足りなくなってくる、寄付金が集まらないということで、沖縄の人たちは「ニチレン」とか言って創価学会のことを話されますが、そういう人たちは困ったものだというふうにいうわけです。しかし私が会ったタクシーの運転手さんでクリスチャンの方は、クリスチャンになったことでどんなに気持ちが安らかになり生活が楽になったか、と言われました。一年のうちにある地域ではお祭りが百回以上もあって、それにいつもいつも駆り出されていなくてはならないので、自分はクリスチャンになることによって、そういうしがらみから一切解放されたと、こんな嬉しいことはない、というお話が一方ではでてきます。どちらにしても日本の自然宗教というものは、死者の霊魂を祭るといっても、それは、最終的には個々の固有名詞を失ったご先祖の祭りでありますから、村、村人全体、その村に住んだ人全ての霊魂をお祭りするという共同体のお祭りです。ですから、そういう中で村八分にあってしまうと、村の宗教から救いを保証されないという問題をはらむわけです。

明治以来の宗教政策としての「無宗教」

あまり時間もありませんから、あともう一つ、なぜ日本では無宗教というものが優位を占め続けてきたのかということを、少し簡単に申しておきます。つまり日本人が無宗教であり続けることができたのはどうしてなのか。それは今申し上げたように、無宗教の中身は自然宗教だと申しました。ですから無宗教でありつづけることができるということは、それだけずっと自然宗教が力を持ってきたということですね。どうして自然宗教がずっと力を持ちつづけてきたのか。特別の教義を信じるという創唱宗教に頼らなくとも、自分たちの村の人たち、自分たちと暮らしを共にしている人たちと年中行事を共同に行うことで、それで済むというふうなことがどうして続いてきたのかという理由ですね。それはいくつかポイントだけいいますと、一つは明治国家の宗教政策がそういう自然宗教つまり無宗教というものを助長する政策をとってきたということです。それからもう一つは日本人の人生観というものは大変現世的で創唱宗教のいわば入る余地を非常に狭めた。そういう現世中心の人生観というものを江戸時代以来育んできていたということ。それからもう一つは実は葬式仏教というものが日本の社会にたいへんいきわたっていた。葬式仏教というのは自然宗教を温存してきました。仏教という名前はついているけれど、中身は殆ど自然宗教なのです。そういう葬式仏教が江戸時代以来現代に至るまでたいへん大きな力を持ってきているということが、無宗教というものを存続させている一つの大きな要因になっています。

それで明治以来の宗教政策が無宗教というものを助長してきたということを少し説明してみますと、この宗教という言葉は明治になって外交交渉の中から生まれた翻訳語ですね。一八五九年という年、これは安政五年ですが、日米修好通商条約では、religionという語の翻訳はまだ宗旨というふうになっています。しかしその十年後、一八六九年、明治二年ドイツとの修好通商条約は明らかにドイツ語のReligionという言葉を宗教と訳しています。つまり明治二年にはすでに宗教という言葉がうまれているということになります。そして一般社会にはもう明治一〇年、一八七八年ごろには先ほど一番最初に申しましたように宗教という言葉があちこちで使われるようになる。しかし、この場合の宗教という言葉はキリスト教とほとんど同じ意味でした。ところがご承知のように明治政府が徳川幕府から引き継いだ唯一の政策がキリシタン禁制なんですね。キリスト教を禁止するというキリシタン禁制、キリシタンを邪教扱いにするという政策だけは幕府から受け継いでいるのです。つまりキリシタン弾圧は明治になってからも激しいのです。

一つだけ申し上げておきますと、一八六八年、明治政府が成立したときに、長崎の五島の大弾圧がありました。その弾圧がいかにひどいものであったか。それは、キリシタンの信者たちをたった六坪の小屋に二百人押し込んだのです。二十平方メートルぐらいです。ワンルームぐらいの広さですね。そこに二百人です。ですから全員立っているのです。寝ることはできません。赤ちゃんを抱いた人は抱いたまま。そして八ヶ月間そこにいれられるのです。そうすると足が地面につかない子どもは、おかあさんの腕がゆるむとそのまま下へ落ちて上にあがってこられないのです。もちろんもう垂れ流しの生活ですね。ですからある十三歳の子は、うじが下から這い上がってきて生きながらにして下腹を食い破られて死んでしまうということがありました。そして全員頭髪が抜けて、たくさんの人が死に、食べ物は朝夕さつまいも一切れだと。これが日本の近代の出発です。これは覚えておいたらいいことです。日本の近代国家の始まりはこういう弾圧をもって始まったのです。さすがにイギリス公使のパークスがこういうひどい状態はやめなくてはというのですが、政府は、日本は帝《ミカド》崇拝の国である、帝の権威を危うくするものは弾圧して当然だといって、このキリシタンの弾圧というものを撤回しようとしないわけです。そういうキリシタンの弾圧というものが大変ひどくて、人々はキリスト教は邪教だというイメージをもっていたわけですが、そのキリスト教を意味する宗教という言葉ですから、宗教を信じるということにはできるだけ距離を置こうとするのはあたりまえですね。

しかし、やがてキリスト教の布教を認めざるを得なくなる。それは先進諸国が、それを認めないと、つまり日本におけるキリスト教の布教を認めないと、不平等条約の改定をしないと圧力をかけたので、日本はしぶしぶキリスト教を認めるようになる。しかし認めるときにも色々な条件をつけました。キリスト教の布教の自由を認めるのは、内想だけである。心の中で神様を想う、この部分だけは認める。しかし外顕は一切禁止する。外に顕れる、この中には教会を作るとか、聖書を印刷するとか、あるいは信者たちが集会をするということなどがあり、こういうことは認めないということを条件に、キリスト教の布教の自由ということを容認するようになります。これは実は創唱宗教の内外分断政策なのです。つまり、今でも、この間オウム真理教事件のときに多くの方が発言されましたが、宗教は個人の私事だという言い方が一般化しておりますけれど、個人の内面の私事に宗教を押し込んでしまうというふうなことは、明治の宗教政策の中で生まれたことです。宗教は内想であると。信仰というものは内想であって、外顕、これは広い意味でもっと社会に積極的に働きかけるということを含んでいるわけですが、そういう宗教は宗教としては認めない。なぜ認めないのか。それは天皇崇拝を危うくするからであると。こういう明治の天皇制国家の中でうまれた宗教政策が宗教を個人の内面に閉じ込めるという現象をうみおこしたのです。そしてその代わりに公共の場とか社会生活の場では、新たに天皇を中心として作られるいわゆる国家神道というものを強要するというふうになってゆく。

国家神道というものは、実は自然宗教を基盤にして作られているのです。神道という宗教は私の分類で言えば、自然宗教と創唱宗教のちょうど中間ぐらいにあるのです。特に明治の天皇を中心とする国家神道というものは政府の高官たち、政府の政策立案者たちの手によって作られた神道でありますから、明らかに作為が働いているのです。ですから創唱宗教と同じように、教祖をつくろうと思えば教祖を天皇にしてもよいわけです。教育勅語というような経典がある。そして、ご承知のように全国の神社の主要なものは国営になって、神官は国家公務員になるわけですから、まさしく創唱宗教といってもいいような様相をおびるわけです。また、そのことによって、自然宗教自体も実は、大きな変質をこうむるのです。村々の自然宗教が国家神道によってどれだけの被害を受けたかということも大事なことなのです。それはさておきますが、国家神道というものによって人々は公の生活をしなさいと、そしてそれぞれの創唱宗教というものは個人の内面に閉じ込めておきなさいというふうなことで明治以降ずっと敗戦まで過ごしてきたわけです。その中で有名な「神道は宗教ではない」という言葉が生まれ、神道というものは、天皇制国家を支える公共空間における約束ごと、儀礼であって、それは創唱宗教と矛盾するものではないということを強制されるわけです。

したがって、明治国家の宗教政策との関係で無宗教の中身を検討すると、政治に左右されるような宗教に抵抗するという一面もあるのです。自分は無宗教だということによって、本当は国家が宗教をそんなに自由にできるものではないのに、国家が自由にしている、そういうことに対して一つ抵抗しているという積極的な一面もある。しかし、無宗教というものは国家神道を容認する性質をもつ。国家神道を容認するということは、国家神道が自然宗教からうまれているからです。自分たちの村々の自然宗教に少し手を加えて、村の宗教になじんでいる人に受け入れられやすいような形にしたのが国家神道でありますから、明治国家がこれぞ公共の宗教だといって作り上げてきたものにノーと言えないばかりか、積極的にそれにのるというようなことがあったわけです。そういう明治国家の宗教政策というのが実は日本人の宗教心というものを非常に大きく歪めて今日にいたっています。一九四五年の天皇の人間宣言などで解決するというような、そんな生易しいものではなかったのです。明治国家が日本人の多くに押し付けた国家神道は一九四五年になくなった。なくなったけれども、その国家神道の代わりになるものはもはやどこからも提供されなかったのです。そこで初めて一九四五年に国家神道が崩壊したとき、実は日本人は自分たちの宗教を自ら選ばざるを得ない状況に追い込まれていたのだけれど、なかなかそういう選択をした人はそんなに多くない。というのは依然として村々の自然宗教が生き続けていたのです。

その村々に生きていた自然宗教が大きく変質しかかっているのは、今なんですね。それは村という基盤を失ってしまった。ですから先祖といっても皆さん方が考える先祖というものはほとんど、仏壇に写真が飾ってあると思いますが、写真のある人が先祖であって、かつての自然宗教のように一つの村で死んでいった全ての人が先祖だという、そういう先祖の観念がもうないわけです。ですから、先祖の観念がすでに失われている。そして今申し上げたように、自然宗教の先祖の観念、あるいは人間は死んだらどうなっていくのかということを教える年中行事というものも今や全部ロングバケーションになっている。そのような中で日本の自然宗教は大きな曲がり角に立っています。だから逆にこの間のオウム真理教事件などに象徴されるように、多くの心ある人たちが自然宗教に代わる自分たちの宗教的要求を充たすものを求めて大変苦労するようになってきました。だから今までは新宗教の時代、新新宗教の時代というふうに少しずつ何十年かごとに新興宗教をめぐる運動は紹介されてきていますけれど、実は日本の自然宗教がまた格段と大きな変質を遂げるこれからこそ、新しい宗教的要求に応えようとするいろいろな動きが出てくると思います。そういう中で、この間から新聞を賑わせているように、死んだ人を死んでいないといってみたり、「最高です、最高です」といって足の裏をたたいてみたりするというようなものがはやるようになってきた。これからこういう現象は、ますますはなはだしくなるかも知れません。

無宗教的精神の課題（1）――日常性の絶対化をこえて

無宗教的精神というものはどういう課題を持っているのか。今までお話したことから少しおわかりだと思いますが、少し列挙したいと思います。一つは今申し上げたように、自然宗教は変質をしました。村が崩壊することで自然宗教は変質をして、今までなんとなく頼りにしていた先祖にすがるという観念が役に立たなくなってきた。むしろ先祖の観念が変質することで迷信化ということがたいへん強くなってきます。つまり祭られざる霊というものが増大してきて、祟る霊魂というようなことがずいぶん人々を脅かすようになってきた。村が生きていた時代の自然宗教では村で生まれ死んだ人は全て村人によって祭られるわけですから、祟る霊魂というものはでてこないですね。祟る霊はあり得ない。全部村人たちが祭っていましたから。それが今申し上げたように先祖というのは自分の顔を知っている先祖だけの祭りになりますから、それ以外の人々に対する霊魂の祭祀というものはありません。そこに祭られざる霊というものがでてきて、それを祟るというふうに受け止める人がでてくる。

それから死後の世界が見えなくなってくる。つまり生きているものが死んで、生者による三十三年の祭祀によって先祖になり、その先祖がまた孫になって生まれ、あるいは神様になるという循環がなくなるわけですから、死後の世界をどういうふうに考えたらいいのかということの答えがなくなってきました。ですから先ほどいったように、死ねば無になるといったような考え方が生まれてきたりしますし、死というものをいかに安楽にすればいいかという安楽死ばかりが勢いをもってくるというようなことになってきます。そして、自然宗教が変質することで、今申し上げた年中行事が意味を失ってまいりますから、ケとハレ（日常と非日常）の緊張感というものがなくなってくる。お正月に特別改まった気持ちになる人は大変少ないですね。つまり、われわれの日常の暮らしの中で、特別に畏怖の念をもつ、あるいは神聖な思いを持って臨むというような経験がなくなってくる。これは言ってみるといわば日常感覚があらゆる面でのさばってくるということです。われわれの人間経験の中で、先ほどのデューイの言葉でいえば、自己を超えたものとの合一感といったような神聖な経験感覚があるにもかかわらず、そういうものを全部無視してとにかく普段のわれわれの日常感覚が全てだという、そういうふうな一面がでてきます。

二つ目に無宗教精神の課題として考えなくてはならないことは、自然宗教の信者であることによって、あるいは先ほど申しました自然との合一といったような体験を重視するあまり、創唱宗教を忌避する、あるいは創唱宗教を拒否するということの問題です。どういうことかといいますと、創唱宗教というのは人間の悪というものを見定めることによって生まれてきている宗教心ですね。人間の抱えている深い闇というものを見据えて、そこに救済というものを説くということが創唱宗教の大きな特徴であります。しかし自然宗教は人間の闇を見ない宗教心であります。つまり人は死ねば子孫によって祭られる。お祭りということによって生者と死者との循環が考えられるという程度の内容ですから、人間の悪については極めて弱い宗教心と言っていいと思います。ですから創唱宗教を拒否するということは、それだけ自然宗教になじんだ人にとっては、創唱宗教のいう悪とか人間の暗部というものに共感がもてないということになるのかもしれません。それは私から言いますと、人間観が痩せる、人間というものの見方が痩せることになるのです。人間の抱えている深い淵、深淵を見ないで済ますということになります。これは今大変大きな問題をはらんでいて、それは道徳と宗教の区別を知らない人たちが増えているということとも関係がある。あるいは宗教というものを道徳に還元して怪しまない、そういう風潮が一般的になってきます。宗教と道徳の区別は、これは創唱宗教があって初めて生まれてくる観念なのです。自然宗教においては宗教と道徳の区別はなかなかつきがたい。道徳と宗教の区別がどれだけ大事なのか。

これは一例だけ申しますと、この間からオウム真理教の事件以来、オウム真理教の被告人たちが次々判決を受けていますが、一人の同一の裁判官から、ある被告は無期懲役の判決を受け、ある被告は死刑の判決を受けたという事件があったことを覚えておられると思います。同じ事件に関与していて、しかも同一の裁判官の判断にもかかわらず、どうして一人が無期になり、どうしてもう一人が死刑になったのか。これは裁判官の言うところによれば、自分の犯した罪悪というものを社会に対して懺悔する、改悛をする情の深いか浅いかの違いによるのだと言っているわけです。自分は何と恐ろしいことをしたのかと、慚愧と改悛の情にくれる、そういう人に対して、裁判官は無期を命じ、自分の罪を認めるのに躊躇する人に対して死刑の判決を下しました。

裁判官の立場は道徳の立場ですね。裁判官は日本の社会、現実の社会の秩序を維持していくことを前提として判決を下しているわけですが、秩序を維持していく上で道徳は大事な要素になっています。しかし宗教の立場からいえば、人が改悛の情が浅いか深いかは、それはたまたまのことでしかないのです。皆さんの中にも何か自分が失敗をしたら、すぐごめんなさいと謝ることができる人と、いろいろ理屈をつけて他人のせいにしてなかなか自分の非を認めがたいという人がいらっしゃると思います。同じ場合、同じ人でも状況によってすぐ認めるときと認めたくない場合とがあるでしょう。人間というものは、自分の中のいわば訳のわからない自分というものに対して、どういうふうに扱っていいのかわからない。そういうことで絶えず悩んでいる存在だと思うのですが、そういう点から言えばたまたま改悛の情が深い、たまたま改悛の情が充分ではなかったという、それは私が申し上げたように、人間の本質というものはそういうものなのです。そういう人間の本質に即して宗教というものは存在するのでありますが、裁判の立場から言うと、たまたまでは納得しがたいですね。あくまでも改悛の情をはっきりした人に対しては命を助け、そうでない人は命を奪うという判断になってしまうのです。道徳と宗教の違いというのは、大変大きな問題をはらんでいます。

先ほど日常感覚というものがのさばってくるのではないかと申しましたけれど、無宗教的精神というのは日常的な思考、普段の日常的な常識をいわば絶対化しがちな精神でもあるのです。それはわれわれの日常の暮らしが成り立ちやすいようにいろいろ工夫されているのですが、宗教というのは実は日常的な思考と全然別のところに成立するのです。宗教が日常的なものの考え方のレベルでとどまってしまったら、それは宗教の堕落ですね。よく言われるように神様がわれわれ人間にむかってにっこり笑って近づいてくるときには、注意しなくてはいけません。つまり神様とわれわれの間には深い断絶があります。断絶があることによって、宗教が出発するという一面があるわけなのですけれど、どうしても無宗教的な精神というものは普段のわれわれの考え方を最優先させがちなのです。

例えば神道と呼ばれているどちらかというと超越性が薄いと思われている宗教ですら、そういう問題がある。皆さん方は神社にお行きになりますと、鳥居をくぐると手水鉢があってそれで手を洗って拝殿へ進むということになっているとお気づきだと思いますが、このような装置は昔からあるのだと思ったら大間違いなのです。あれは百年以上はたっているでしょうが、本来は神様と対面するために、穢れを祓うために水垢離を取る必要がある。水をかぶる、海水をかぶる、熱心なところでは全身を海水に浸す。そういう清めをしたうえで神殿へ行くことが許される。それがだんだんと邪魔くさくなってきたんですね。そして鳥居をくぐった段階で手だけ洗って、口だけうがいをして、それでもう清めたことにすると。そういう簡便化です。日常生活をあまり揺さぶらずに、つまり日常生活の便利さを壊さない程度に、禊という神道にとって一番大事な行事を変えてしまったのです。それが手水という手を洗う場所をつくるというようなことになるわけです。しかも最近は神社の本殿の前に大きな「おはけ」といって、注連縄のようなものがあるのですが、その下をくぐるだけで清められるというふうな非常に簡便な清めの方法がでておりますけれど、こういうことは、つまり日常生活を犠牲にすることによって、神々と対面するという、宗教との関わりを安直化したことなのです。これは日常的な自己、日常的な自分のあり方を基準にして宗教を考えるという、大変倒錯した宗教の求め方に、実はなっていくわけです。日常生活を変更せずに神に近づいていく、あるいは宗教を求めていくというふうな、そういう問題をはらむわけです。

無宗教的精神の課題（2）――異質なものとの共存、そして天皇制

それからもう一つ申し上げたいことは、無宗教的精神というものは、異質というものを排除しやすい精神だということです。異質なもの、自分たちと違う考え方を排除しやすいという傾向を無宗教的精神というものはもっています。私は無宗教だという人の多くは異質なものの排除に無意識のうちに

手を貸していることが多いのです。先ほど、無宗教の中身である自然宗教は村の宗教だということを申し上げましたが、村が村である所以は、村の人たちが同じ心持であるということが大事なのであって、異質なものの考え方をしていると、村の維持のうえで都合が悪いということでありますから、村の宗教は同一の画一化された宗教心というもので成り立っている。したがって当然異なった宗教というものに対して、排除、差別するようになるわけです。そして先ほどから申し上げているように、日常的なものの考え方を基準にしますから、人間観というものが大変平板になってくる。人間の深さというもの、悪を犯さざるをえない人間の深淵というものを見なくて、日々の毎日の暮らしをしている人間が人間なのだという、平板な人間観というものが強くなってきますと、平板な人間観というのは人間は皆似たり寄ったり同じだと。つまり自分と同じでないと、仲間とは思わないという意識が強まってまいります。異なった価値観を持った人に対して、違和感を持つようになってきます。そして日常を大事にする考え方は現状を固定化して変化を嫌うという一面もありますから、益々異質というようなものを排除するというようなことになってきます。

こういうことは今に始まったことではないのですが、かつて昭和天皇が亡くなったとき、日本中が自粛列島になったということを思い起こされるといいと思います。今若い学生さんは自粛列島の時代のことをあまり知らないというような人がいて、この間学生に聞いてびっくりしました。落語家ですら落語を楽しんで興行できないような状況が、あの当時日本にありました。昭和天皇が亡くなって義務教育の小中学校が休校になるというような状況が生じようとしたとき、東京のある地区で在日朝鮮人、韓国人の人たちが主でしたが、義務教育であるから、昭和天皇が亡くなったからといって、休校にするということはしないで欲しいという要求をしたのです。自分たちはむしろ昭和天皇のもとで行われた戦争の被害者であるということもあるけれども、という申し出をしたときに、多くの日本人は天皇の死を共に悲しむことができない人は日本国から出て行ってもらいたいと強く主張しました。こういうことはごく最近君が代、日の丸法制化の時にもありましたね。君が代を歌うのは嫌である、日の丸の掲揚に反対であるというような人は、これは岐阜県の知事でしたか、日本国籍を返上せよというつまらない議論をしました。法律上そういうことはできないといって副知事にたしなめられて撤回しましたけれど、そのときも君が代や日の丸の法制化に反対する人は日本から出て行けという、そういう意見があちこちからでていました。

それもまた異質を排除する日本社会の大きな問題ですけれど、それは実は無宗教的精神というものを根っこに持っているのです。もしもこれが何らかの創唱宗教の立場にたつのならば、創唱宗教の立場からいえば、すべて同じ信仰をもっていなければならないと主張しがちだと思われますが、そうではなくて、特定の創唱宗教の立場にたてばあらゆる価値観の共存を認めるという方向に動くものなのです。キリスト教の信仰をもてば、キリスト教の信仰だけが絶対であるという信仰はまだ未熟なのであって、キリスト教の信仰は自分にとっては唯一絶対かけがえのないものであるけれど、しかしキリスト教以外の信仰を持っている人に対しても尊敬の心を持つことができるのです。それは創唱宗教の大切な点でありますけれど、無宗教は異質なものを排除するという傾向が大変強い。それはこれだけ国際化が進んできてもいまだに外国人に対する差別意識というものが非常に強くて、この大学ではもう解決しているだろうと思いますが、私どもの大学に中国や朝鮮からの留学生がいますけれど、彼らが一番困るのは下宿がなかなか見つからない、見つかってもその後アルバイトがみつからないということです。コンビニエンス・ストアなどで働こうと思っても、日本人ではないということでなかなかアルバイトがもらえないということがあります。東京などでは、何か事件があると、あれは外国人のせいだというようなことがしょっちゅう言われます。

最後にもう一つだけ申し上げたいことは、無宗教的精神というのはカリスマというものに弱いのです。カリスマ。これはなにも麻原だけがカリスマではありませんが、特別の霊力を持った人にひれ伏してしまう傾向が大変強い。それは自然宗教というものの実は司祭者というものは苦行によって形成されます。人ができないような苦行を積んだ人に自分たちの村々の祭祀を委ねる。そうすると苦行によって生じる霊力、そういうものに頭を下げる。苦行によって生じるという霊力が神との交流を保証するわけですが、そういう霊力を持っていると称する人に対して無条件にいわば服従してしまうという問題が、無宗教の中にあるのです。そういう意味で霊能者に対する畏怖という問題は、実は天皇制にまでかかわることなのです。現代は象徴天皇制の問題で、もう天皇制の問題は終わっていると思ったら大間違いであって、日本社会が依然として天皇制の元で存続しているということの意味は大変大きな問題をはらんでいるのです。

「無宗教」も宗教である

こういうふうな無宗教的精神というものはいろいろな課題をはらんでくるのです。特にもう一つ申し上げると、特定の創唱宗教の場合は、個人の決断によって何らかの宗教を選ぶということがあるわけですが、自然宗教においてはそういうことはなくて、しきたりによってだんだんと身についてきたものですから、決断という契機を欠いているという問題、それは主体性というものをどうして作っていくのかという問題とも絡んできて、なかなか深刻な問題であります。

片方ではしかし自然宗教を宗教と認めることも大事なのです。これは靖国神社の国家護持法案というものが何度も姿をだしていて、去年も野中広務自民党幹事長（当時）が靖国神社を特殊法人化するということをいいましたが、そのときに政治家は、靖国神社を脱宗教化する、靖国神社の持っている宗教性を薄めよう、あるいは、靖国神社の宗教性をはずすのだというような言い方をするんですね。政治によって薄められたりはずされたりするようなことがあっていいのかどうか。それは彼らにとって靖国神社、つまり自然宗教を根幹に成り立っている神社ですが、そういう自然宗教は宗教ではないという決めつけがあったのです。宗教は創唱宗教だけである。だから憲法で保障されている信教の自由は創唱宗教の信教の自由であって、自然宗教については、政治はいくら介入してもいいんだという思い上がった考え方があるわけです。ですから自然宗教はいろいろな問題をもっているという指摘をする一方で、自然宗教もまた宗教なのだということも率直に認めていくということが必要なのです。ですから無宗教だといっている人にも、あなたは無宗教という宗教を信じているんだよというふうに言い直すこともまた大事なことだと思います。駆け足ですぎましたけれど、ご興味のある方はまた私の本を読んでくださればありがたいと思います。

第4章

イスラームにおける信仰と律法

――イスラームの宗教性

小田淑子

小田淑子

（オダ・ヨシコ）

関西大学文学部教授

一九七一年大阪外国語大学ペルシア語学科卒業

一九七七年京都大学大学院博士課程単位取得退学

一九七八―一九八四年シカゴ大学大学院留学

東京大学文学部助手、京都女子大学短期大学部助教授、関西大学文学部助教授を経て

一九九八年より現職

共著

細谷昌志・藤田正勝編『新しい教養のすすめ　宗教学』（昭和堂）

村上洋一郎・細谷昌志編『転換期のフィロソフィー第四巻・宗教―その原初とあらわれ』（ミネルヴァ書房）

谷口茂編『宗教における罪悪の諸問題』（山本書店）

編集担当

岩波講座宗教第二巻

民族と宗教が主題だとお聞きしていたのですが、「イスラームにおける信仰と律法―イスラームの宗教性―」というテーマでお話し、イスラームのもっとも基本的な宗教の性格を理解していただきたいと思います。その中で民族の問題に少し触れたいと思いますが、今日の話の中心は宗教の問題ということにします。

日本人とイスラーム

日本ではイスラームはあまり知られていませんが、日本にすでにイスラーム教徒（ムスリム）が住んでいます。つい先日、たまたま富山でパキスタン人の中古車店の前でコーランが破り捨てられたことがニュースになりました。恐らく破り捨てた人間はそれほど大事件になるとは思わずに、単なる嫌がらせのつもりだったようですが、イスラーム教徒にとってコーランという書物は非常に大事で、キリスト教のイエス・キリストに相当するほど重要なのです。ですから、ムスリムの人たちが怒って、富山のみならず全国から集まって来た、そういう事件があったばかりです。日本人にとってイスラームは非常にわかりにくい宗教で、テロだとか、あちこちで戦争をしているとか、どうも戦争好きの恐ろしい宗教だというのが一つのイメージだと思います。

もう一つは、戒律の問題です。日本では千年以上にわたって、仏教の一部の出家者を除いて、戒律が普通の人たちの生活に浸透することはなかった。せいぜいお葬式の時、何日か生臭を食べない。だけどお骨上げが終わったら精進おとしをする民族ですから、戒律がわずらわしく、時代おくれだと思ってしまう。このように日本人は厳しい戒律をもつ宗教を理解しにくいのですが、それをどう理解したらいいのか。なぜ戒律があるのか、その理由を人間観という根本に戻って考えてみるとわかりやすくなります。そのことを説明します。

キリスト教とイスラーム

こちらはキリスト教系の学校ですが、キリスト教世界とイスラームは十字軍やリコンキスタのように、対立や戦争の歴史がありました。リコンキスタはコロンブスがアメリカ大陸に行った一五世紀末ごろに、キリスト教がイベリア半島を再征服したことですが、そのときイスラーム教徒とユダヤ教徒に改宗を迫るか、追い出すかしました。多くのユダヤ教徒がイスラーム世界へ逃げ帰って、そこで生き延びてきた。今日のニュースからすると、イスラームはユダヤ教と闘ってきた排他的な宗教だという印象をもちますが、近代以前の事情をみれば、イスラームは穏やかな宗教だった。ユダヤ教に対する寛容さはキリスト教よりイスラームの方が大きかったし、信仰の自由を認め、他の宗教との共存関係を確立していたのです。しかし、キリスト教にとって、イスラームは同じ一神教であるゆえの近親憎悪に似た態度があったことを否定できません。十字軍の時代からルネサンス、コロンブスの時代にかけて、イスラーム世界はヨーロッパより経済面でも文化面で優れていた。コロンブスが西に向かって航海した動機は、従来のシルクロードやインド洋経由の交易ルートではイスラーム世界で関税をとられるため、関税を払わずに香辛料などの交易を望んだことにあると聞きますから、イスラームはキリスト教世界にとって目の上のたんこぶのような存在だったと思われます。

しかし、コロンブス以後に状況は逆転し、近代になると植民地支配が始まります。中東はイギリスとフランスがテーブルをたたきながら植民地の境界線を引いたといいます。パレスチナの問題もイギリスがその土地の統治権をもっていたため、ユダヤ民族に自治領として譲ったことに一つの主な原因があるわけです。このような植民地支配はヨーロッパ人、つまりキリスト教徒がイスラーム世界にずかずかと入り込んで支配権を振りかざしたことであり、イスラーム教徒にはそれに対する反発や憎悪が強い。これは植民地支配を受けた人々に共通する感情で、日本人にはわかりにくいものです。しかもイスラームの場合には、その憎悪の背後に、同じ一神教である上に、イスラームの方が後の時代の啓示であり、より優れているという自負があり、実際過去には自分たちの方が優れていたのにという自負と悔しさが入り混じった複雑な感情が見られます。たとえば、アラビアのロレンスという映画がありますす。何度もＢＳで放映していますから、ご覧になった方も多いかと思います。その中で、オマル・シャリフが「かつてコルドバに、華やかな文化が輝いていた頃、ロンドンは貧しい寒村にすぎなかった」というセリフがあります。イベリア半島がイスラーム世界だった時代のことですが、そういう意識をムスリムがもっていることを示しています。

オリエンタリズムという言葉をお聞きになった方がどれくらいいらっしゃるでしょうか。エドワード・サイードはアメリカのコロンビア大学で文学を教えている教授で、日本では大江健三郎の友人として知られています。そのサイードの著書のタイトルが『オリエンタリズム』（今沢紀子訳、平凡社刊）で、一時期かなり話題になりました。サイードはパレスチナの出身で、そういう立場から、近代以後のヨーロッパでのイスラーム研究にはヨーロッパの文化帝国主義が反映していると指摘したのです。それは政治的軍事的な暴力ではないけれど、学問研究の場にも偏見というより、一種の暴力が入り込んでいることを厳しく批判したのです。このようなイスラームという宗教の基本を次に説明してゆきます。

コーランとムハンマド

コーランは全部で一一四章ありますが、それほど大きなものではありません。岩波文庫で三巻の訳が出ています。ムハンマドが四十歳の頃、六一〇年に初めての啓示があったのですが、それまで彼は隊商の商人でした。そんなムハンマドがある時突然預言者にさせられた。これは、旧約聖書に、私は桑の木を耕す者で預言者になるのはいやだと拒んでも、神の選びで預言者になった話がありますが、それと同じです。ムハンマドはそのことに戸惑いながら、二年程かかって納得する。その時点で人々に布教を始めた、それが六一二年です。彼が亡くなるのが六三二年ですので、ほぼ二十年間、ムハンマドは預言者として活躍しました。この期間に断続的に啓示が与えられた。啓示のチャンネルはムハンマドが生きていた間は続いたが、その死と同時に閉ざされた。もう二度と啓示は得られない。その段階で啓示の断片をすべて集めて記録し、今の形のコーランに編纂されたのが六五〇年頃で、ムハンマドが亡くなって二十年から三十年以内です。仏典、大乗仏典の成立は仏陀の死後五百年くらいで、新約聖書が現在の形にまとめられるには二、三百年かかっているといわれますから、コーランは異例に早く正典化（コーディフィケーション）されたことになります。

二十二年間にムハンマドをめぐる状況は大きく変化しました。メッカで布教を始めた初期はごく小さな新宗教の集団でした。その後メッカで少しずつ信者が増えると、迫害が始まり、迫害が激しくなったとき、六二二年にメッカからメディナへ布教の拠点を移しました。これをヒジュラと言い、このヒジュラの年がイスラーム暦元年です。ヒジュラした直後から、メディナで多くの人々が改宗して新しい共同体が成立しました。ムハンマドが生きていた間に、大半が砂漠ですから人口は知れていますが、アラビア半島ほぼ全域にイスラームが広まりました。その後百五十年ほどで、中央アジアからイベリア半島まで驚くほど速くイスラームが定着したように、非常に成功した宗教でした。コーランには、ムハンマドが預言者となってから死ぬまでの二十二年間の状況がある程度反映されています。啓示の内容を年代史にそってその変化を見ることも可能なのですが、ここでは啓示の時期を考えずに、コーランの全体を一まとめの教えとしてその内容を見ていきたいと思います。

コーランの主要テーマ

コーランの内容は詳しく話すときりがありませんが、私は創造から終末と来世に至る歴史にそって五つのテーマに分類しています。①創造、②過去の預言者への言及、③ムハンマドへの啓示、④終末と神の裁き、⑤来世の天国と地獄です。基本的な事柄はキリスト教と同じで、神が世界（現世）とその一切の存在者を創造した。イスラームの面白い特徴は過去の預言者に言及があることです。イスラームではアダムも預言者の一人とされ、ノアもアブラハムもモーセも、そしてイエスも預言者として数えます。イスラームは三番目の一神教で、過去の預言者はすべて同じ唯一神アッラーから基本的に同じ啓示を受けたと見ています。違いがあるとすれば、それはユダヤ教徒やキリスト教徒が啓示の一部を隠したり、歪めたからで、キリスト教は預言者にすぎないイエスを神の子だとみなす過ちを犯していると考えています。しかし、一応啓示を受けとめ神を信じているとして、たとえイスラームを嘲笑して改宗しなくても、不信仰者とは見ずに「啓典の民」として扱います。そしていよいよムハンマドへの啓示が与えられた。むろん創造から来世までのコーランの内容すべてがこのムハンマドへの啓示に含まれているわけですが、ここでの分類では、ムハンマドへの啓示には、その時々の状況や出来事や、礼拝の仕方など具体的な規範がここに含まれています。コーランではムハンマドの死後にイスラームがどう展開するかには何の予告もありません。未来の現世、世界情勢に関する予告はまったく語られていません。コーランでは一挙に終末が到来し、終末の裁きが行なわれ、そして来世の天国と地獄の有様が具体的に生々しく描かれています。

コーランが強調する終末について見ていきます。人々はムハンマドに終末がいつ来るのかと尋ねたが、ムハンマドは「私にはわからない。直ぐかもしれないし、ずっと先かもしれない。ただ神の約束だから必ずくる」と突っぱね、いつという予言はしませんでした。終末が到来したときの状況は非常にリアルにヴィヴィッドに描かれています。天が落ち、星も落ちる。大地はグニャグニャになり、山は綿毛のように飛んでゆく。これは一切の自然界の秩序が崩壊する宇宙的カタストロフィーです。生きている人間は終末の裁きの場へ引っ張っていかれるし、かつての死者たちがムクっと身体ごと甦って裁きの場へ引立てられていく。裁きは神が一人一人に尋問をする。「お前のところに預言者が来ただろう。彼を信じたか、信じなかったか。彼を嘘つき呼ばわりしなかったか」などと問われる。一人ずつの行状のすべては帳簿に記録されており、それに基づいて裁かれ、その結果天国か地獄かへ送られる。コーランには天国と地獄（ジャンナとジャハンナム）だけで、煉獄という観念は、後のイスラームには出てきますが、コーランでははっきりしません。イスラームの終末と来世は現世が終わった後に始まるわけですから、現世が続くかぎりまだ来世は存在しない。すると死者はどこにいるのかという問題が生じます。コーランでは、死んだら骨になって、終末であっという間に元の身体に甦るとしか書かれていませんが、ムスリムとして死んだ者は墓の中で小さな裁きを受けて天国へ仮住まいさせてもらい、終末にコーランにある通りの裁きをうけるという考えが定着していきました。

コーランについてイギリスの作家カーライルは「つまらない、退屈な書物だ」と言ったそうですが、コーランの叙述は非常に人間臭く、人間の心理を鋭く捉えており、考えようによっては非常に面白いものです。終末の裁きに臨む人々や天国や地獄に住まう人々が目に見えるように描かれています。天国にいる人々が「よく分からなかったけど、信じておいてよかった」と言い、地獄では「あの時お前が信じるなと言うから、信じなかったが、えらい目にあった」と炎に焼かれながら嘆いている。来世は本来霊的な世界ですが、コーランの叙述はあまりにも身近で、人間臭く、霊的世界という印象が薄れます。私も最初はこのような叙述に違和感を覚えましたが、最近は違ってきました。信仰は何も特別な人間ではなく、ごく普通の人間の問題なのだということをうまく表現しているのではないかと思うようになりました。すぐ後で詳しくお話しますが、イスラームは全員在家の宗教です。普通のサラリーマンや家庭の主婦が同時に信仰者であることを求める宗教です。宗教は決して特別に精神的な人の問題ではなく、ごく普通の身近な人の問題なのだということです。天国や地獄の人々の会話はあまりにも安っぽいのですが、それは私たちの行く末かもしれません。

神と人間

次に、イスラームにおける神と人間の関係を説明します。イスラームの特異性であり、キリスト教との違いは、神と人間の間にイエス・キリストに相当する特別な人格が存在しないことです。イエス・キリストの代わりがコーランです。キリスト教では神の言葉、ロゴスの受肉と言いますが、コーランは神のロゴスのアラビア語化です。神と人間の間にあるものは言葉だけで、それを伝えたムハンマドの人格には特別な意味はありません。まさにメッセンジャーで、言葉を伝える使徒にすぎません。彼には人を救える能力はない。神はそんな権能を与えていない。「お前は警告だけをすればいい。お前の力で誰かを信徒にしてやりたいと思ってもそれはできない。神にはできるけど、お前にはできない」とコーランにあります。信仰するか否かは、神の啓示を聞いた一人ひとりの決断にかかっているのです。人間は神の言葉に応答しなければなりません。イスラームでは神と人間の間に啓示の言葉しかありませんから、神がまず啓示を与え、人はそれに応答する、いや、信じるか否かの二者択一、あれかこれかの決断をせざるをえないのです。

ところで、コーランの内容はすべて信仰への誘いであり、なぜ信仰しなければならないのかという理由の説明でもあります。私たちは知識としてコーランはムスリムにとっての聖典であり、真理だと理解していますが、ムハンマドが生きて啓示を語り伝えていた時には、聞き手はまだムスリムではなかった。ジャーヒリーヤを生きていたアラブ人で、彼らの世界観からすると、啓示の内容は嘘、作り話としか思えないのに、それを真理だと信じろと迫られたわけです。しかし、ただ信じろとだけ迫られたのではなく、その理由、根拠が説明されているわけです。すでに神が創造した世界に存在して、神の大地で育った食物を食べている。その真理をジャーヒリーヤ時代の人々は忘れていたが、啓示が届いてその真理が開示された以上、信じるのが当然で、神に帰依することは特別な者になるのではなく、まっとうな人間になることに他ならない。神と人間の本来の関係に立ち返ることに他ならない。過去の出来事や現存する世界については確かめようもありますが、未来の終末と来世は確かめようがなく、啓示を信じるしかない。啓示は、信じた者には天国が約束されるという福音となりますが、信じない者には地獄へ落ちるという警告なのです。ムハンマドはこの警告と福音を伝えるだけで、人々を信仰へと導く救済能力はない。神と人間の間に介在する特別な人格は存在せず、ただ啓示の言葉だけを介して神と人とが直面している状況です。実はもう一度神と人は一対一で直面します。それが終末の裁きの場面です。終末には、人間が啓示への応答の記録をもって神と直面し、その応答の結果に対して賞罰が与えられるのです。つまり各人がどれだけ啓示の言葉に従った人生を過ごしたか、あるいはまったく啓示を信じずに過ごしたか。終末の裁きで、各人の人生は信仰の面でも行為の面でもすべて暴露され、それが神によって評価、判定されるのです。このように見てくると、イスラームでは神と人間がコーランの言葉だけを介して直面する関係であることがお分り頂けるかと思います。それだけに、ムハンマドの人格ではなくコーランが大事なのです。

ちなみにイスラームの場合、神の像やムハンマドの像は一切作らなかったし、どこにもありません。仏教もそうですが、神や仏は目に見えるものではない。基本的にそうですが、普通の人々には何か目に見える形で感覚に訴えるものが、神を忘れないために必要なのだろうと思います。ですから、いったん作られると大事にされてきます。イスラームでは像の代わりにコーランの読誦があります。しょっちゅうコーランが聞こえるわけです。目に見える姿ではなく、まさに神の言葉がムハンマドを通じて聞くように、お前は信じるかと問いかけてくる。ビジュアルで訴えるのではなく、聴覚を通じて神を思い出させる。そういう宗教だと言えます。

少しだけ、仏教との比較をしておきたいと思います。イスラームは意外なほど死や病に関して淡泊です。日本人は死生観や、死をどう考えるかが宗教のもっとも大事な問題だと思っています。これは仏教の影響だろうと思いますが、歴史上の人物や物語の中で、親や身近な者の死を機縁に宗教に目覚め、出家した例は多く、日本人には何となく分かります。けれど親の死をきっかけに宗教に目覚めるという話はイスラームの世界では通じません。コーランでは死や病は神の定め、予定だと説明されているだけです。日本人には不思議ですが、現代でもイスラーム教徒は死や病を淡々と受けとめています。仏教は生老病死を四苦として捉え、病や死という非日常的な出来事、日常生活が破れた状況の人間を非常に鋭く深く考えてきた宗教です。人間はそうした日常生活が破れることに出会うわけです。誰かが死にかかっているとき、まわりの世界がどうなろうと知ったことか、私には関係ないと思うことを私も経験しています。だけど、人間は非日常だけで生きられない。人間には必ず健康な日常生活があるのです。イスラームはこの健康な日常生活を過ごす人間を非常によく考えている宗教です。仏教とイスラームの違いはなかなかおもしろいものです。キリスト教はたぶん仏教とイスラームの中間というか、どちらの特徴ももっているような気がします。

精神と身体

イスラームの人間観は基本的にヘブライの人間観に近いと言われています。キリスト教に見られる霊と肉の対立はどちらかと言うとギリシア的な観念の影響だと聞きます。コーランでは神が精神と身体の統合として人間を創ったのだから、身体を卑しいとは決して言いません。コーランでは人間の創造について、土くれに息を吹き込んだという旧約聖書と同じ表現もあるのですが、性の営みによって赤ちゃんが生まれる過程を叙述した箇所もあります。精液が母親の胎内へ入り、その一滴から血の塊を造り、それが少し大きな塊となり、そこから骨を造り、骨に肉を着せるなど、神が創造に継ぐ創造を行なって赤ちゃんを生み出す。この表現を読んで身体が卑しいという気がまったくしない。まさにその通りだという気がします。胎内にいるときは胎盤から呼吸しているのが、オギャーという産声で肺呼吸に切り替わるわけですね。それはすごいもので、神の業によってできるということを感じます。このような身体観があり、男と女に作られて性的な欲望があることも当たり前で、パンによって生きるのも当然。パンを稼ぐ経済活動も当然のこととして認めています。

ところで、キリスト教や仏教でも同じですが、神と直面する個人は誰とも代わり得ない存在です。キェルケゴールが言った単独者です。私たちは日常生活の中では、職場だけではなく家庭でさえ父母や良い子などの役割を演じがちで、自分をとりつくろい、いろいろごまかしていますから、本当の意味での一人は神と直面したときだけです。先ほど話しましたように、イスラームでも神と直面する個人という観念ははっきりしていますが、イスラームの特徴は単独者である人間が同時に身体的に社会の場で経済活動をして家庭を営んで暮らしていること、神と直面する個人と社会的な生活者が別ではないことが強調されている点です。身体を卑しまず、身体的欲望を認めるがゆえに、過度の禁欲つまり独身や出家は必要ないのです。修道院はキリスト教が勝手に作ったもので、要らないとコーランにあります。逆に言うと、社会全体が修道院ではないかという言い方も成り立つのですが、信仰者が普通に結婚生活をして経済活動をすることを当然のこととして認めるわけです。

ウンマとシャリーア

ウンマはイスラーム的共同体と訳すべき言葉で、信仰の共同体です。それはイスラーム以前の血縁、地縁的な部族社会を断ち切り、信仰を絆として成立する信仰者の共同体です。この意味で、呼び出された人々の共同体、エクレシアと同じです。部族が異なっても、肌の色が違っても新しい信仰の共同体の一員になれる。これは仏教やキリスト教にも共通です。キリスト教の場合、イエスはまもなくこの世は終わり、やがて神の国が訪れると信じており、この世で存続することは考えていず、この世の秩序、統治に責任をもつことは考えになかった。最初期のエクレシアはこの世にあるが、この世のものではないといわれていますが、それはキリスト教徒たちがローマ帝国の領内にあって「神のものは神に、カエサルのものはカエサルに」という原則で暮らしていた。信仰は捨てないが、ローマの皇帝に税金を払うことも拒まなかった。いわゆる教会と国家の分離という原則です。イスラームにとっても信仰は精神の問題です。しかし信仰することは、信仰の精神だけが身体を離れて浮遊することはあり得ないわけで、一人の身体を伴った信仰者がいることに他なりません。そうすると、その人がどこでどのように暮らすのかということが問題になってきます。イスラームも世界宗教ですが、キリスト教や仏教のように精神性を強調して、教会と国家の分離が世界宗教の特徴だとすると、イスラームのウンマは捉えられなくなります。イスラームは信仰の精神を重視するけれど、信仰者の家庭生活や経済活動も信仰の精神と同じ原則で営むことを要求する宗教なのです。初期のウンマはメディナを中心に広がりつつあったのですが、そこでムスリムが結婚したり、誰かが死ねば相続問題が生じる。ムスリムとなった以上、かつての部族の慣例に従うのではなく、新しくコーランによって定められた規則に従うことを要求したのです。ウンマでのムスリム同士の結婚や相続、商取引などの社会規則を新しく作っていったのです。一言で言えば、ウンマはイスラームの信仰の共同体であると同時に、ムスリムの生活共同体でもあり、その統合としてのイスラーム的共同体なのです。

ムスリムになるにはむろん精神的な改宗が必要ですが、それだけではなく、生活慣習なども新しいウンマの規則に従うよう変えなければなりません。宗教は全人格的なもの、生き方のすべてに関わるといいますが、たとえば明治時代の日本でキリスト教に改宗した人々は日本の法律や慣習に従ったわけですし、かつて仏教が日本へ入ってきて、日本人が仏教徒になっても、神社は残り、先祖崇拝などもそっくり残りました。これは仏教が仏教徒の生活規則には何も口出しをしなかったからでしょう。コーランには「ウンマ・ムスリマ」という表現が一度だけ出てきます（二・一二四）。これは神に帰依したウンマという意味で、単に「ムスリムたちのウンマ」以上の意味が含まれていると解釈できます。ウンマの成員であるムスリム個人が神に帰依することは必要条件ですが、ウンマ全体が神の意に適っているためには社会秩序が整っていなければなりません。それには、個人の良心だけでは不確実で、何か法的な規範が必要です。ニーバー（R. Niebuhr）に『道徳的人間と非道徳的社会』（大木英夫訳、白水社刊。原書名は*"Moral Man and Immoral Society"*）という著作があります。ウェーバーの用語である「心情倫理」は個人の良心であり、動機が清ければ結果が失敗であっても倫理に適っているとする倫理です。それに対して、政治は動機の清さよりも結果を重視する倫理、結果に責任をもつ「責任倫理」だとウェーバーは説明しました。ニーバーは個人が心情倫理を充たしていても非倫理的社会しか成立しない場合を指摘しています。ウェーバーもこの両者の統合をある程度考えていたようですが、なかなかむずかしいようです。ウンマ・ムスリマには心情倫理と責任倫理の双方が必要であり、シャリーアはこの二種類の倫理を一つの規範体系に統合していると考えることができます。ポール・リクールは「赦しの倫理」と「司法の倫理」という表現を用いて宗教的倫理と法律の倫理の両者が必要だと説明しています。赦しの倫理はイエスによる罪の赦しです。赦しは大切ですが、それだけでは社会生活はできない。たとえば、「今日から交通法規をなくすので、交通違反による罰則もありません、だから赦しの精神でお互い譲り合って運転して下さい」と言っても、誰かが暴走すれば、それでも赦し合いの精神だけで交通の混乱が治まるかといえば、無理でしょう。

シャリーアの理念と規範

シャリーアの元来の意味は道、水場に至る道です。シャリーアの理念は信仰や帰依の精神です。イエスが「私は道である」と言い、仏教でも仏道、マーガという言葉があります。宗教にとって「道」はなかなか含蓄の深いもので、日本では茶道とか華道、あるいは武道でも術よりは道を用いて表現することが好まれるようです。これらの道には精神が一本通っていますが、精神だけではなくて、そこを歩むという実践や訓練を伴うという意味合いが含まれています。日本では人の道という表現がありますが、人の道は必ずしも細かい行為規範に分節されていない。それは単なる精神ではなく、行為の基盤にある精神を意味している。シャリーアにもその精神はあり、信仰や帰依の精神がそれです。ところが、シャリーアは詳細な行為規範に分節されています。人間を精神と身体の不可分の統合だと捉えるイスラームでは、信仰の精神は身体的社会的な人間の暮らしのすみずみに及んでおり、具体的な行為や振舞い、生き方全体と切り離せないのです。そこで、帰依の精神で生きる生き方を具体的な行為の仕方や行為規範で示したと考えることができます。シャリーアには礼拝や断食などの儀礼の規範と日常の社会生活の行為規範が含まれており、心情倫理と責任倫理の双方を共に含んでいます。イスラーム法と訳されることがありますが、現代の私たちが考える法律よりずっと多様な行為を含み、心情倫理や行儀作法さえ含んでいます。コーランの中にもかなりの数の儀礼の規範や社会規範が見られます。ただし、コーランは決して法典でも法律書でもありませんから、規範の前後に神の創造や終末が説明されていることも多いのです。

イスラームは人間の欲望を素直に認めています。動物は本能で欲望をコントロールしますが、恐らく知性や想像力が働くために、人間の欲望だけが異様に肥大するのです。ライオンはお腹がいっぱいだと目の前を餌が通っても食べません。ところが人間はお腹がいっぱいでも、「ケーキがあるよ」と言われれば食べるわけです。人間だけが生きるのに必要なエネルギー以上を食べてはダイエットしています。本来子孫を残すための性も、人間は快楽を目的とする場合が多く、動物としては異様な性となっています。そんな中で不倫も起こります。このとき良心だけで社会秩序が保てるかというと、そうではない。イスラームはこれらの問題を宗教の問題として扱います。ですからイスラームの律法には結婚や相続など生臭い問題が含まれるのです。コーランの中に、しかも読誦される聖典の中に、誰とは結婚してもいいが、誰とはやめておけ、離婚は三回まで、離婚する時は結納金を返すことなど、ずいぶん下世話なことが書いてあるのです。日本人にはやはり違和感があるでしょう。私もイスラームを勉強し始めた頃、聖典の中に銭金や性の問題が赤裸々に出ていることに抵抗がありました。それは日本人にとって宗教とは出家のように俗世間を離れた世界や精神の問題であり、このような下世話な話とは関係ないと思っているからでしょう。しかし、宗教が精神と身体の統合である人間の問題だとすれば、イスラームの考え方は人間を美化せず、等身大に捉えており、決して非合理ではなく、むしろ一つの当然の形ではないかと気づき、最近は次のように考えています。週刊誌のスキャンダルの大半はセックスと金にまつわるトラブルです。いかに多くの人間がその問題で間違いや犯罪を犯してきたか分かります。たとえば、あの家が相続でもめるとは想像できなかったという話をときおり聞きます。金がない時、人は争いません。目の前に何千万円というお金や土地が自分のものになるかもしれない状況で初めて兄弟が争うのだと思います。コーランはそういう弱く卑しい人間を鋭く捉えており、あらかじめ規範を与えているのです。

信仰と行為

ここで少し、信仰と行為の関係に触れておきます。キリスト教でも、業による救いか、信仰による救いかが議論されてきました。キリスト教ではイエス・キリストへの信仰による原罪の赦しが中心ですから、イスラームよりは信仰が重視され、行為は隣人愛の倫理に重点があるように思われます。イスラームでも信仰があってこそコーランの言葉に従って行為するのですから、信仰が重要なことは同じです。しかし、コーランでは「信仰して、善行せよ」という表現が幾度となく繰り返され、信仰と善行が対になっています。この善行は倫理に限定されず、儀礼、社会的法的な規範や礼儀作法までシャリーアに含まれている行為すべてを守ることを意味します。このことは信仰と行為が一対であって切り離せないことを意味すると同時に、二つの用語で示されている以上、信仰と行為は全く同じとは言えないことを示唆しています。信仰は心の中のもので、神にしか見えないのですが、行為は外から見えます。ですから、確かに人間はずるいもので、行為の面でごまかすことができます。たとえば、信仰心がないのに礼拝することもできるのです。信仰心がないのに、形ばかり祈っても仕方がない、そう思っている人は結構多いと思います。私も若い頃はそうだったし、お茶やお花を一切習いませんでした。型を覚えなければならないことが大嫌いで、つまらないと思っていました。けれどイスラームで行為を重視することを考えてみて、今になって、型から入る大事さをわかったような気がします。信仰心もないのに、祈ってどうなる。その通りです。しかし、どこでその信仰心を養うかという問題が残っています。そのとき、ともかく型から入って心、信仰心を養うことは無意味ではないと気づきました。

日本人は多くの戒律は守れないと思いますし、実際に宗教的戒律を守る人がほとんどいない今の日本の社会で一人だけ戒律を守ることは確かに大変でしょう。けれど、中東などイスラーム世界では日常生活のリズムの中に、日々の礼拝も、年に一カ月間の断食も溶け込んでいます。物心がついたときには、周りの大人が礼拝し、断食するのを見て育つ子供にとって、やがて自分も大人に混じって礼拝を始めることは、日本人が考えるほど苦痛で努力を要ることではなく、自然なことではないかと想像します。そうして子供の頃から身についてしまえば、続くものなのではないでしょうか。それは観念や精神での理解と違って、身体に記憶されます。一度習慣になると、礼拝を怠ると気分が落ち着かない。つまり型を習うことが信仰心を養うことになり、身体的に習慣づけられた行為の根強さがあります。この点はイスラームが身体性を重視していたことと関連するかもしれません。さらに付け加えれば、イスラームのように在家の生活を認めると、いろいろなことに気が散じます。生身の人間が生きていく以上、お金のことも人間関係も考えなければなりません。だから、一日五回でいいから神に集中しなさいというわけです。親鸞は凡夫には行はできないと言いましたが、イスラームでは逆に、世俗のことに気を散じている凡夫の信仰心はそれほど立派に続くものではない、神のことばかりに集中できるわけがないと捉えており、むしろ心の弱さを鋭く見抜いていると感じます。

儀礼

ムスリムにとって義務である儀礼行為の一部を簡単に説明します。まず、一日五回の礼拝をサラートと言いますが、これは神に何か頼みごとする祈願ではなくて、「アッラーフ・アクバル（神は偉大なり）」で始まり、偉大な神を称えて、私は下僕であることを確認することです。その確認を毎日五回するわけです。またラマダン月の一カ月間断食をします。これは日の出前までに食べておいて、日の出から日の入りまでが断食で、厳格な人は唾も飲み込まない。イスラーム暦は太陰暦ですから、少しずつ季節がずれます。冬の断食は日も短くて楽ですが、夏の断食は暑い上に、昼が長く、つらいそうです。断食の一つの理由は、飢えている者の苦しみを体験することだと言われています。断食は現代でも毎年行なわれており、日本人には、よくそんな厳しい苦行ができると感心しますが、確かに金持ちも飢えの苦しさを否応なく経験することはすごいことだという気がします。ちなみに、断食は基本的に健康な大人の義務であって、妊婦、授乳中の母親、病人等は免除されるなど細かい配慮がなされています。次は、一生に一度行なえばよいメッカ巡礼です。一家のうちで世帯主だけがメッカ巡礼することが多いのですが、留守中に妻子が飢えてはいけないという配慮から、借金がある人はメッカ巡礼に行ってはいけないとシャリーアで決まっています。そうすると、日本人ムスリムで、行きたいけれど家のローンがあって…、家のローンはそれで妻子が飢えるわけではないけれど、法に抵触するから行けないといっている人がいると聞きます。逆に遠いところからメッカ巡礼に行く場合、多額の旅費を貯めた後でないと行けないかというと、そうでもない。商売をしながら行ってもいいのです。ちょっとした資本で前の町で仕入れたものを売って、一部を宿泊代にして、残りで商品を仕入れて次の町で売って、商売しながら行ったら僅かな旅費でいけるわけです。ただしメッカ近くまできたら、もう商売はやめて巡礼に徹しなさい、そして帰りはまた商売しながら帰ってもいいという、そのような配慮がなされています。

シャリーアの形成過程

あまり詳しく説明することはできませんが、シャリーアが体系化されていく過程とウンマの制度の関係について簡単に触れておきます。シャリーアの第一の源泉はコーランです。コーランの中にかなりの具体的な規範がありますが、それだけでは不充分でした。それを補ったものが預言者ムハンマドの指示の言葉や実際の行為と行動です。預言者の模範的な言葉と行為をスンナといい、その記録、言行録をハディースといいますが、これは啓示とは別に徐々に集められて、コーランに次ぐ聖典になりました。その他にシャリーアにはイスラーム以前のアラブ社会の慣例がかなり取り入れられています。宗教としてはイスラームとジャーヒリーヤは水と油で混ざる余地はありませんが、イスラームが具体的に歴史の中に根付いていく過程では、コーランの原理だけで理論的、抽象的に社会を作り上げたわけではない。そんなことは実際にはできず、既存の社会の色に染まらざるをえないからです。その意味ではイスラームとジャーヒリーヤは連続性をもちます。さらに、ウンマの人々の合意があれば法にしてもよいという原則もありますし、コーランや預言者のスンナを再解釈して法を定めていくといった方法で、次々に法を引き出していきました。たとえば、コーランは葡萄酒を禁止していますが、ではビールはどうか。そのときコーランが葡萄酒を禁止している理由を探ると、それが人を酔わせるからだと分かります。すると、ビールは葡萄から作られていないけれど、人を酔わせるからだめだということになります。

イスラームの制度化

キリスト教徒にとって一番分かりにくい問題が、イスラームにはいわゆる教会制度がないことです。分かりやすいのでカトリックを例にしますと、バチカンという目に見える建物があって、法皇を頂点とする聖職者のヒエラルキーがあるわけですね。イスラームにはモスクがありますが、モスクは礼拝所、お祈りをする場所という意味で、祭壇や神の像は一切ない非常にシンプルな空間で、教義上の特別な意味はありません。イスラームにはバチカンに相当する制度はありません。ではイスラームはどのようにして存続してきたのか、分かりにくいですね。ちょっとむずかしいかもしれませんが、ウェーバーのカリスマ論と制度化論を使って説明します。キリスト教の場合、イエスがもっていたカリスマは、彼が死んで復活して救世主となっただけではなく、イエスの救済の力は教会と聖職者に移行していきます。イエスがもっていた人格的カリスマが職業的カリスマと教会制度に移行したと考えられています。イスラームの場合、人々を救済する力をもつ聖職者はいませんし、教会制度もありません。イスラームの場合、ムハンマドが生きていた時から、彼が伝えたにもかかわらず、コーランはムハンマドの人格より上位の権威をもっていたのです。その権威は現在も変わりません。ムハンマドにはイエスのような人々を救済する力は与えられていなかったため、救済の力をもつ聖職者もいないのです。ウェーバーは人格的カリスマが制度に移行すると考えて理論を立てましたが、イスラームではコーランがムハンマドの人格以上の権威を保っていることが変則的なのです。

コーランにはかないませんが、ムハンマドにも創唱者としてのカリスマはありました。それはコーランの解釈権であり、ウンマの指導者としての権威です。イスラームではムハンマドのもっていた権威がカリフと法学者とスンナに分かれて移行していったと考えることができます。ムハンマドが生きていた時、啓示以外に彼が命令や指示をしたこともあり、それは広い意味で彼によるコーラン解釈だと考えられます。彼の言行録がやがてスンナとしてハディース形式で記録、編纂され、コーランに次ぐ聖典になったように、ムハンマドの人格ではなく、彼の言葉と行為の記録がやや神格化されたとも考えられます。ムハンマドがもっていたコーランの解釈権はその後、法学者に移行しました。ムハンマドの目立った活動はウンマの指導者としての手腕でした。ムハンマドは宗教者であると同時に、政治家、軍事指導者でもありました。日本人は宗教者が政治家であるとか、まして軍事指導者だと聞くと嫌悪感をもつ人も多いでしょう。けれど、ウンマはこの世の社会秩序であり、領土があってそこでムスリムが暮らすことのできる共同体です。その秩序を確立するために、ムハンマドはメッカの勢力とも戦ったし、努力もしたのです。ムハンマドが死んだ後、その後継者がカリフという称号をもち、カリフ制度が始まりましたが、カリフはムハンマドがもっていた行政権と軍事権を引き継いだのです。しかし、ムハンマドのすべての権限がカリフに集中したのではなく、コーランの解釈権は法学者に委ねられていったのです。ちなみに、法学者はイスラームの聖職者ではないかといわれます。聖職者の定義によってはそういえます。法学を職業として、寄付で生活した人もいましたから、その意味では法学者は聖職者ですが、救済の権限をもたないという点では単なる学者であって、聖職者ではありません。

イスラームの制度化、ウンマの制度化とはシャリーアの制度化であり、シャリーアのテクスト（コーランとスンナ）、それを解釈し裁判実務を司る法学者、さらに法に基づく統治を実施する政治の実権者が存在して初めてシャリーアによる統治が行われる。イスラームの制度化をそう解釈することができると私は考えています。イスラーム世界とはシャリーアが施行されている地域であり、シャリーアの施行には法学者が不可欠なのです。イスラーム世界には次々と国家ができて、カリフ以外にも政治の実権を掌握した者が出てきましたが、彼らがシャリーアに基づく政治を行なうかぎり、ウンマの指導者でありうるわけです。歴史的に見れば、実にさまざまな政治の形態がありますし、むずかしい問題が出てきますが、理論的にイスラームにおける宗教の制度を考えるなら、シャリーアによる統治を挙げることができるかと思います。

イスラームと近代

最後にごく簡単に近代の問題に触れます。イスラームにとって近代はヨーロッパ列強が中東に侵略を始め、一部で植民地支配が始まった時、つまり西洋の衝撃を受けた時から始まります。これは、黒船と大砲にびっくりし、これは大変だと改革に取り掛かった日本と同じです。まず何よりも近代的な兵器を製造するための科学技術の導入と受容、それを使いこなす人材の養成つまり教育制度の改革と普及、これが日本でもイスラーム世界でも近代化の共通の目標でした。西洋に追いつき、対等になるには、それぞれの伝統的な政治社会の制度を改革しなければならないことにも気づいたのです。ところが、日本とイスラーム世界との大きな相違は、日本では西洋の諸制度を導入しても、仏教も神道も直接に反対や口出しはしませんでしたが、イスラームにはシャリーアがあり、社会制度の改革ではシャリーアをどうするかが問題にならざるを得ませんでした。ごく簡単に言いますと、イスラームの近代化には一方で西洋の法体系、社会制度、教育制度などの受容と、他方ではイスラームそれ自体の改革という二つの目的がありました。イスラームの改革は、コーランの近代的解釈、つまり科学や理性の重視がコーランの精神に矛盾しないこと、むしろコーランは理性の積極的使用を進めていることを明らかにすることが一つで、もう一つは近代にふさわしくシャリーアを改革することです。イスラーム世界の近代化のためには、どちらか一方ではダメで、両面の改革が共に進展することが必要だと考えられていましたが、結局は二つの路線に分裂して進んでいったのです。

一方は日本の近代化のように、西洋の諸制度を積極的に取り入れて、イスラームは個人の信仰としては尊重するが、社会制度は西洋的近代でやっていくという路線です。これを一応世俗主義と名づけると、トルコがその典型的な例です。この路線に対してむろん反対が起こります。イスラームは人間を精神と身体の統合であり、信仰と社会生活を切り離すことなく、コーランに基づいて社会を築いてきたのに、世俗主義はイスラームを尊重すると言いながら、信仰を精神の次元に棚上げして社会から切り離した。これはもはやイスラームではないという非難です。イスラームの原理に基づいた近代化が大事で、欧米のような政教分離は認めない、イスラーム的近代はシャリーアに基づくものでなければならないと主張した。これがいわゆる原理主義路線です。この路線の代表はサウジアラビアやホメイニによるイラン革命に見られます。

イスラームでは原理主義を復興主義と呼びます。それはムハンマドが活躍したイスラーム初期に実現した理想のイスラーム社会を復興しようとするものです。復興（原理）主義もただ過去を現代に持ち出すのではなく、現代に適するようにシャリーアを改革するという目標をもっています。復興主義からすると、近代の民主主義や平等の理想はコーランにちゃんと書いてある、だからコーランを正しく解釈すれば、イスラーム的近代を実現できるのであって、なんでそれをキリスト教から教えてもらわなければならないのだというわけです。だけど、結局はコーランの字義的な解釈に終始して、男性と女性を隔離したり、女性にベールの着用を義務づけたり、女性差別を助長するような解釈が目立って、成功とは言いがたいのも事実です。これはコーランの字義的解釈しかできなかったことにもよりますが、復興主義者たちに反欧米、反米的な姿勢があったことにもよるような気もします。復興主義も近代を否定しているのではなくて、近代化したいわけで、科学技術などは取り入れようとしています。肝腎の社会改革がもたもたしているように見えますが、要は何も西洋的近代だけが近代ではなくて、イスラーム的近代を求めているのです。

過去においてもイスラーム世界は複数の国家に分かれて存続し、詳細に検討すれば、シャリーアの実効性は理論より低く複雑だったでしょう。しかし、ともかくもシャリーアによる統治が基盤にあったと思われます。近代になってイランなどの例外を除いて、大半の中東のイスラーム国家が西洋法を導入しており、ウンマとシャリーアの理念から考えると、現在の状況は危機的に見えます。イラクのクエート侵攻などイスラーム国家同士で争いがあったり、パレスチナ紛争の解決も見通しが立っていません。こと中東の政治情勢はイスラーム世界が主導権をもって解決できる問題でも単純な宗教問題ではなく、欧米、特にアメリカの主導権が強く、それへの反発がムスリムの間に根強いのも事態を複雑にしています。またアラブ人、イラン人、トルコ人とそれぞれにプライドが高く、ムスリムとしての仲間意識より民族意識が強い印象を与えます。民族についてほとんどお話しする時間がありませんでしたが、イスラーム世界はアラブ人だけではなく、イラン人やトルコ人さらに実に多くの民族に広まり、イランやトルコではイスラームへの改宗とともに、それぞれの言語をアラビア文字表記に変え、日本語に漢語が混ざるようにアラビア語の単語がたくさん混入しましたが、言語それ自体をアラビア語に統一することはできなかった。トルコはアタチュルクの革命後、世俗主義を表明し、その方針の一つとしてトルコ語をローマ字表記に変えました。けれど、そのトルコでイスラーム離れが進んだかと言うと、そうではありません。義務教育でイスラームを教えており、日本で考える政教分離とはかなり様子が異なります。イスラーム世界ではコーランはアラビア語で読誦されますし、礼拝の仕方はスンナ派、シーア派、さらにスンナ派の間でも法学派の相違によって少しずつ異なりますが、メッカ巡礼では一緒に礼拝できるわけで、なおイスラーム世界の共通性を残しているという印象は強いですね。

最後に、イスラーム世界と日本の近代化を比較して見ると、日本ではさっさと西洋近代を取り入れた。むしろ西洋に憧れをもって取り入れたとすると、それは日本が苛酷な植民地支配を受けなかったことが大きいでしょう。けれど明治以来百年以上経って、日本がどれだけ西洋化したかというと、けっこう日本的なものを残しています。科学技術や教育、それに服装や音楽などは西洋と同じになっているけれど、社会のあり方にはまだまだ日本的なものが残っています。私は、イスラーム世界がどんどん西洋的なものを取り入れても、イスラーム的なものは必ず残るだろうし、心配することはないように思うのですが、イスラームは近代化の入口のところで、西洋的近代化かイスラーム的近代化かを議論して、足踏みしているように見えます。イスラームにはイスラームの原理、信仰と社会の統合という原理がしっかりしているだけに、日本のような無節操なやり方はできないのでしょうし、それが間違っているとは思いません。原理や理念のことはほとんど考えず、無節操に西洋的近代化に突っ走った結果、日本的なものを残している日本と対照的です。そういう問題を論理的に考えつめないことは日本の良さでもあり、欠点でもあるでしょう。このイスラームという非西洋世界の近代化をめぐっての苦悩や戸惑いをみていると、日本の近代化とは何だったのか考え直すのにとてもいいヒントが与えられます。日本もイスラームとは異なるけれど、ともに非西洋世界には違いないのですから。日本はこれだけ近代化に成功しながら、これだけ日本的なのはなぜか。これはまだまだ考えてみなければならないと思います。

第5章

現代イスラームと民族問題

小杉 泰

小杉 泰

（コスギ・ヤスシ）

一九五三年生まれ。
東京外国語大学に学び、エジプト政府招聘留学生としてカイロ留学。
一九八三年、エジプト国立アズハル大学イスラーム学部卒業。国際大学中東研究所・主任研究員、英国ケンブリッジ大学中東研究センター・客員研究員、国際大学大学院（国際関係学研究科）教授などを経て、現在、京都大学大学院アジア・アフリカ地域研究研究科・教授（イスラーム世界論担当）。法学博士（京都大学）。

著書

『現代中東とイスラーム政治』（昭和堂）
『イスラームとは何か―その宗教・社会・文化』（講談社）
『ムハンマド―イスラームの源流をたずねて』（山川出版社）
など、多数。

はじめに

イスラームおよびイスラーム世界を知ろうとする場合、いくつかのアプローチがあります。ディシプリン的にいえば、東洋学のように文献を中心に研究する立場もありますし、宗教学や人類学のように信徒の実生活を中心に調査をおこなう立場もあります。イスラーム学においては、理念体系としてのイスラームを明らかにすることが主要な関心事となっています。

近年盛んになっているのは地域研究によるアプローチで、学際的な研究方法によって総合的にイスラーム世界の諸地域を明らかにしようとする努力がなされています。私も、その一翼を担う者でありますが、学際的研究――あるいは学融合的な研究――といっても本来のディシプリンなしに研究することはできません。私の場合、専門領域はおおむねイスラーム学、中東地域研究、比較政治学、国際関係学でありますので、本稿の主題もそのような視点から検討していくことにしたいと思います。

ちなみに、地域研究では、中東、南アジア、中央アジアといった「地域」を対象とします。「イスラーム世界」と表現した場合、これらの地域にまたがって広がる地域統合的な存在があると了解されます。しかし、それぞれの地域を見ると、イスラームが多数派を形成している場合がある一方、イスラームと関係の薄い国がいくつも含まれている場合があります。中東の場合、イスラームが大半であり、地域全体がイスラーム世界の一部と言うことも可能でありますが、東南アジアであれば、インドネシアという世界最大のイスラーム国を有している一方、たとえばタイやビルマではムスリム（イスラーム教徒）はマイノリティでしかありません。私の用法では、中東や東南アジアといった地域と、イスラーム世界とは次元の違うものです。地域を超えるまとまりを「メタ地域」と呼ぶならば、イスラーム世界はメタ地域の一つです。イスラームと関連の深い諸地域をただ集めて、イスラーム世界と呼ぶわけではありません。

イスラーム世界といっても広大です。イスラームという宗教ないしは理念体系を冠して呼ぶ以上、それを結合させる要素は、貿易関係といった現実的な利益ではなく、強い思想性、理念性であると考えられます。ムスリムは現在およそ十三億人と推計され、世界人口の五分の一を超えています。イスラームに立脚する国際機構であるイスラーム諸国会議機構（ＯＩＣ）加盟国を基準に見るならば、五十七カ国あります（二〇〇一年十一月現在。なお、パレスチナは同機構内では一カ国と数えられていますが、今のところ独立国家を有していません）。これは、国連加盟国の四分の一を優に超えています。二十年後には世界人口の三割がムスリムとなるとの推定もありますが、私の予測ではその頃にはＯＩＣ加盟国も六十五カ国程度に達するのではないかと思われます。

私はこれまでアラブ諸国を中心として研究をおこなってきました。日本でアラブ研究の重要性がはじめて認識されたのは、一九七三年の第四次中東戦争とそれに伴うオイル・ショックの際でした。私を含めて、当時アラビア語を学んでいた者はみな、その衝撃的な出来事を機に日本人の世界認識が大きく変わったことを体験しました。

その後エジプトに長く滞在する機会（一九七五―八三年）を得ましたが、戦争と平和の問題を含めて、宗教と民族問題や政治変動との関わりについて考える機会が多くありました。そのためもあって、これまで戦争・革命・内戦を軸とする政治研究をおこなっています。七〇年代から八〇年代にかけては、現地の現実の動態は、アラブ民族主義からイスラーム復興へと大きく変わりました。それに伴って、研究サイドの関心も変化してきています。

最近は、国際政治上の関心が急進派、過激派に向く傾向が強いですが、イスラーム世界の主流を形成しているのはイスラーム復興運動の中道派、穏健派です。中道派はテロの可否を主要関心としているわけではありません。むしろ、自分たちの構想しているイスラーム社会がどう実現化するかが主要な関心事であり、私たちも急進派にばかり目を向けるのではなく、中道派の動向に着目する必要があります。

現在進行形の「出来事」をめぐって

二〇〇一年九月十一日の米国における「同時多発テロ」事件以降、テロと戦争がイスラーム世界をめぐる議論の大きな焦点となってきました。そこでは、武装闘争をおこなうイスラーム急進派（その代表としてのウサーマ・ビン・ラーディン、彼の率いる組織アル＝カーイダ）と「反テロ」を掲げる米国等が正面から衝突しており、二十一世紀はこれまでにないテロと紛争の時代であるとの議論もなされています。

しかし、紛争という点では、そもそも冷戦の終焉によって新しい種類の地域紛争が頻発するようになったのであり、九月の事件が世界のあり方を根底から覆したかのように単純化して語ることはできません。冷戦の時代は、世界システムの中心部における「冷戦」と周辺部における「熱戦」が特徴でしたが、中東のようにしばしば熱戦がおこなわれている地域ですら、国民国家を基本単位として戦争が管理されていました。東西対立は深刻でしたが、それゆえにこそ、国家を単位とするそれぞれの陣営内では強い統制がおこなわれていたのです。冷戦の終焉によって、この国家の「タガ」がゆるみ、宗教と民族が複雑にからみあった紛争がおこるようになりました。そのような紛争が、イスラーム世界と非イスラーム世界の境界線上で多く起こっていることも確かで、その背景を検討してみたいと思います。

その際に、九月十一日事件以降にマスメディアで流行しているような大雑把な一般論を採用することは危険です。「同時多発テロ」事件、アフガニスタンでの戦争（米英軍を中心とするターリバーン政権およびアル＝カーイダの殲滅戦）、パレスチナにおける紛争の拡大といった事態に対して、さまざまなコメントがなされていますが、推論と想像力による一般化が強すぎるように思われます。

たとえば、「文明の衝突」「文明と暴力の戦い」というモチーフがしばしば語られます。テロ事件の背景として、「グローバリゼーションと貧困の拡大」が論じられ、またイスラーム世界が「アメリカを嫌っている」とか、パレスチナ問題に対して「イスラーム世界が怒っている」などといわれます。はたして、「イスラーム」「西洋」と括って語りうるものなのでしょうか。また、世界的な問題が急にテロ化する時代になったかのように語るのも、粗雑な議論ではないでしょうか。パレスチナ問題にしても半世紀以上前から深刻な状態が続いてきたのですし、世界の貧困も急に始まったものではありません。

政治・経済・社会・文化を具体的な次元で分析する地域研究から見ますと、安易に「文明」を単位として語ることはためらわれます。巨視的に俯瞰することも時には必要ですが、その場合も「文明」を語るべきか否かを考えなければならないでしょう。次節では、代替的な見方として、システム分析の立場から見てみましょう。

システム間の競合と浸透

近代以前の世界を考えてみると、複数の自立的な「世界システム」が存在していたことがわかります。ヨーロッパのキリスト教世界、東アジアの儒教・漢字文化圏といったものは、それぞれ自己完結的な「世界」を構成しており、それぞれに独自のシステムを持っていました。これらの東西の諸システムを最初に結びつけたのが、アッバース朝時代のイスラーム帝国であったことは、現在ではよく知られています。

前近代では、洋の東西を、中間に位置するイスラーム世界が交易ネットワークによって結びつけたといっても、それぞれの世界システムは独立し、自立的であり続けました。ところが、西洋列強による世界の統一によって、近代的な世界システムが広がると、世界全体をおおう世界システムが成立し、各地にあった従来の自立的な「世界システム」は地球規模のシステムに統合され、下位の「地域システム」となりました。

世界全体をおおっているシステムは上位のシステムとして、各地域のシステムに強い影響を及ぼしますが、同時に地域の側でも世界システムに対して影響を及ぼします。イスラーム的システムも前近代のような自立性・自律性は失われたにしても、地域システムとして再編されて継続していますし、さらに、地域の違いを超えて「イスラーム世界」を結びつける作用を果たしている面も持っています。

「システム」という考え方では、世界システムにしても地域システムにしても、人間の営みが継続している限り、常に何らかのシステムが存在していると前提します。世界システムの場合、システムが解体して、各地域が自立したまま、全体を統合するシステムがなくなるということも理屈の上ではありえます。しかし、地域システムは実際の社会を運営しているシステムのことですから、社会が本当に崩壊してしまうような極限状況でもなければ、システムの消滅はありえません。

また、一つの社会が継続している間に、システムが総入れ替えするというようなことも、ありえません。かつての近代化論は、近代化を推進していけば当該社会全体が西洋的で近代的な社会に変わりうると考えていましたが、これはシステムの総入れ替えと言うのに等しいでしょう。言いかえると、システムは徐々に変容するものであり、変容が急激な場合もありえますが、システム全体がそれまでの地域の特性とは異質なものに転換することはありえないのです。

近代的な世界システムと、近代化などの影響で変容してはいるものの本来は固有のシステムである地域システムは、予定調和的に共存あるいは連携するものではありません。場合によっては、両者の間には、大きな摩擦が生じます。世界システムの影響や、より内在的な近代化の結果として、当該地域における固有のシステムは次第に変容しますが、その場合でも予定調和的な整合性を予測することはできません。

日本の近代化の事例から考えると、内発的な近代化を軸とするシステム変容が国際的な環境に対応してなされる場合、より適合的なシステム変容がおこりえます。しかし、植民地化などの外的な要因が大きい場合、摩擦がより大きくなることが予想されます。中東地域の場合、外部からの干渉度が高いのが問題です。国際政治学ではそのような地域を「(外部からの）浸透度の高い地域」と呼ぶこともありますが、それは中東が戦略的要地であるために、外部勢力が常に影響力を行使しようとして介入するために生じています。

システム変容のあり方を単純化して考えると、三つの可能性がありえます。第一に、全面的に近代的システムに変容することです。これはかつて近代化論が想定した道でしょう。この道は、実際にはシステムの総入れ替えのような側面があり、そのまま成功するとは考えにくいと思います。実際、途上国のなかには、この道を取ったがゆえに、社会的な矛盾がかえって蓄積してしまう場合も見られます。

第二の道は、選択的・適合的な変容を行うことであります。日本の近代化が、これにあたります。日本に続く東アジアの発展も、これに含めることができるかもしれません。

第三の道は、固有システムの近代化です。この場合、地域システムの固有性を強化しながら、近代化を進めることになります。イスラーム世界がめざしているイスラーム復興とは、この道のことです。第二と第三の違いは、固有性と近代化のいずれに力点があるかの違いとも言えます。それは、地域システムの固有性がどの程度の強度を持っているかにも依ります。イスラーム世界では、独自のシステムの固有性を強調する考え方が強いため、第三の道を模索する動きが強いのでしょう。

イスラーム世界の現実を見ると、二十世紀の前半は、第一の道を進んだ事例が多く見られます。イスラーム法を廃止し、西洋型の近代国家を目指したトルコなどはその代表例でしょう。二十世紀後半には、イスラーム革命をおこなって独自の近代的システムの構築をめざしたイランのような事例が目を引くようになります。これは、第三の道と言えます。現在は、その両者の間で分極化し、拮抗状況が続いています。

分極化や拮抗状態はそれ自体が摩擦の原因となりますが、さらに、これによってシステムが安定しないことにもなります。イスラーム世界に紛争が多く、不安定な印象を与えるとすれば、その背景にはシステムが安定状態にないという現実が指摘できるでしょう。

アフガニスタン問題の構図

ここで、「分極化」や「拮抗状況」が、宗教と民族をめぐる紛争をどのように構成しているかを、アフガニスタンの事例を通じて、瞥見してみたいと思います。

まず、二十世紀半ばのアフガニスタンでは、自由主義や社会主義による近代化がおこなわれました。

一九七三年に王制が打倒され、共和制が施行されたこと、七八年に親ソ政権が成立したことは、政治面での近代化を象徴する出来事でしょう。これは、第一の道であります。

しかし、その一方で、それに対抗するように、イスラーム復興も進展し始めました。アフガニスタン国内では、六〇年代に復興運動が始まりました。後に復興運動として名が高まったイスラーム協会やイスラーム党は、いずれもカブール大学の学生運動などにルーツがあります。アフガニスタンを含む地域レベルでのイスラーム復興は、イラン・イスラーム革命（一九七九年）によって顕在化しました。この革命は、共産政権が成立したばかりのアフガニスタンにも波及するかのようにみえましたし、またソ連支配下の中央アジア諸国にも深刻な影響が及ぶと見られました。ソ連は脅威を感じて、一九七九年十二月に軍をアフガニスタンに送り込みました。

この介入戦争に対して、反ソ・イスラーム・ゲリラである「ムジャーヒディーン運動」が生まれました。反ソ・ゲリラは、イスラーム復興だけの要因で成立したわけではありません。自立心の強い部族が主力となるレジスタンスの側面もあり、民族主義的な要素もあり、イスラームにしても、近代的な復興運動だけではなく、より伝統的な諸勢力も含まれていました。しかし、総じて見るとイスラーム復興を軸とする運動・組織が伸張し、地域全体におけるイスラーム復興の影響も大きなものでした。

特筆すべきは、アラブ・アフガン義勇兵の存在でしょう。イスラームでは、世界中に住むムスリムを「同胞」とみなし、全信徒は単一のウンマ（共同体）を構成すると考えます。同胞の理念とウンマ

（共同体）思想の強さは、イスラームの特徴の一つでありますが、この理念に立脚したアフガニスタン支援が、アラブ諸国を中心とするイスラーム諸国からおこなわれることになりました。支援の内容は、難民救援のためのＮＧＯ活動や資金援助のほか、義勇兵の組織化によって、反ソ闘争に直接参加する活動もおこなわれました。義勇兵の出身国は多岐にわたり、同胞精神の発露として、イスラーム諸国では義勇兵がしばしば賞賛されました。

ウサーマ・ビン・ラーディンは、この義勇兵の徴募、送り込みのネットワークを作って、アラブ人が反ソ闘争に参加するのを助けました。欧米は、「敵の敵は味方」という判断もあり、ソ連軍と戦うゲリラを支援しました。当時は、ビン・ラーディンとアメリカは、ソ連との戦いという共通の目的において同盟者だったのです。アフガニスタン人の闘争は民族的な郷土防衛でしたが、アラブ義勇兵の存在はイスラーム復興が民族や国の境界を超える側面をよく示しています。

ソ連軍はムジャーヒディーンとの戦いに消耗し、一九八九年にはアフガニスタンから撤退しました。この戦争は「ソ連にとってのベトナム戦争」とも言われますが、東西冷戦における東側陣営の敗北とソ連の解体を促進した面を持っています。その意味では、イスラーム世界から見て、冷戦時代は、東西両陣営の間の戦いとは別に、イスラーム世界が共産主義と戦うというもう一つの戦線を含み込むものでした。

ソ連軍の侵攻は、イスラーム復興の広がりを阻止する目的を持っていましたが、かえって介入によって復興の盛り上がりを呼び込む結果を生みました。そのため、結果論からすると、イスラーム復興が広がるという「脅威」認識は、正しかったことにもなります。

ソ連軍の撤退後も、親ソ派のナジーブッラー政権はしばらく継続しました。しかし、一九九二年には、ムジャーヒディーン軍の攻勢の前にこの政権も崩壊し、ソ連介入は完全な失敗に帰しました。カブールには、ムジャーヒディーン組織の連合による政権が成立し、国名も「アフガニスタン・イスラーム国」と改められました。イスラームの旗を掲げた諸運動が共産主義政権を倒したことは、イスラーム世界でも自分たちの勝利として受け止められました。

しかし、まもなく、期待を裏切る事態が生じることになります。ムジャーヒディーン運動同士が内戦状態に陥ったからです。ラバニ大統領のイスラーム協会とヘクマチヤル首相のイスラーム党が互いにロケット弾で攻撃し合うような事態は、まさにイスラームで禁じられている「同胞同士の党争」でした。アラブ義勇兵たちも、この時点で、彼らにとって意味のない党争から身を引いたようです。

なぜ、イスラーム組織同士の争いになったのでしょうか。イスラームといっても、組織によってイデオロギーは異なっています。イスラーム党はもともと、思想的な違いからイスラーム協会から分派した歴史を持っており、イスラーム党自体も、ヘクマチヤル派とハーリス派に分派していますから、思想対立の側面が全くないわけではありません。しかし、実際には、エスニックな対立が権力闘争と絡み合ったというのが真相でしょう。

昨日の友が今日の敵となる凄惨な内戦状態に「否」を唱えたのが、ターリバーンでした。ターリバーンとは「学生」を意味しますが、イスラーム学校で学ぶ難民の子弟を核に形成された組織であります。彼らは一九九四年頃に結成されたと考えられますが、驚くほど急速に支配地域を拡大し、九六年には首都カブールに入城しました。彼らの支配は、武力とイスラーム法によって、国土の統一と安全を確立することをめざしていました。この場合の「イスラーム法」はターリバーンの依拠する学派だけを採用するものでしたので、後に「狭隘」「厳格すぎる」といった批判を生むことになりましたが、内戦に倦んだ国民の間では、彼らが平和をもたらしてくれることに対する支持が広がりました。

一般の報道では、ムジャーヒディーン組織もターリバーンも「イスラーム復興は「イスラーム原理主義」であるとされますが、雑駁な一般化と思われます。上述のように、イスラーム復興は「イスラーム的近代化」の試みであります。ムジャーヒディーン組織は、まさにそのような性格を帯びていますが、ターリバーンはむしろ、それへの反動から勢力を伸ばしました。イスラームの理解という点から見ても、彼らは一九世紀の改革派の流れを汲んでいます。一九世紀の段階では斬新な改革派でも、今から見れば古風な学派であり、ネオ伝統派というべき存在です。急進的なイスラーム復興の組織が内戦をおこなったことは、「原理主義の失敗」を物語っています。それに対し代替としてネオ伝統派が登場したとすれば、ターリバーンは「ポスト原理主義」と見るべきではないでしょうか。

以上に見たように、アフガニスタンで二十年間続いたのは、外部からの介入と地域の諸勢力のレジスタンスであります。より大きな枠組みで言えば、世界システムの介入と地域システムの自立の試みという構図の一幕とも言えます。ターリバーンは隣国パキスタンの支持を受けていましたが、ターリバーンと同じ学派の人々はパキスタン国内にも多数います。地域という観点から見れば、両国にわたって同じイスラーム思潮が広がっているというのが実相でしょう。いずれにしても、ターリバーンの支配は、地域的な勢力が自立を達成する可能性を示していました。

しかし、アフガニスタンに介入し続けた大国は、古風なネオ伝統派がイスラーム法を国民に強制する情景を好みませんでした。また、ターリバーン自身も、女性を就業、教育の機会から排除し、ブルカという女性の被り物を全員に強制するなど、イスラーム世界からさえ極端と見られる政策を施行しました。このため、ターリバーンは国土の八割を実効支配しながらも国際的な承認を得られず、その不満から国際社会との先鋭な対立へ進むことになりました。二〇〇一年春のバーミヤンの石仏破壊などは、その一例と言えるでしょう。

ビン・ラーディンとアラブ義勇兵はもともとは、ムジャーヒディーン組織と連携していたのであって、ターリバーンの同盟者ではありませんでした。彼らは、九二年以降ムジャーヒディーン組織が内戦を始めると、これを嫌い、局外に立ち去りました。そのなかには、チェチェンなど独立闘争の行われているイスラーム地域に転戦する者、エジプトやアルジェリアなどの故国に帰って武装闘争に身を投じる者などもいました。ビン・ラーディンもいったんはサウジアラビアに戻りました。しかし、湾岸戦争（一九九一年）を機に、アラビア半島から米軍を駆逐することを目標にするようになり、サウジアラビアにはいられなくなりました。彼らは保護者を求めて移動し、やがてターリバーン支配下のアフガニスタンに戻ってきたのであります。

そして、二〇〇一年九月十一日の「同時多発テロ」事件が起きました。米英は、テロ事件を、ビン・ラーディンおよび彼が率いるアル＝カーイダの責任と断じ、彼らの引き渡しを拒んだターリバーン政権も同罪と見なして、十月からアフガニスタンに熾烈な攻撃をかけました。これに地上から呼応したのは、かつてのムジャーヒディーン組織が「反ターリバーン」を軸に形成した、いわゆる「北部同盟」でした。

ターリバーン政権が崩壊し、アル＝カーイダが駆逐されると、北部同盟と元国王派などを構成員に新しい暫定政権が作られました。この政権は、国連、日本などの支持も得て、国土復興に励むことになりましたから、それなりの正当性を有しています。しかし、全体としてみれば、またも介入戦争がおこなわれ、一歩間違えれば「傀儡政権」となりかねない政府が成立したという面は否定できません。

民族的な問題としてみれば、アフガニスタンの国内的な力学では、何世紀かのあいだ南部パシュトゥーン人が王朝を形成し、中央権力を握ってきました。イスラーム国家というものは、イスラームという名目だけで統治できるわけではありません。統治の現実的な基盤は盤石である必要があるでしょう。この観点から見ると、一九九二年に成立したムジャーヒディーン政権は、民族的には少数派のタジク人やウズベク人が優勢であり、基盤が脆弱でした。これに対して、ターリバーンの成功はなによりも彼らが南部パシュトゥーン人を主力とする組織であったことに由来します。

ところが、ようやく回復された民族的な安定性が、介入戦争によって再びくつがえされました。安定した多数派がいませんと、分極化が促進されることになります。思想的には、イスラーム復興の諸組織も内戦をおこなうほど分かれているし、ターリバーンのようなネオ伝統派もおり、分極化が進んでいます。内在的な力によって統合される契機が外部からの浸透（介入）によって阻害され、分極化と拮抗が進むような状態が続くならば不安定化も避けがたいでしょう。

アフガニスタンにおいては、イスラームと民族をめぐる状況が、これからも当分の間は紛争をはらみながら展開すると思われます。

イスラーム・システム

以上のように、アフガニスタンでは、外部からの介入によってシステムが安定せず、宗教と民族をめぐる紛争が続きました。これは代表的な例ですが、イスラーム世界とその周辺での紛争では、いずれもシステム間の拮抗と宗教・民族問題が輻輳しています。かつてのイスラーム・システムが解体し、近代化や民族主義による代替案が成立しないままに分極化状態となり、不安定な状況が続いているのです。

ここで、本来のイスラーム的なシステムがどのような特徴を有しているのか、いくつかのポイントに絞って、検討してみたいと思います。

イスラームに立脚するシステムは、七世紀から現在にいたるまで千四百年に及んでおり、システムの継続性がまず注目すべき点でしょう。近現代においては衰退する傾向が見られましたが、イスラーム復興とともに再生しつつあり、継続性は維持されています。

イスラームとは「トータル・システム」であるという言い方があります。社会のすべての領域を包括するシステムである、という意味の表現です。具体的に見れば、教義・信仰のシステムとしてのイスラーム教があり、家族を基礎とする社会システムとその倫理があり、またイスラーム市場経済システムや政治におけるイスラーム国家体系があります。

イスラームという語は「絶対帰依すること」を意味します。信徒をムスリムと呼ぶのは、「帰依した人」との意味です。イスラームを宗教の核としながらも、社会の領域全体に展開するシステムであると考えると、「イスラーム教」はその一部であり、全体としてのイスラームに「教」の文字を付けるのは不適切であることがわかります。実際にイスラーム国家を「イスラーム教国家」、イスラーム経済を「イスラーム教経済」と言ってみれば、そぐわないことがわかります。

このシステムはさまざまな特徴を持っていますが、ここでは四つ取り上げてみましょう。

(a) 政教一元論

これは、政治と宗教を分けて考えない発想、仕組みであります。しばしば、「政教一致」と同義と誤解されていますが、そうではありません。「政教一致」と「政教分離」は、どちらも政治と宗教という二つの領域を分けた上で、両者の関係を考えています。それに対して、イスラームでは、その二つを分けることを主要な問題とは考えません。いわば、認識上の分節化のレベルで違う発想をしているのです。

たとえて言えば、英語の water は、水と湯を区別しません。H_2O を最初から「水」と「湯」に分節化する日本語から見れば、英語は「水・湯一元論」と言えます。しかし、英語には水と湯に分ける認識が欠けているのですから、それは決して「水と湯を一致すべき」と論じているのではありません。同様に、イスラームでは、政・教を優先的に分節化することをおこないません。では、イスラームではどのような分節化をおこなうのでしょうか。

それは、法と共同体です。法とは「神の法」「天啓法」「シャリーア（イスラーム法）」などと呼ばれます。呼び名から言えば、これを神の領域とすることも可能でしょう。共同体とは「ウンマ」であり、人間の領域であります。西洋的な政・教（聖・俗）の区分が、神の領域と人間の領域を示しているとすれば、イスラームではそれは法と共同体という区分に対応します。

（b）イスラーム法の包括性

「天啓法」とされるイスラーム法は、聖典クルアーンに立脚しています。クルアーンは信徒にとって、人生や社会のすべてのことについての指針を提供するものであり、それに立脚するイスラーム法も、すべての領域を包括しています。

具体的にいえば、すべての事項について、イスラーム法の規定（義務、禁止、選択自由）が定められているということになます。もちろん、「選択自由」という規定は、人間が任意におこなってよい（おこなわなくてもよい）ということであり、これを「法規定」と呼ぶのは日本語の感覚では違和感があります。「法によらない、個々人の自由な行為」が対象だからです。しかし、イスラーム法の理論では、そのような行為である、ということはイスラーム法の決定によってはじめて成立します。「法の外にあるから選択自由」なのではなく、「法の定めによって選択自由」なのです。

ひるがえってみれば、他の社会において「法によらない、個々人の自由な行為」とされるものは、元来、自然法的な意味で人間の自由、権利として存在しているものが、狭義の法（国家の定める制定法）の規制を受けていないから、自由ということになります。自然法まで含めて言えば、それらは法の外にあるわけではありません。

言いかえると、イスラーム法は、倫理や自然法に相当する次元と、実定法に相当する次元を合わせ持っているので包括性が生じる、と表現することも可能でしょう。

（c）普遍共同体としてのウンマ

「神の法」に対応するのが、「人間の共同体」であるウンマです。ウンマという語自体は、さまざまな基礎（宗教や民族性）に立脚する共同体を一般に指しますが、イスラームについて言う場合は、世界のムスリムをすべて包摂する単一の「イスラーム共同体」を意味します。

ウンマは単一であり、そのメンバーはすべて「同胞」とされます。この想念の強さは、イスラームに非常に特徴的です。たとえば、イスラーム諸国会議機構（ＯＩＣ）は、この理念に立脚して、一九六九年に設立が決定されました。国家をメンバーとする国際機構で、宗教的紐帯によるものは他に存在しませんので、イスラームの独自性が表れていると言えると思います。

しかし、ウンマが単一で、すべての者が同胞であるならば、なぜ、イスラームの内部で民族紛争がおこるのか、という疑問がわきます。アフガニスタンの内戦は何であったのでしょうか。

この答えとして、「教えを守らない信徒がいるから」というような心情主義的な理解もありうるでしょう。実際、教義と実践の乖離は、どの宗教、どの時代においても、常に問題とされる課題です。しかし、民族問題を考えるには、このように個人の信仰心に還元せずに、構造的に理解する必要があります。

イスラーム史を概観してみると、ウンマを「宗教・エスニシティー複合体」と措定しますことが可能であるように思われます。イスラームは「信徒はすべて兄弟である」と言いますが、それは個々人の属性が消失して、肌の色も民族性も失って、原子論的な個人として同胞になるという意味ではありません。民族の違いを背景に退けて、同胞性が前面に出てくることが重要なのであります。言いかえると、イスラームは、肌の色や言語の違いを消滅させないままに、共同体性、同胞性がそれらをくるんで成立するような仕組みを生み出しました。

エスニシティーの語は、現在多義的に使われていますが、ここでこの語をネーションの水準に至らない（あるいは、ネーション内部の）民族的・文化的差異性を意味するものとして使うことにします。そのようなエスニシティーはウンマの水準に至らない（あるいは、ウンマ内部の）民族的・言語的・人種的差異であり、イスラームはそれらを許容するものでした。宗教的紐帯を一義的とするならば、二義的なレベルでのエスニックな違いは、ゆるやかに許容されていました。

ここまでの点については、イスラーム史家のあいだでも異論はないでしょう。しかし、私の仮説は、もう少し踏み込んだものであります。イスラームはエスニックな違いを「許容」したのみならず、むしろ積極的に「温存」したのではないでしょうか。つまり、民族的差異を捨てさせるのではなく、差異を無化するものとしてウンマや同胞性を確立するために、イスラームの優位性を認める条件で、エスニックなアイデンティティを積極的に容認したと言えるだろうと思います。

「宗教・エスニシティー複合体」とは、そのように宗教の優位性、第一義性を前提として、共同体内部にエスニックな多様性を温存するものを指します。それは同時に、エスニックな多様性を積極的に容認することで、ウンマの統合を急速かつ現実的に実現する仕組みを意味しています。

もし、このような構造があるとすれば、近代にはいって西洋的なシステムが浸透し、イスラーム・システムが解体されたり、その運用が阻害されるなかで、イスラームの優位性が崩れ、温存されてきた民族性が表面に出てきたということは、容易に理解されるでしょう。イスラーム・システムの解体は、「宗教・エスニシティー複合体」によって安定と安全を確保する仕組みの解体を意味しますから、民族性の顕在化が民族紛争へとつながっても決して不思議ではありません。

次に、ウンマの意思決定がどのようにおこなわれるかについて、焦点をあてたいと思います。

（d）思想の市場原理とコンセンサス形成メカニズム

イスラームと他の宗教と比べた場合に、教会や寺院の組織が欠如していること、公会議に相当するものが不在であることに気がつきます。聖職者に相当するのは「ウラマー（知者＝学者）」であると、しばしば言われますが、ウラマーは教会組織を形成しているわけではなく、そこには明示的なヒエラルキーも存在しません。

しかし、その一方で、イスラーム世界のなかでは教義や法学における同質化が実現しています。イスラームには分派が多いかのような印象も存在しますが、現実はそうではありません。十三億人といわれるムスリムの九割はスンナ派という多数派に属しており、残りの一割も大半がシーア派主流派（十二イマーム派）であります。あとは総人口の約一パーセントが五つほどの分派に属しているにすぎません。千年ほど前には何十も分派があったことを考えると、強力な統一・統合の機能が働いていることがわかります。

にもかかわらず、教会組織なしにいかに統合を果たしているのかについて、これまで十分説明されたことがありません。これはウンマが「思想の市場」として機能していることに着目すれば理解できることです。「思想の市場」は聞き慣れない語だと思いますので、少し長くなりますが、説明いたします。

まず、イスラームを信じることは、聖典クルアーンが「神の言葉」であると信じることですが、クルアーンはごく初期に（開祖ムハンマドの死後二十年ほどで）正典化され、異本・外典がない状態が維持されてきました。そのテキストは公開され、普及しています。もちろん、前近代には、現在の刊本のようには普及していませんでしたが、もともと「クルアーン」とは「読まれる／誦まれるもの」の意であり、暗記し、朗誦するのが基本でした。クルアーンを覚えることは、無文字社会でも容易でしたから、全体としてテキストが公開され、共有されてきたと言うことができます。

クルアーンはアラビア語でしるされています。翻訳は「解釈」の一種とみなされ、クルアーン自体とは考えられません。非アラブ人は、アラビア語を学ばない限り直接意味はわかりませんし、ふつうは理解のために自分の母語で書かれた翻訳を必要とします。しかし、意味はわからなくとも朗唱は有効とされます。

もちろん、テキストが公開されているからといって、誰でも自由に解釈を施してよいわけではありません。聖典を解釈する権威は、専門の知識を身につけた学者（ウラマー）の仕事であります。一般信徒は、彼らの見解に従わなくてはなりません。しかし、どの学者のどの解釈に従うかは、自由です。このため、より多くの支持者を得た解釈、見解が広まり、生き延びることになります。過去において存在し、今では廃れてしまった学派を見ると、一般民衆の支持を継続的に得られなかったことが衰退の原因であるとわかります。

つまり、個々の学者あるいは学派レベルで、ウンマ全体に対して、自分たちの解釈や見解を問い、支持を広める自由競争が存在するのです。どの解釈を正統とするか、公会議などで決めることができない以上、「市場原理」にまかせることは合理的な方法といえるでしょう。

自由競争の結果、有力な見解が絞られてくると、次第にコンセンサスが形成されます。いくつかの学派が拮抗し、均衡状態にいたる場合と、特定の問題について合意が成立する場合がありますが、いずれも、市場でデファクト・スタンダードが成立した状態と見なすことができます。

有力な解釈が広範な支持を得て、市場が寡占状態になると、自由競争は弱まります。近代に入る時期のイスラーム世界では、長期の政治・社会的安定があり、「思想の市場」も成熟した状態が続いていました。しかし、西洋列強の進出などによって新しい時代となり、イスラームの理解についても新しい解釈が必要とされるようになりました。現在のイスラーム世界は、現代の状況に適応する新しい解釈をめぐって、「思想の市場」が再活性化している状態と言えると思います。

このように、イスラーム世界における多数派形成は、宗教や法学に関わる解釈がウラマー（学者）の間で討議、批判・反批判がおこなわれ、さらに一般信徒が「追従」すべき解釈を選択する過程で、ゆるやかにおこなわれてきました。このような仕組みを「思想の市場」として、私は描きました。そこでは、自由な競争を前提として市場原理が働いています。ところで、「市場」という概念でこれを語ることは、昨今のグローバル化経済などにおける「市場原理」を用いた、いわば流行の援用によるものと思われるかも知れません。しかし、イスラームこそ、「市場」のメタファーを使うにもっとも適した宗教であることを、合わせて指摘しておく必要があります。

というのは、イスラームでは、聖典そのものにおいて「売買」と「市場原理」が重視されているからです。このような特性を、私はイスラームの「教経統合論」と呼んでいます。

イスラームの教えが、利子の禁止など、経済分野にまで及んでいることはよく知られています。これはふつう、宗教が経済を規制することと理解されますが、実は、聖典クルアーンでは、「信仰」そのものが「よい商売」として描かれているのです。たとえば、「アッラーの啓典を読み、礼拝を確立し、われが恵みとして与えたものから密かにあるいは公然と施す者は、失敗のない商売を願っている[のと同じである]」(クルアーン創造者章二十九節)。あるいは、「まことにアッラーは信徒たちから彼ら自身とその財産を、彼らに楽園を与えるかわりに、買ったのである」(悔悟章一一一節)。

この直截さはどうでしょうか。よき売買として信仰を語ることは、宗教に先行して、肯定的価値としての経済活動があることを示しています。ちなみに、クルアーンには「貸し付け」の語が十二カ所に登場しますが、いずれも善行をなすことが「神へのよき貸し付け」となり、やがて何倍にもなって払い戻される、というメタファーとして用いられています。現実の金銭の貸借の意味で使われている箇所はありません。このように、宗教の核心をなす信仰が経済的なメタファーで称揚されていることは、単に宗教が経済に介入するという水準を超えて、宗教と経済の相互浸透性を示しています。これを、「教経統合論」と呼ぶゆえんです。

ウンマと民族

ここまでに、イスラーム・システムの特徴をいくつか検討しましたが、次に、本稿の主要な関心事である民族の問題を、普遍的共同体としてのウンマの問題と結びつけながら、考えてみましょう。

(a) 同胞原理とウンマの単一性

現代の世界に暮らしている十三億人なりのムスリムが「一つの世界共同体」を構成しているとの認識は、「イスラーム世界」が実在することの基礎をなしています。

その原点は、クルアーンに「これは汝らのウンマ、単一のウンマである」(諸預言者章九十二節)と表現されています。私の知る限り、古今の政治思想のなかで、イスラームのウンマが二つ、またはそれ以上存在しうると論じたものは皆無です。単一のウンマであるのに、政治権力がなぜ二つ以上あるのか、これはウンマの分裂ではないか、と論じる者はいくらも存在しますし、ウンマの単一性と国家の複数性はイスラーム政治思想上の係争点の一つであります。しかし、ウンマ自体が二つになるという主張なり現状認識は、かつても現代でも見られません。

ウンマの構成員は、同胞とされます。クルアーンでは、「信徒たちは同胞である。それゆえ同胞の間を融和せよ」(部屋章十節)、「みなが神の絆によって連帯し、分裂するなかれ」(イムラーン家章第一〇三節)、「善行と篤信において協力せよ」(食卓章第二節)と言われています。

たとえば、「善行と篤信において協力せよ」は、イスラーム諸国の経済発展と相互協力を推進するイスラーム開発銀行の基本モチーフとなっています。この点をみても、聖典の章句が現代でも具体的に実践されていることがわかります。このような例は、枚挙にいとまがありません。

しかし、ウンマの単一性、信徒たちの同胞性は、ただちに民族の多様性を否定するものではありません。

（b）民族の多様性

人類はなぜ、多様な民族にわかれているのでしょうか。クルアーンの答えは、「もしアッラーが望んだならば、汝ら〔人類〕を単一のウンマとなしたであろう。しかし（そうしなかったのは）汝らに与えられたものによって汝らを試すためである。それゆえ、競って善行に励め」（食卓章第四十八節）というものであります。

また、「人々〔人類〕よ、われ〔アッラー〕は一人の男と一人の女から汝らを創造し、汝らを諸民族と諸部族となした。汝らが互いに知り合うようにしたのである。汝らの中でアッラーの御許でもっとも貴い者はもっとも敬虔な者である」（部屋章十三節）とされます。

多様な民族は、互いに知り合い、同時に競争をするものとされます。しかし、宗教的観点から、競争は「善行」においてなされるべきとされています。

「アッラーの御許でもっとも貴い者はもっとも敬虔な者」という句は、イスラーム思想のなかで、繰り返し引用されてきました。これは人間の根源的な平等性を示し、肌の色や言語が何ら区別・差別の理由となりえないことの根拠とされています。

ウンマの内部に多様な民族がありうること、それらの民族は「同胞」として平等であるが、善なる競争において独自性を発揮するものであることなどは、民族性の「温存」に役立つものでした。ウンマが「宗教＝エスニシティー複合体」となるための基礎が、ここに認められます。

しかし、その前提には、宗教の優位がなければなりません。

（c）宗教の優越・宗教の多様性

歴史的なイスラーム王朝を調べると、その多くが多民族、多宗教を包摂するものであったことがわかります。それは、イスラームを国家の基礎をなす一義的な原理とすることで可能となりました。この場合の「イスラーム」は、実は「イスラーム教」のことではなく、イスラーム教・キリスト教・その他の諸宗教を含めて、「宗教の優位」を前提とするようなイスラーム的統治システムのことでした。それに立脚して、イスラーム国家が、宗教を基準として被統治者を区分し、それらの諸共同体を統合したのです。宗教共同体は、主権を持つイスラーム共同体と、庇護契約を結んだ宗教共同体（「啓典の民」と呼ばれる庇護民）に、区分されます。庇護された共同体は、イスラーム共同体の主権を認め、人頭税を納めますが、反対給付として安全・信教の自由・自治を認められました。

「安全」がイスラーム共同体の側から提供されるということは、イスラーム共同体が領土の防衛責任を負うことを意味し、軍務はムスリムの義務でした。逆に、庇護されている共同体は、税を納めるものの、軍役からは免除されていました。

明らかに、主権を担う共同体と、庇護されている共同体の立場は対等ではなく、不均衡な関係を保ちつつ共存する仕組みでした。もちろん、近代的な平等主義から見れば、そこには不平等が存在しますが、それは前近代ではあらゆる社会に指摘しうることでしょう。イスラーム的な国家システムが、安全と共存を実現するうえできわめて機能的であったことは、広く認められています。

重要なことは、このシステムが宗教の優位性に立脚するものであったこと、宗教の下位には民族性、エスニシティーが温存されたことです。

(d) 多民族・多宗教の共存システム

主権共同体としてのイスラームと他の宗教共同体の間の契約にしても、イスラーム共同体内の諸エスニック集団の間の関係にしても、従来は、イスラーム法がすべて規制してきました。イスラーム法が民族や地域の差を超えることは先ほど述べましたが、結果として、「国際社会のルール」としてイスラーム法が機能していました。

イスラームがなぜ洋の東西に広がったのか、さまざまな理由が考えられますが、東南アジアや東アフリカなど、征服ではなく、交易ネットワークを通じて広がった地域を見ると、国際的な貿易を司るイスラーム法の有用性や、多民族が混在する場での標準的ルールの提供などが、実際上の利益を供与していた点が重要と思われます。

軍事的な征服が行われた地域においても、多くの場合に、イスラーム国家はそれまでにない多民族・多宗教共存のシステムを提供し、それによって正当性と安定性を確保することができました。

(e) 異質性の縮減

まとめて言うならば、イスラーム・システムは異質性を縮減し、多様性を包摂する性質を持つ、と言えると思います。民族的、言語的に多様で、異質な集団が存在する場合、いかなるシステムでもそのままに統合し、共存させることは容易ではありません。しかし、イスラームは、宗教の優位や契約の概念などによって、集団間の相互の異質性を縮減し、包摂可能な水準の「多様性」として統合します。

従来は、イスラームが多様性を統合するという側面が強調されましたが、それを可能ならしめるために、まず、異質な集団間の緊張関係を生むような「異質性」を縮減する、という側面に着目する必要があります。イスラーム世界は「統一性と多様性」と表現されますが、多様性を言うだけでは、なぜ「統一性」が実現するのかが説明できないでしょう。「思想の市場」なども統合の仕組みの一環をなしますが、ゆるやかに異質性を縮減する機能があるからこそ、共存可能な「多様性」が生成し、それを大きな共存原理で包摂することが可能になるのです。

このようなイスラーム・システムは、宗教の優越性と共存を重視するものであり、その結果、宗教を第一義的とした上で、民族性、エスニシティーを温存する働きをします（実際、イスラームの優越を前提に、エスニシティーが強化される場合さえも見られます）。つまり、宗教を「普遍的」「世界的」なもの（民族や言語の違いを超えるもの）とみて、それを第一原理とすることで共存可能な条件を作り出しますが、その一方で、下位の違いとしての民族性や言語は、無制限に多様であることが認められます。

現代における問題は、この共存システムが解体した場合には、民族的多様性は「異質性」に転化しうる、という点にあります。イスラーム・システムの代替案として提示され、実行されてきたのは、同化によって民族的同質性をめざすナショナリズムですが、イスラームによって民族的多様性が確保されてきた地域において、このようなナショナリズムを発動しますと、しばしば紛争が生まれ、抗争が生じるのです。

近代システムとの相克

近代システムが何であるかはあらためて述べるまでもありませんが、「ウェストファリア・システム」と呼ばれる近代国家システムは領域主権国家を単位とするシステムです。民族や地域を超えるイスラーム法とこの近代システムが必ずしも親和的ではないことは、容易にみてとることができます。フランス革命以降、国民が成立し、ナショナリズムが勃興するにしたがって、主権国家とは国民を基礎とするネーション・ステートであるという時代が始まりました。これと並行して、世俗主義＝脱宗教が広がり、宗教の優越性が各地で終焉しました。イスラーム世界も、この波から逃れることはできませんでした。

二十世紀にはいると、第一次世界大戦が世界を揺るがしましたが、この大戦は「帝国の終焉」と「民族自決権」の時代を画すものでありました。「帝国」は、イスラーム世界のオスマン帝国だけでなく、ハプスブルグ朝（オーストリア・ハンガリー帝国）、ロマノフ王朝（ロシア帝国）、清朝（中国）のいずれもが、多民族・多言語・多宗教システムとして機能していました。これらがいずれも命脈が尽き、民族国家の時代となりました。

「民族自決権」の広がったと言っても、アジア、アフリカの諸地域に実際にこの原理が適用されるには、第二次世界大戦が終わり、各地で反植民地闘争が盛り上がるまで待たなければなりません。しかし、国家を持つためには「民族」でなければならない、という原理は第一次世界大戦後に確固たるものとなり始めました。宗教に立脚する国家は生きる余地がなくなり、イスラーム的共存システムもまた、新しいナショナリズムの原理に押しのけられることになりました。

しかし、ナショナリズムはすでに歴史が証明しているように、共存の原理であるよりは、互いの民族的主張や領土争いによって紛争を生む性質を持っています。民族国家／国民国家の内部では、国民の共存を実現するものとされますが、その場合もマイノリティ集団を文化的・言語的に同化させることが前提で、必ずしも多様性を包摂して共存する仕組みとはなっていません。

「最後のイスラーム帝国」であるオスマン朝は一九二二年に崩壊しましたが、十九世紀までこの王朝の治下では、多様な民族と多様な宗教が共存していました。宗教的には、スンナ派イスラームを「マジョリティー」とするイスラーム王朝ですが、スンナ派の人々は、トルコ系、クルド系、アラブ系、その他のエスニック集団から成り、彼らの間ではウンマ理念と同胞原理が機能していました。マイノリティー宗教の多くは東方キリスト教の諸教会でしたが、ヨーロッパから移住したユダヤ教徒も多く住んでいました。

ナショナリズムの原理は、トルコ人、クルド人、アラブ人がそれぞれ別の集団であるとします。さらに、たとえばアラブ人であれば、宗教がイスラームであれキリスト教であれ民族的同胞である、とします。この原理は、それぞれが民族的な国家と領土を獲得すれば、矛盾をはらみつつもそれなりの共存を可能ならしめます。

ところが、クルド人のように「民族自決権」を行使できないと、オスマン朝時代には「主権共同体」の一員であったのに、五カ国に分割されたマイノリティ集団に転落してしまうことになります。クルド人は、人口が二千万人を超えており、現在「自分の国」を持たない世界最大の民族集団となっています。

近代システムを導入し、イスラーム・システムを解体したことの矛盾は、クルド人にだけ現れているのではありません。近年の旧ユーゴ紛争（ボスニア紛争、コソボ紛争）なども、その悲劇的な現れと言えると思います。

おわりに——二十一世紀の物語

二十世紀は、イスラーム世界にとって動乱の時代でした。伝統的なイスラーム・システムが弱体化し、イスラーム世界の分断と植民地化が進み、世界大戦に巻き込まれ、近代的な世界システムとの摩擦が続きました。しかし、その一方で、独自のシステムを再構築し、現代に適合的なイスラームを再生する運動も進展しました。

その過程で生じたシステムの変容は、必ずしも整合的な展開をせず、安定性は未だ確立されていません。しかし、近代的／現代的な発展と固有のアイデンティティの統合というテーマは、アジア、アフリカにおいて広く課題とされています。単に西洋に追従する近代化ではなく、かといって伝統に安住することなく、現代的なイスラーム社会を作ろうとする試みはまだまだ未完の物語であろうと思います。

民族問題も、同様に、分極化による不安定性から逃れていません。宗教優位を前提に、エスニシティーを許容し温存した上で共存を図るイスラーム・システムが何世紀も続いたあと、近代的な代替案としてナショナリズムの時代がやってきました。しかし、国民国家／民族国家の仕組みは中東では新たな深刻な矛盾を生み出しました。イスラーム復興によって独自の共存のシステムを構築する動きも道半ばで、まだまだ課題も多いのが現状です。このような分極化は、民族問題が紛争化した場合に、統合的な解決案が示されえない状況を作っています。

いかにして分極化をのりこえ、世界システムと地域システムの相克を融和していくかは、二十一世紀の課題として継続的な取り組みを必要としているのではないでしょうか。

第6章

イスラームの世界観と宗教対話

中田 考

中田 考

（ナカタ・コウ）

同志社大学神学部教授
同志社大学一神教学際研究センター幹事

一九六〇年生まれ
一九八四年　東京大学文学部卒業
一九八六年　同大学院人文科学研究科修士課程修了（イスラーム学専攻）
一九九二年　カイロ大学大学院文学部哲学科博士課程修了（イスラーム政治哲学専攻）
一九九二―一九九四年　在サウディアラビア日本国大使館専門調査員
一九九五―二〇〇三年　山口大学教育学部助教授
二〇〇三年より現職

著書

『イスラームのロジック』（講談社選書）
『ビンラディンの論理』（小学館文庫）
『イスラーム法の存立構造―ハンバリー派フィクフ神事編』（ナカニシヤ出版）

ただいまご紹介に預かりました中田と申します。今日は「イスラームの世界観と宗教対話」という題目でお話させていただくのですが、あまり宗教対話という話には踏み込まないと思います。私自身がイスラーム教徒、ムスリムでありますが、宗教対話については質疑応答の時間をとっていただけるようですので、その時にお話をさせていただきたいと思います。それでは話を始めさせていただきたいと思います。

イスラームの世界観・人間観

今日はイスラームと他宗教とのかかわりについての話に焦点を絞ってお話したいと思ってます。まずイスラームという言葉の意味を説明することから始めたいと思います。イスラームというのは、キリスト教や仏教が創始者の名前からとった宗教名となっているのと違って、ムハンマドという創始者の名前とはまったく関係のない名前です。イスラームというのは普通名詞で「帰依」ということです。イスラームというのは、もともとはアラビア語のサラーム、「平和」という言葉があるのですが、この言葉から派生するもので、相手を平和にするという、他動詞化するのです。相手を平和にする、要するに自分が武装解除するかたちで、すべて捧げる、献身する、絶対的に服従する、降伏するという意味の普通名詞です。そういう意味で、イスラームというのは、もちろん宗教の名前でもあるわけですが、それ以上に宇宙の姿なんですね。宇宙すべてが神にイスラームしているというふうに考えます。ご存知の通り、イスラームはキリスト教、ユダヤ教と同じセム系の一神教で創造主と世界が絶対的に違うという考え方をとりますので、神（アッラーフ）は、世界とはまったく隔絶した他者なわけです。その他者に対して、世界がすべて服従している、絶対的に帰依していると、これがイスラームの教えの根本的な世界観です。そういう意味で、イスラームというのは、まず宇宙全体の姿なのです。これが広い意味でのイスラームになるわけです。

イスラームという言葉にはそういう意味で三つの層があります。一つの層は、今述べた世界全体がイスラームをしているという層です。その次に人間の宗教としてのイスラームがでてきます。これは世界の中で、宇宙の中で、人間は存在論的に他のものと違うのです。何が違うかというと、イスラームにおいては人間だけが神に逆らう自由がある、自由意志があるのです。「自由意志」という言葉はイスラームではあまり聞かなくて「選択」というふうにいいます。人間は神に逆らうことができる、この部分が他の被造物と違うというふうにイスラームは考えます。もちろん物理的な存在としては、人間も他のものと全く変わりません。われわれも物理的存在としては、そういう神の定めに逆らうことはできないわけですが、それとは別に神の定めには自然法則とともに道徳というか戒律があって、そちらのほうについては、人間は選択の自由を与えられていると。他の物質は動物も含めて、神の法に、これは自然法則ですけれど、従うだけであって、決して逆らうことはないのですが、人間だけは神の法に逆らうことができる。逆らうことができるからこそ、自分で選んで従うこともできる。これが人間の特殊性なわけです。特にイスラームでは、人間が知性を持っているから他の動物より優れているというふうには考えません。もちろん人間は理性的な動物であるというアリステレス的な考え方もイスラームにはいっていますけれど、存在論的に、それによって人間が特別に聖別されるということはないんですね。人間はあくまでも神に逆らいうる存在だという、逆らいうる存在であるがゆえに自由に従うことができる、それだけが人間の違いになるわけです。そういう意味でイスラームというのは世界全体のあり方というだけではなくて、人間固有のイスラームもあるというふうに考えます。これは二番目の層になります。そういう意味でイスラームは普遍宗教というか、人間すべての教えになるわけです。それで後でまた詳しく話しますけれど、イスラームはユダヤ教、キリスト教と基本的な世界観及び歴史観を同じにしていますので、人間の祖先というのは、アダムになるわけです。イスラームはまずアダムの宗教なのです。アダム以来の諸預言者によって人間に伝えられた宗教、それがイスラームということになります。イスラームの考え方では、基本的に人はイスラーム教徒として生まれるというふうに考えているんですね。「人間はイスラーム教徒として生まれる。しかし両親がそれをユダヤ教徒やキリスト教徒にするのだ。」という預言者ムハンマドの言葉がありまして、イスラームでは基本的に人間はイスラーム教徒として考えます。ですので、幼児洗礼のような問題は生じません。ただし、先程の預言者の言葉にある通り、親がキリスト教徒やユダヤ教徒であった場合には、教育によって、本来イスラームの考えるところの正しいイスラームから外れて他の宗教になってしまうと考えますので、両親が他の宗教である場合には両親の教えに従ったというふうにみなすわけですが、そうでなければ、子どもは天性がイスラームですので、もともとイスラームのままであるということで、子どものまま死んだ場合にもイスラーム教徒として葬られたりするわけです。人間は動物の一種でもありますので、人間を含むすべての動物は基本的にイスラームをしているものというのがイスラームの考え方です。

さらに、三番目の層として実定宗教、ポジティブレリジョンとしてのイスラームになります。これは預言者ムハンマドの教えたイスラームだということになります。預言者ムハンマドという人は歴史的な存在であるわけですが、七世紀のアラビア半島で活躍した預言者で、彼が教えた教えがイスラームであると、これがイスラームの三番目の一番表層の部分であって、普通に使う意味でイスラームというのはこれになるわけです。私どもが大学などで宗教を教えるときに、イスラームはいつできたかというような話をする場合、普通預言者ムハンマドが七世紀にアラビア半島で始めた宗教だというような説明の仕方をするわけですね。われわれイスラーム教徒内部で話をするときは、内部で話をするといっても秘密の話をするわけではないのですが（笑）、イスラームというのはアッラーの教えだというふうに話をするわけで、預言者ムハンマドが始めた宗教だというような言い方は決してしません。そういう預言者たちの宗教であって、それを預言者ムハンマドが完成したというような言い方をするのですが、普通に言うときには預言者ムハンマドが七世紀に始めた、それがイスラームの一番完成した姿であるというのがイスラームの考え方なわけです。いろいろな預言者によって、時代によって、違う形で表れたわけですが、それが最終的に普遍的な教えとして、人類全体に通用する普遍的な教えとして預言者ムハンマドによって完成されたというのがイスラームの考え方です。

イスラームにおける文明の交流

先程から預言者ムハンマドという言い方をしていますが、また諸預言者といっていますが、イスラームでは、預言者が神と普通の人間をつなぐものとしてあります。これはもちろんイスラームでは創造主と被造物をはっきりとわけますので、神と人間、というのは神と他の被造物と同じように全く存在論的に違う存在なのですけれど、神の意図を人間にコミュニケーションとして伝えるものという役割を負わされているのが預言者なのです。今日はあまり詳しく触れませんが、預言者、これは旧約聖書の預言者とほぼ同じような意味です。神の言葉を受けるもの、預かるもの、啓示を受けるものですね。特にこの中でもその預かった啓示を人に伝える役目を負わされたもの、これが使徒というふうになるのですが、この使徒はご存知の通りキリスト教の用語から借りたもので、もともとの意味は単にメッセンジャー、ラスールといいますかお使いの者、遣わされた者という意味です。特別な意味はありません。もともとは普通名詞ですけれど、それが神の啓示を授かって、さらにそれを人々に伝える使命を帯びた人間を使徒と呼ぶようになったのです。

このムハンマドというのは、アブラハムの子孫になります。預言者ムハンマドはアラブ人です。アラブという概念は、文化的にいうとこれは血統ではありません。アラビア語をしゃべる者ですね。アラビア語をしゃべる人間というのが現在のアラブという言葉の使い方です。アラビア語の人口は約三億人います。私が関係したエジプトなどはアラブなのです。アラブ連盟に帰属している国が今二十二カ国あるのですが、これらの人々は血統的にアラブというのではなくて、アラビア語をしゃべる人たちです。これが現在のアラブという言葉の使い方なのですが、ここでいうアラブ、預言者ムハンマドがアラブであるといった場合、これは血統なのです。アラブではいまだに血統概念が非常に強いのですが、その意味で血統としてアラブ、これは何かというと、アブラハム、アラビア語ではイブラヒームといいますが、アブラハムにはご存知のように二人の息子がおりまして、長男がエジプト人のハガルとの間に生まれたイシュマエルですね。アラビア語ではイスマーイールです。次男が正妻のサラとの間に生まれたイサクですね。アラビア語ではイスハークです。このイサクの子孫がイスラエルの民、ユダヤ人になるんですね。アブラハムの長男イシュマエルの子孫、これがアラブ人になります。血統的にアラブ人というのはアブラハムの子ども、イシュマエルの子ども、これがアラブ人なんです。預言者ムハンマドはこのイシュマエルの子孫になります。ユダヤ人とアラブ人というのは血統的にも兄弟であるといわれるのはこのためですが、このときに共通の祖先として重要視されるのがアブラハムです。これは例えば新約聖書のマタイ伝の最初をみると、イエスキリストはアブラハムの子…、と一番最初に出てきます。新約聖書の一番最初に出てくるのはイエスキリストはアブラハムの子孫であるという、そこから始まっているのです。それはこの中東の文化を考えると非常に自然な話なのです。キリスト教というのはアブラハムの教え、これが一番最初にでてくるわけです。イスラームも同じことなんですね。イスラームというのはアブラハムの教えを復興したものなんです。本来のアブラハムの教えがあってイシュマエルであり、イサクですね。イサクからユダヤ教がでてきてキリスト教がでてくる。イシュマエルのほうから、アブラハムの教えというもともとイスラームがあって、これがイサクもイシュマエルもこのイスラームを継ぐわけですが、それがこちらの流れではユダヤ教、キリスト教という形で変質していく。イシュマエルのほうもそうです。こちらのほうも偶像崇拝になっていくわけです。アラブ人は預言者ムハンマドの時代においてはもう正しいアブラハムの宗教を固持していなくて偶像崇拝になっている。要するにイスラームが両系統とも曲がってしまっている。それを立て直したのが預言者ムハンマドであるというのが、イスラームの基本的な理解です。

預言者ムハンマドはアラブ半島に生まれて、基本的にはアラブ半島で生を終えた人なのですが、ではアラブしか知らなかったのかというとそうではありません。彼は非常に国際人なのです。もともと十二歳の時にシリアに隊商にでます。キャラバンで旅に出るのです。そこでシリアを見ています。シリアというのは現在ではアラブ化していますけれど、当時はヘレニズム文化の中心の一つだったわけです。それからメッカで多神教徒によって迫害を受けた。その時彼は、後でマディナにヒジュラ（移住）するのは有名な話ですが、それ以前に自分のお弟子さんたちをエチオピアに送っているんですね。当時ハバシャといいますが、エチオピアに八十人のお弟子さんたちを送っています。要するにそういう発想ができる国際人だったわけです。また彼の弟子の中にはギリシャ人のスハイブやペルシャ人のサルマーンファーールスィーもいて、お弟子さんも、アラブ人だけではなくギリシャ人やペルシャ人も含まれています。また彼のハディース、言行録の中に、「知識を求めよ、たとえ中国に至るまで」というのがあります。知識を求めるためだったら遠い中国までも旅をしろという、そういうハディースがでてきます。要するに預言者ムハンマドというのはアラブ人であるわけですが、アラブ世界だけを見ていたのではなく、中国までも視野にいれるような国際人だったわけです。これは別に珍しいことではなく、オリエントというのはもともとひとつの民族だけが生きているという発想自体がないところなんですね。多民族、いろいろな言葉をしゃべるいろいろなエスニシティを持つ人間たちが共生している、それが当然当たり前の世界なわけです。そういうところに生まれたのが預言者ムハンマドであったということです。そしてそういう意味で、預言者ムハンマドは血統的にはアラブですが、そういう非常にコスモポリタンな文化に生まれたわけですけれど、基本的にはこれは西欧のキリスト教世界と同じものであると考えたほうがいいと思います。これは例えば中東史を専門としている三木亘先生がいっているのですが、世界の文明を三つに分けると、西洋と中洋と東洋です。西洋というのは、ユダヤ、キリスト、イスラームの一神教諸派複合という言い方をしています。中洋というのは、ヒンドゥーと仏教で、東洋というのは、仏教と儒教と道教です。こういう基本的に宗教を基層に持つ文化の複合体として西洋というものがあると。西洋、地中海世界はユダヤ教、キリスト教、イスラーム教という三つの一神教の複合した文明圏ですね。中洋はヒンドゥー教と仏教、東洋はわれわれおなじみの仏教、儒教、道教ですね。こういうふうに考えるほうが世界をみるのは正しいのではないか。基本的には私もそれがいいのではないかというふうに思います。もちろん地理的に見てもヨーロッパというのはもともと地中海の南側を含むラインですね。今われわれがヨーロッパの歴史として学ぶユークリッドやプトレマイオス、アルキメデス、そういう人たちというのはエジプトに生きた人です。ヘレニズム文化の中心は実はエジプトだったわけです。イスラームは預言者ムハンマドの直弟子の時代にすでにエジプトとシリア、ヘレニズム文化の中心地をイスラーム世界の中に組み入れています。そういう意味でイスラームというのは、キリスト教と非常に近いです。これはもう少し抽象的な話としても、キリスト教文明とは一体何なのかというような話をするときに、必ず出てくる定義というのは、ヘレニズムとヘブライズムの複合体である、これがキリスト教文明であるという言い方をします。これは必ずいわれることなのですが、それではイスラームはどうなのかというと、イスラームも同じです。ヘレニズムとヘブライズムの複合体、それがイスラームなんですね。ヘブライズムについて、こちらのほうはもう説明する必要もないと思いますが、要するに旧約聖書の教え、ユダヤ教の教えなのです。ということは、これは先程血統的にアブラハムの二人の息子がユダヤ人とアラブ人の祖先なんだという話をしましたが、これは文化的にもというか、アラビア語とヘブライ語というのは、これはもうほとんど同じ言葉の二つの方言といってもいいぐらいなのです。どちらもセム語なのですが、私はヘブライ語を学生の時に二年ぐらいやって、もう忘れてしまったのですが、ほとんど同じです。例えばヘブライ語では、確か一人称はアニですね。アラビア語ではアナです。二人称はアラビア語はアンタ、ヘブライ語はアッタですね。確か。「彼」というのはアラビア語ではフワなのですが、ヘブライ語だとフーですね。「彼女」はアラビア語だとヒヤですが、ヘブライ語ではヒーですね。日本でも東京弁と大阪弁の違いぐらいの差しかない、あるいはそれよりも小さいぐらいのものです。現代ヘブライ語はもっとそうです。現代ヘブライ語はもっとアラビア語から借用語が多いのですが、文章構造も基本的な語彙もほとんど同じで、アラビア語とヘブライ語はほぼ同じ言葉です。

文字が違いますので、非常に違う印象をうけますが、音韻的には非常に近い言葉です。そういう意味でヘブライズムがイスラームの中心にあるということ、これはもうあまり説明する必要がないのですが、ヘレニズム、これもイスラーム文化、文明としてのイスラームの基盤となっています。と申しますのは、今申しました通りイスラーム世界は、預言者ムハンマドの直弟子の時代に、すでにヘレニズムの中心部であるシリアとエジプトを支配下にいれて、そこがイスラームの文化の中心地になっていきます。それで要するに翻訳の時代といいますが、七世紀、八世紀に当時のシリア、エジプトにあったほぼすべてのギリシャ語文献がアラビア語に翻訳されます。実は西欧はギリシャの伝統から一旦切れるんですね。ローマではギリシャ語の文献というのは一旦途切れてしまうのです。後に一一世紀から一二世紀にかけてイスラーム世界から、要するにアラビア語から重訳のような形でラテン語にギリシャの古典というのは翻訳されます。その後になって東ローマの方からまたギリシャ語から直接的に入ってくるのですが、それまでは一旦アラビアの世界を通じて西欧はヘレニズムの文化を吸収するということになっています。ですので、特にキリスト教の神学のほうでは、特にアリストテレスはイスラームのほうから学ぶんですね。それまではプラトンは若干はいりますが、アウグスチヌスとプラトンの教えぐらいしかなかったところへ、特にアベロエスという人の注釈を通じてアリストテレスの神学というものが中世になってキリスト教にはいってくるというようなことがあります。ですので、アラブの神学の中にはヘレニズムの論理学が深く組み込まれています。特に様相概念です。必然と可能と不可能ですね。物事というのは必然的であるのか、可能的であるのか、あるいは不可能であるのか、三つの様相に別けて、神の存在を論証していく。この論証形式がイスラームの神学の基礎になっています。そういう意味でギリシャの論理学というのはイスラーム学の中心にあるわけです。という歴史的な意味でもまた学問的な意味でも、ヘレニズムとヘブライズム、このどちらもイスラーム文明の基礎であります。ですのでキリスト教とイスラーム教というのはもともと同じような文化の構成を持っているということであって、この二つがイスラームとキリスト教が別々の文明に属するというような意識は一八世紀ぐらいになってできたものではないかと、先程申しました三木さんは申しております。もう少し早いだろうという気もします。もちろん宗教としては敵対しています。それはそのとおりなのです。それは例えばユダヤ教とキリスト教でも同じです。キリスト教とユダヤ教でも宗教としては全く別のものという意識があるわけですが、現在にいたるまでますます西欧では、これも実はユダヤ教もイスラーム世界に残っていたので、そちらのことはほとんど今のユダヤ思想の研究には抜けているのはそれは問題なのですが、それはおいておいて、ユダヤ・キリスト教文明という言い方にはあまり抵抗感はないですね。それは宗教としてのユダヤ教と宗教としてのキリスト教は別であるということが連綿としてあるのですが、文明としては同じものだという考え方ですね。これは実はかなり長い間、ユダヤ教徒、キリスト教徒、イスラーム教徒の間では、要するに地中海の世界ではそう意識されていたのではないか、そういうふうに三木さんは言っております。それで一八世紀ぐらいになって初めて啓蒙主義の後で初めてイスラームは別なのであるというふうに、世俗的な文明観が優勢になって初めてイスラームを排除した西欧という概念がでてきたという考え方があるわけです。ここまでが他文明との比較から見たイスラームの話ですけれど、今度はイスラームプロパーの話をしたいと思います。

イスラームにおける聖と政の関係

先程言いましたように、イスラームは、宇宙の姿、人類の宗教、そして三つ目の意味においては預言者ムハンマドのもたらした宗教です。これがイスラームでは、最終啓示になります。啓示は、預言者ムハンマドで終わります。その後にはもはや預言者はきません。ですので預言者ムハンマドの教えというのは最後の教え、最も完成された最後の啓示ということになります。ですからここで律法ですね。キリスト教の背景をお持ちの方は、律法というとイメージがわくと思うのですが、ムハンマドの律法は最後の律法になります。それはもう変わらないわけです。この律法は、預言者ムハンマドの律法が最後の律法なので、その後はもうこちらの方の立法はもう立法者がいないわけですね。この立法もなくなります。ですから、イスラーム法の考え方ではもはや立法もないわけですね。現在政治学でいう立法・司法・行政の立法はありません。あと司法と行政はありますけれど、最後の律法、預言者ムハンマドの律法に基づいた行政、それに基づいた司法はありますけれど、立法はありません。そういう意味でもはや新しい法をもたらす人はいません。預言者は終わります。ですので、後にくるのは行政と司法だけということになります。

それで行政のほうですね。預言者ムハンマドの政治的な権威はカリフによって継承されます。これは政治的な権威を継承することです。その意味ではイスラームでは政教分離というキリスト教的な考え方というのはそもそも成り立ちません。というのは教のほうはそれを担う機関がないんですね。政しかないわけです。教のほうは、もはや預言者の権威というのは誰にも引き継がれないわけです。これは預言者ムハンマドで終わりました。イスラーム法の文脈からいいますと、政治の権威だけをカリフが受継ぐことになります。ここで気をつけないといけないことは、イスラームを理解する上で非常に重要なことなんですけれど、カリフが政治的な権威を受継ぐのですが、一切の制度的なものが成立しなかったというのが非常に重要なことなんですね。これは宗教的な権威、例えばカトリックだと一番わかりやすいのですが、教皇がいて、それから公会議があって、ヒエラルキーがあるという、そういう制度的な構造がある。そして教会がある。それがヒエラルキー的に構造化されている。そういうものがイスラームでは一切存在しません。これは、教会という言葉から考えるとわかりやすいのですが、キリスト教のいう教会というのは、建物としての側面と人間の法人としての側面の両方があるわけですね。これは日本の仏教でもそうですね。日本の仏教も江戸時代、お寺というのはお寺であると同時に人間を管理しているんですね。そこには檀家としてそこに所属する人間は、家単位で全員所属する。それが国家の統治機能の一部になって組み込まれています。お寺は宗教施設であると同時に人間の法人であるというふうに日本でもなっています。キリスト教でも教会があって人間が信徒集団として帰属するわけですね。ところがイスラームでは、モスクは建物としてのお寺や教会と等価物ですけれども、実は法人としての性格を一切もっていません。モスクはただの建物です。本当にただの建物なんです。そこにはモスクの指導者というような人もいません。そのモスクに教区として所属している信徒もいっさいありません。モスクだけではなくて、モスクの外にももちろんないわけです。例えば日本に何人ムスリムがいるかということは全然わからないわけです。というのはわかりようがないからです。そういうものを登録するところがないからです。どこにもないんですね。私は神戸モスクで一九八二年に入信しました。現在の日本の組織では、確かにモスクへいくと入信証明書を書いてくれるのですが、それはあくまでも最近の日本の宗教法人の影響であって、それが何らかの拘束力を持つわけではありません。たまたま私の場合入信証明書がありますけれど、それがない人のほうがはるかに多いです。しかもモスクのほうでもそれをちゃんと管理していませんので、モスクでどれだけの人が入信したのかというようなことはわかりません。あるいは私は日本ムスリム協会に所属していますけれど、これもせいぜい百五十人ぐらいです。それでも百五十人というのは最大なんですね。メンバーシップをとっている団体としては最大なんです。イスラームであることにとってこれはどうでもいいことなんです。

ではイスラーム教徒になるということはどういうことかというと、先程言いましたようにイスラームでは基本的には生まれながらにイスラーム教徒だというのが基本ですから、生まれたらみんなムスリムなのです。そうでないところ、われわれが考えるような入信というのは「アッラーの他に神はなく、ムハンマドはその使徒である」、アラビア語でいうと「ラーイラーハイッラッラームハンマドラスールッラー」というんですが、これだけ言うと、もうイスラーム教徒です(笑)。これを別にどこで言ってもいいのです。普通はイスラームの証言法というのがありまして、あとでもっと話しますけれど、イスラーム法というのは、生活の全領域を含んでいるのですが、この中には訴訟法や証言法というのがあります。イスラームの訴訟法上は、証言は二人のイスラーム教徒、公正な行いの正しいイスラーム教徒の前で証言をすればそれでその証言が認められるという証言法に基づいて、イスラームに入信したことを二人の人間が確認すれば、イスラーム法上イスラーム教徒とみなされるという、一応証言法はあるのですが、神の前では「ラーイラーハイッラッラームハンマドラスールッラー」と言えばそれでもうイスラーム教徒になるということになっています。これはもちろんモスクに行く必要もありませんし、どこかの機関に登録する必要もありません。洗礼のような儀式もありません。あるいはそれを認める聖職者もいません。どこで言ってもいいのです。ですからどこでムスリムが生まれているのかさっぱりわかりません。管理するところも全くありません。これがイスラームの特徴なんです。どこにどれだけイスラーム教徒がいるのかわからない。制度がないということは本当に徹底しています。そういう意味で、そもそも誰がイスラーム教徒であるのかすらわからないし、決める機関もどこにもありません。イスラーム世界どこへ行ってもありません。もちろん今いったように神戸モスクは勝手にやっていますけれど、それはそれだけのことで、それが必要であるという人は誰もいないわけですね。そういう意味でイスラームにはそういう制度が一切ない、これが非常に大きな特徴です。教会の不在ですね。そういう意味で法人としての教会はないわけです。

イスラーム法の話が今ちょっとでましたけれど、イスラームでは法学というものが非常に中心的な位置を占めます。キリスト教だと神学部はありますが、キリスト教法学部というものはありません。

キリスト教神学部だけです。ところがイスラームでは神学というのもあることはあるのですが、それよりも圧倒的に重要なのが法学なのです。イスラーム法です。一応イスラーム学の中心はコーランの解釈とかハディースの解釈という対象別のものもありますが、それを別にすれば、神学にあたるものは教義学、信仰箇条、法学とそれから倫理学のようなものがあるわけですけれど、この法学がイスラーム学の骨格になります。イスラーム法こそが、もちろん神学的にはというか、救済論的にいうと違うのですが、少なくとも教えの制度を見ていく上では重要なのは法学なんですね。この法学というのは八世紀に成立します。一〇世紀にほぼ確立します。スンナ派の場合四法学派という四つの法学派ができるんですが、その一〇世紀に確立した後は殆ど変わりません。現在にいたるまで殆ど変わっていません。一〇世紀に書かれた法学書が現在でもそのまま読まれています。これはもちろんアラビア語で書かれていますけれど、今イスラーム教の世界にいきますと、一〇世紀、その時に書かれた法学書が高校、大学レベルでそのまま古典として読まれています。これは時代的に一〇世紀から現代まで殆ど変わっていません。それから地域的にも東はインドネシアから西はモロッコまで、どこにいっても同じです。現在もアラビア語の古典で法学教育はされています。これは現在の国家の枠組みとも全く関係がありません。国家の定めた教科書も今あるんですが、教科書のもとになっているのはやはり古典法学であって、ですから、学生たちが、日本の大学でも同じですね。教科書というものはもちろんあるのですが、真面目な学生さんは教科書にあげてある参考文献を読むわけですね。その参考文献はアラビア語の古典なんですね。これは現在にいたるまで変わりありません。なぜこのようなことが可能なのかというと、イスラームでは、先程申しましたように制度というものが一切ありません。ではどうやって教育がなされているかというと、ウラマーと呼ばれる学者が、教育を担っているわけですね。学者の権威というのはあくまでも知識の権威なんですね。国家が裏づけをするというものではないのです。国家が彼は教授だよと認定したからえらいというものではなく、知識があるというふうに人々がみなしたら学者なのです。学者の権威は知の権威なわけです。彼はちゃんとクルアーンを知っているな、ハディースを知っているな、イスラーム法を知っているなと人々がわかることによって、その学者の権威は成立します。誰かが裏づけをしたからえらいというものではないのです。国家が裏づけをしたから権威だというものではないのです。社会と密着していますけれど、そういうネットワークがイスラーム世界に広がっている。それが基礎になっているのがイスラーム法の学問の古典である。非常に安定したものでありました。

イスラーム国家とは

それでは次にイスラーム国家の話をします。イスラーム国家というのは非常に誤解を招きやすい表現でもあります。というのは、実はイスラームには制度がありませんし、国家というものもありません。国家があるという考えが間違いであって、われわれが抱くような国家はありません。そもそもイスラームには法人という概念がありません。これもイスラーム法というものを考えれば、すぐわかることなんですけれど。イスラーム法というのは何かというと、神の命令、神に従うための規範なわけです。ですから法人なんてものは入ってくる余地がない。例えば法人概念があると、税金は会社が納めるわけですね。しかし会社が天国にいくわけではありませんね。天国に行くのはあくまで人間なんです。地獄にいくのもあくまで人間なわけです。ですので、会社が責任を負って税金を払うと、社員や社長は払わなくていいと。これはイスラームではおかしいですね。もちろん会社にあたるものはあります。私は商法はあまり詳しくないのですが、それは今の商法では合資会社にあたるんですね。自分のお金を預ける、他の人間も預ける、そして出資率にあわせて利益を折半する、そういう形ですね。そしてその利益に応じて個人は個人として税金、宗教税を払うのです。すべて個人が個人として責任を引き受けるわけです。ですから本当は国家ではないんです。国家ではなくて、カリフがいてあるいは裁判官がいて、というふうに、それぞれの職務があって、職務に応じて人々が各自責任を負っているだけなんですが、とりあえずイスラーム国家という言い方をします。イスラーム国家という言い方をして近代国家概念と比べていくと違いがわかると思います。とりあえず、イスラーム国家というものを想定してそれを比較してみますと、近代国家というのは古典的な国家学の用法によると、まず国土があって国民がいて主権があります。これで初めて国家が成立します。この三つの要素が国家の三要素といわれます。国土にあたるもの、これがなにかというと、イスラームでは大雑把にいうと、ダール・アル＝イスラーム、カリフを長とする国家です。ダール・アル＝イスラーム、これは文字通り訳すとイスラームの家です。ダールは家です。アルは定冠詞です。これが国土です。そして国民はウンマです。ウンマというのはイスラーム教徒の共同体です。主権にあたるもの、これがカリフ制度なんです。ダール・アル＝イスラームとウンマとカリフというものを定義しますと、どれもイスラーム法を基礎としていることがわかります。ダール・アル＝イスラームというのは、これはイスラーム法が統治しているところです。イスラーム法が行われているところ、これがダール・アル＝イスラームなんです。

ウンマとは何かというと、イスラーム法を守る人たちなんですね。イスラーム法を守る人たちの集まり、これがウンマです。カリフ制度というのはイスラーム法というものを強制的に施行すると、これがカリフ制度ですね。イスラーム国家とはどういうものかというと、イスラーム世界は、カリフを長とする国家の中に、イスラーム教徒共同体、これがウンマですね、と他宗教共同体が、イスラーム公法に従いつつ、私法の領域では共同体毎に自治を享有しつつ共存するシステムであるというふうに言うことができます。これはもう少し説明しますと、イスラーム法を施行するのがカリフの存在意義です。これはイスラームでは先程も言いましたように、国家はありません。国家は個人の生活を何もかも面倒をみるという考え方はありません。そうではなくて、そういう意味では小さな国家なんですね。一番重要な使命はまずイスラームの教義を守る、イスラーム教徒を守る。それはまず外に対して、外の世界からの侵略からイスラーム世界を守ることであって、内部においてはイスラーム法に対する侵反、それからイスラーム世界の内部を守ることです。内部における秩序の維持と外部に対する防衛、その両方を担っているのがカリフ制度です。その中で、イスラームではイスラーム公法というのがあります。イスラーム公法というのは例えば、刑法とか、あるいは商売をした場合の紛争解決のシステムなのですけれど、イスラーム法は、公法と私法の考え方もだいぶん西欧の法とは違い、例えば殺人などはイスラームでは私法にはいりますが、大雑把にいうと、公的な秩序の維持、これはイスラーム法が共通に適用されます。しかしそうではない部分に関しては各宗教共同体が自治を持つ、これがイスラームの世界の基本的な構造です。ですから、イスラーム国家というのは必ずしもイスラーム教徒だけではありません。異教徒もいるわけです。異教徒がいるのは当然の現実としてあるわけです。そこでは法が二重になっています。これは現在でも例えばイスラーム教の国ではないのですが、イスラームの文明のシステムをそのまま受継いでいるイスラエルでは実はイスラーム法が適用されているんですね。というのは、イスラエルは、もともとオスマン朝の法律をそのまま使っていましたので、今は少し変わっていますけれど基本はオスマン朝の法律を使っているんですね。そこでは、各宗教共同体、例えば、ユダヤ教徒がいて、キリスト教徒がいて、キリスト教でもカトリックとギリシャ正教ですね、東方正教会がいて、アルメニア正教会がいて、さらにドルーズ派がいます。そういう各宗教コミュニティーがそれぞれの宗教法を持っているんですね。特にこれは習俗、親族法、例えば結婚とか離婚とかお葬式とかそういったものは、すべて各宗教共同体が自治権を持っています。これはイスラエルでもとられています。ですので、キリスト教といってもわれわれが西欧で思っているキリスト教とは全然違うんですね。実はイスラーム世界というのは、非常にたくさんのキリスト教が未だに残っています。例えばコプト教会、あるいはアッシリア教会など、カトリック教会が成立して西欧のほうでは消されてしまった宗派がイスラーム世界にはすべて残っています。たくさんのキリスト教の宗派が残っているんですが、彼らはそれぞれ自分たちの伝統、自治を守っています。

それで異教徒との関係ということですが、イスラーム暦は太陰暦ですので西欧よりすこし短いですが、一年以上イスラーム世界にいる人間は、イスラーム世界を出て行くかあるいはズィンミーとして残るかどちらかです。ズィンミーというのは庇護民と訳されていますけれど、要するにイスラーム世界にはいり永住することを決意した人たちです。これは基本的に個人ではなくて共同体です。一人でということはないですね。さっきもいったように、例えばカトリックだとかあるいはコプト教会というような形の宗教共同体の人たち、集団に組み入れられるんですね。これは税金をイスラーム共同体に払いますが、かわりに軍務が免除されます。免除といってもいいですし、武装が禁止されるといってもいいですが、要するに軍務には奉仕しない。その代わりに税金を払う。そのかわりに生命と財産と信仰とそれから名誉ですね、これがイスラームの人とまったく同じように守られる。そういうシステムです。これがズィンミー、庇護民という人たちです。それとは別に、ムスターミンという寄留民あるいは安全保障保持者がいます。これは外の世界から一時的にイスラーム世界にくる人に対して与えられる安全保障ですが、これを与えられた人間はイスラーム教徒と同じようにやはり生命、信仰、財産、名誉を守られます。これは一年以内です。一年たったら出て行くか、ズィンミーとして残るかどちらか決めなければいけないのですが、これは個人です。ズィンミーとムスターミンの違いは、ズィンミーのほうはカリフが決めるものです。カリフが一つの共同体に対して庇護権を与えます。そうすると彼らは自分たちの共同体としての宗教法を適用する自治権があるのですが、こちらの安全保障民のほうはカリフではありません。誰でもいいんですね。ダール・アル＝イスラームに住んでいるイスラーム教徒が、個人でもかまいませんし、女性でもかまわないし、奴隷でもかまわないのです。イスラームでは奴隷は、今は廃止されましたが、ありました。わたしがこの人間を受け入れますといって受け入れたら、その人間に対してはダール・アル＝イスラームのすべてのイスラーム教徒がその人間の生命、安全、財産、信仰、名誉を守らなければならないのです。その人間は守られます。これがイスラーム世界内部の異教徒との関係です。

イスラーム世界の外にいる異教徒との関係ですが、これは基本的には戦争なんですね。ダール・アル＝イスラームの対義語はダール・アル＝ハルブといいます。これは文字通り訳すと戦争の家です。ダール・アル＝イスラーム、イスラームの法が支配する世界の外は要するに無法地帯なんですね。イスラーム的にいうと、法が支配するのがダール・アル＝イスラームであって、ダール・アル＝イスラームの外にあるのは無法地帯なんです。これがイスラームの基本的な世界観です。ですので、外の世界とは基本的に戦争状態にあるのです。これはもちろん法的に戦争状態にあるということは必ずしも実際に戦争があることは意味しません。これはあくまで法的な概念ですので、実際に戦争があるかどうかは関係ないですね。例えば今日本と北朝鮮の間には和平条件が交わされていないので、法的には戦争状態にあるわけですが、実際に戦争があるということは必ずしも意味しないのですが、ともかく基本は戦争なんですね。イスラーム世界においてはダール・アル＝イスラームが法の支配するところで、その外にあるのはあくまでも無法地帯です。そういうことから、基本的には戦争状態にあります。

しかし和平を結ぶことはできるんですね。ですので、これも法学派によって説はあるのですが、基本的には和平というのは十年間が最長期限です。十年間の和平が結べます。もちろん更新も可能です。十年以上の和平は結べないというのが基本です。では戦争状態にあるところとどういう関係にあるのかというと、これは今いったように交渉によって和平を結ぶことができます。そういう意味でイスラーム法は神の法ですので、戦時国際法というのがあるわけですが、これは西欧の法の概念とは違って、国際法は基本的には交渉によって対外関係で決まるものではありません。そうではなく、戦時国際法も基本的には天啓法なんですね。神から授かったものです。ですから、相手が誰であれ、相手がどういう法をもっていようと、イスラーム教徒にはイスラームの戦時国際法があって、それを守らなければなりません。例えばこの前のビン・ラーディンのアメリカの市民は全員殺さなければならないというのがありましたけれど、あれに対してイスラームの世界でそれはおかしいという反論がでたんですが、それは二重に間違っています。というのは、あれは実は正確にビン・ラーディンの言っていることを聞くと、アメリカ人は、マダニーユーンとアスカリーユーン、民間人と軍人の別なく殺されなければいけないという、そういう議論ですね。あれをイスラーム法の文脈でいうと、これは彼自身が言っているんですが、イスラームには民間人と軍人という区別はありません。イスラームの戦時国際法では民間人と軍人は区別しません。ではなくて、イスラーム戦時国際法で決めている区別というのは、成人男性、これは戦闘員とみなされます。成人男性は武装しているかどうかに関わらず全員戦闘員とみなされます。しかし子ども及び女性及び老人及び修道士がはいっていますが、これは戦闘員とみなしません。非戦闘員です。非戦闘員を傷つけてはならない、これがイスラーム国際法なんです。ですから、マダニーユーンとアスカリーユーン、つまり民間人と軍人という区別は無効なんであるというのが彼の意図なんですね。そこでは女子どもというのは犠牲にしてはならないというのは当然の前提として、イスラーム教徒であれば誰でもわかるんですね。ですので、これも西欧のメディアが間違って伝えています。これは知識がないので当然なのですが、それはそれとしてイスラーム世界のほうからあれはおかしいと言っているのは意図的にウサマ・ビン・ラーディンを悪者にするために言っているようなところがあります。それはともかくとして基本はこうなっています。ですので、イスラームの場合は国際法も他の国との交渉で決まる部分というのも交渉の余地は認められていますが、基本的には神の法があって、それを守らなければならないということになります。

そろそろ時間だと思いますが、もう一点だけ、ターリバーンのこの前にありました大仏の破壊についてちょっと一言だけいっておきたいと思います。バーミヤンの石仏の破壊について日本でもずいぶん抗議したわけですが、あれもイスラーム法的にいうと、そもそも報道自体の枠組みが非常に私は間違っていると思います。というのは、あれを他宗教に対する弾圧あるいは迫害とみるというのは、イスラーム法の立場からすると非常にばかばかしい話です。イスラームでは先程いいましたようにズィンミーあるいはムスターミンについては権利が守られます。それは生命、財産、信仰、名誉ですが、そういう意味ではイスラームでは異教徒の権利を守っています。ではバーミヤンの仏像というのはなんだったのかというと、あれは要するにイスラームは法で考えますから、守るべき法益があれば守るのですが、あそこには守るべき法益がないのです。つまりあれは誰のものでもないからです。単純な話です。あれは誰のものかということですね。あの仏像は石仏ですから山なんですね。イスラーム法では財産は私有財産と共有財産と国有財産に分かれますけれど、山は国有財産になります。国有財産というのはその国の統治者、行政権者の処分下にあります。個人のものではありません。あれは国有財産ですから公共の場にあります。公共の場にあるものというのはイスラーム公法に従いますから、当然石仏、偶像というふうに判断すれば、行政権者が破壊する。そこにはどこにも守るべき法益がないわけです。という場所なんです。イスラーム法で考えれば非常に単純な話ですね。あれはターリバーン政権が自分の支配下にあるもの、それはイスラーム法では偶像というものはそもそも財というふうにみなされません。というのはこれは例えばイスラーム教徒にとっては、ご存知だと思いますが、豚、あるいはお酒は財産ではないんですね。あれはごみなんです。ごみというか要するに財産的価値がないんですね。ですから法益が守れないんですね。それと同じなんです。偶像というのも同じようなものとして、そもそも財産ではないのです。そういうことであって、あれは破壊されたんですね。破壊しないという選択肢ももちろんありました。破壊するにしろ破壊しないにしろ、それは行政の対応の余地にありますので、どちらでもよかったのですが、ターリバーン政権は破壊した、それだけの話なんですね。というところを、あれを一体誰のものかということを議論しないままに、破壊するのはおかしいという議論をしている。しかもそれが宗教に対する非寛容という形で非難すると、イスラーム法に対する理解をしないで、宗教の寛容に反するという名前で、非常に宗教的寛容に反するということを私はやっているのではないかと思ったわけです。ともかくイスラームでは常に行為というのは法学によって判断されるということをわかってもらうと非常にイスラーム世界の動きがクリアに見えるのではないかというふうに考えています。それではここまでで話を終わらせていただきます。

第7章

“God Bless America”と星条旗

―「同時多発テロ」後のアメリカを読みとく

森 孝一

森 孝一

（モリ・コウイチ）

一九四六年生まれ。
同志社大学大学院神学研究科修士課程修了、バークレー神学大学院連合（Graduate Theological Union）博士課程修了。Th.D.（神学博士）。現在同志社大学神学部教授・学部長。専攻、アメリカ宗教史。
クリントン二期目の大統領就任式中継（NHK衛星第一）の解説を担当。

著書
『宗教からよむ「アメリカ」』（講談社）
『「ジョージ・ブッシュ」のアタマの中身―アメリカ「超保守派」の世界観』（講談社）

共著
『多文化主義のアメリカ―揺らぐナショナル・アイデンティティ』（東京大学出版会）
『ファンダメンタリズムとは何か―世俗主義への挑戦』（新曜社）
など、多数。

みなさん、こんにちは。しばらくの時間ですが、今日与えられたテーマについて話をさせていただきたいと考えております。タイトルは「"God Bless America"と星条旗」ということで、昨年の「9・11」以降アメリカにおいて愛国心と共に宗教心が高まってきた、その意味を読みといていこうということでございます。

「9・11」当日のサンフランシスコ

私は、偶然ですけれど、あのテロが起こった時にアメリカの西海岸に研究調査のためにおりました。バークレーというサンフランシスコの対岸にある大学町があるのですが、そこで調査しておりました。

朝まだホテルで寝ていたのですが、友人から電話がかかってきて、すぐにテレビをつけろということで、それでテレビをつけると、世界貿易センタービルが燃えている情景が映ったわけです。私はその日にサンフランシスコで、ある方をインタビューするためのアポイントメントをとっていましたので、すぐにその方に電話をして、こういう事態になったから今日はキャンセルにしようと申し上げたのですが、その方は、出て行くからお前も出てきてくれと言ってくださったわけです。

バークレーからサンフランシスコに行くには、ベイブリッジという長い橋を渡っていかなければならないのです。家内も一緒だったのですが、次またテロが起こるかもしれないから今日は出て行くのをやめてくれと止められたのですけれど、向こうが出てきてくれと言っているので出て行こうと思って、ちょっと怖かったのですが、車を運転して行きました。道路はいつもはいっぱいなのですが、その日はガラガラでした。サンフランシスコの町に入っていきました。インタビューする彼女の事務所はダウンタウンの中心にあるユニオンスクエアという広場の近くのビルでした。サンフランシスコの町は、いつもは華やいだ明るい、人があふれた町なのに、その日はまさにゴーストタウンのように、人影はまばらでした。ダウンタウンの中心の路上に車を止めるなんて普段は考えられません。ところがその日はガラガラで、駐車することができました。一時間半ぐらいでインタビューを終えて、また橋を渡って帰っていったのですが、その後は皆さんがなさったと同じように、テレビを見っぱなしでした。

愛国歌“God Bless America”

「9・11」の直後から、町中に星条旗があふれだしました。星条旗とともに、“God Bless America”という言葉、そしてその歌が流れ始めたわけです。“God Bless America”という言葉は「神よ、アメリカを祝福し給え」という言葉で、大統領が演説を行う場合にはたいていこの言葉で締めくくります。ただ“God Bless America”という曲は、第二の国歌とも言うべき有名な愛国歌です。この“God Bless America”を作曲しましたのは、「ホワイト・クリスマス」と同じ作曲家アーバン・ベーリングという人で、そんなに古い歌ではなく、一九三八年に作られた歌です。非常にわかりやすい歌で、私が拙い訳をつけておきました。

「神よ、アメリカを祝福したまえ」以下ですけれど、ご存知の方も多いと思いますが、今からＣＤをかけてみたいと思います。ここに持ってきましたＣＤアルバム“God Bless America”は、アメリカのヒットチャートの一位になったアルバムです。アルバムの最初の曲、四分弱ですけれども、ちょっとお聞き願います。

神よ、アメリカを祝福したまえ
私の愛するこの大地を。
アメリカのかたわらに立ち、アメリカを導きたまえ。
上よりの光によって、闇夜のなかにあっても。
連なる山々から大平原を抜けて、大海原にいたるまで。
神よ、アメリカを祝福したまえ。私の愛するこの家を。

ちょっとドラマティックな編曲になっていますけれど、今のように非常に単純なメロディーですが、われわれの胸に迫る曲であると思います。歌詞が非常に愛国的であるとともに、宗教的な内容になっています。

これはアメリカ人に非常に愛されている曲です。これがただテレビから流れてきただけではなくて、九月十一日にワシントンＤＣの国会議事堂の前の階段のところに約百名の国会議員が並びまして、手に手をとってこの“God Bless America”を歌いました。そしてそれがテレビで全米に中継されたわけです。

「9・11」の当夜、ブッシュ大統領はテレビで演説を行いました。その演説を聞いていますと、やはり聖書からの引用を行っているのです。聖書からの引用であるということを語らずに、演説の中でそれを引用しているのです。それはどこからの引用かといいますと、旧約聖書の詩編二十三編「主はわが牧者なり　我乏しきことあらじ」という有名な詩篇ですけれど、その中の「たとえ死の陰の谷を歩むとも、災いを恐れません」という言葉を、彼は聖書からの引用だとは言わずに、演説の中で用いていくわけです。当然それを聞いているアメリカ人の殆どは詩篇二十三編のことはよく知っていますから、大統領は聖書の言葉を引用しているのだなということを思いながら演説を聞いていたと思います。

グライド・メモリアル合同メソディスト教会の場合

九月十六日、この日がテロ後最初の日曜日でした。私はこの日曜日に、その前の週も出席したのですが、サンフランシスコの市内にある有名な合同メソディスト教会、グライド・メモリアル・チャーチに出席いたしました。予定では次の日曜日には別の教会へ行こうと考えていました。最近、非常に活発なゲイ・チャーチであるコーナーストーン・チャーチというところへ行ってみようと思って、行く道の地図も手に入れていたのですが、「9・11」が起こりました。そして私は気持ちを変えました。

コーナーストーン・チャーチではなく、もう一度グライド・メモリアル・チャーチに行きたいと考えました。それはグライド・メモリアル・チャーチがどういう教会であるかということと関係しています。二三一頁に参考文献をあげておきましたが、私が書きました『宗教からよむ「アメリカ」』（講談社刊）の最終章に「アメリカの夢の行方」というタイトルで、このグライド・メモリアル・チャーチのことについて触れておきました。これからのアメリカの宗教のあり方、キリスト教のあり方を指示す一つのサンプルになるのではないかと思って、このグライド・メモリアル・チャーチについて述べました。一言でいうと実験的な教会でして、グライドさんという大金持ちがこれで実験的なメソディスト教会を作ってくれという遺言で、サンフランシスコのダウンタウンの真ん中につくられた教会です。キリスト教理解の立場としては、非常にラディカルで、急進的で、そして体制批判的な教会です。教会の様子については参考文献にあげておきました本をごらんいただければと思います。私がもう一度グライド・メモリアル・チャーチに行きたいと思ったのは、その体制批判的でラディカルな立場の教会が「９・11」の次の日曜日にどういう礼拝をやるのだろうかと興味を持ったからです。

当日、車を運転しまして三十分前に教会に着きました。ところがもう既に長蛇の列ができていまして、もう五ブロックスぐらい、長さでいうと八百メートルか千メートルぐらいの列ができているのです。仕方なく私はその列の一番後ろに並び、やっと中に入れました。教会はかなり大きな礼拝堂で、一階と二階になっているのですが、係りの方は「もう一階二階は入れません。いっぱいですからどうか地下にまわってください」と言いました。地下はホールのような形になっていまして、そこでテレビ中継があるので、それを見てくれと言うのです。

せっかく来たのにそれはいやだから、家内と二人で、すぐにタクシーをひろって、サンフランシスコのジャパン・タウンの近くにありますカトリックの大聖堂に参りました。そこのミサに参加したのですが、そこのミサの中で讃美歌の代わりに、さきほど聞いていただきました"God Bless America"ともう一つは"America the Beautiful"（美しきアメリカ）という、これも有名な愛国歌が歌われました。グライド・メモリアル・チャーチの教会を見られなくて残念だったのですが、思い出しまして、そうだあそこは礼拝をビデオに収めて売っていたことに気がつきました。なかなか商売も上手なのです。三十ドルで売っているのです。カトリック大聖堂のミサの帰りにまたグライド・メモリアル・チャーチに寄りまして、そのビデオを買って見ました。

やはり愛国歌を歌っていました。"America the Beautiful"を歌っていました。ところが"America the Beautiful"のもともとのオリジナルの歌詞ではなく、そこにシーソー・ウィリアムスという有名なアフリカ系アメリカ人の主任牧師がいるのですが、その奥さんがジェシーといって日系アメリカ人で、なかなか有能な方なのですが、このジェシーが歌詞を付け直して、単なる愛国歌ではなく、そこで人間の共存や自由や平等を歌い込む歌詞にして、しかしメロディーは愛国歌"America the Beautiful"を歌っておりました。ウィリアムス牧師の説教は非常に迫力がなかったですね。気の毒なぐらい迫力がない。もう完全にショックの中にあるという状態です。彼はこういうふうに言いました。アメリカというのは下からずっと積み上げて国を作り上げてきた。ところがあの「9・11」の日、ワールド・トレード・センターは上から、本当に上から崩れ去っていった。彼はもう一度下からこの国を建て直していこう。その建て直していくときに、もう一度神のもとに集まって、この国を建て直していこう。そういうメッセージでしたけれど、しかし通常のウィリアムス牧師の迫力から比べると、非常に迫力のない、ショックを受けているなという感じがありありと感じられるような説教でした。

ワシントン国立大聖堂での追悼礼拝

九月の十四日、テロの三日後ですが、ワシントン・DCの小高い丘の上に建っている非常に立派な教会であるワシントン・ナショナル・カテドラルで、National Day of Prayer and Remembrance（祈りと記憶のための日）という名前の追悼礼拝がもたれたわけです。もちろんこれもテレビで中継されました。主催者は誰かというと、これはホワイトハウスです。ホワイトハウスがその式次第などもほとんど全部決めて、この教会に持ってきたようです。教会の側は後で述べますが、やはりそこにイスラームの聖職者、それからユダヤ教の聖職者を式に加えるべきだということを申しまして少し変更になりましたが、ほぼホワイトハウスが考えたとおりの礼拝が行われたわけです。

気をつけていただきたいのは、この「ナショナル」という名前なのです。ワシントン・ナショナル・カテドラルは直訳するとワシントン国立大聖堂となるのですが、この教会は国営ではありません。これは一つの教派の教会堂です。日本でいえば聖公会です。英国国教会のアメリカ版ですから、エピスコパル・チャーチと申しますけれど、米国聖公会という一教派に属する聖堂です。そこで大統領主催のNational Day of Prayer and Remembranceが行われたのです。一体、政教分離の問題はどうなるのか。この問題が出てまいります。この問題を次に考えて参りたいと思います。これはなにも現大統領ブッシュが最初に行ったことではなくて、一九九八年の八月にケニヤおよびナイロビでアメリカ大使館がテロによって爆破された時、その追悼礼拝がやはりこの同じ場所で大統領主催、当時は民主党のクリントン大統領主催で行われているんですね。もう一度申しますけれど、政教分離の問題というのは一体どうなっているのかということを次に考えていきたいと思います。

アメリカにおける政教分離

アメリカの政教分離ということを考えていきますときに、これは日本の政教分離とは少し立場がちがうのだということを注意すべきであると思います。アメリカは人類史上、最初に政教分離を憲法に定めた国家です。それが独立革命直後の一七九一年ですね。その三年前、一七八八年にアメリカ合衆国憲法が定められていたのですが、その中にいわゆる権利の章典、基本的人権に関わる項目というものがすっぽりと抜けてしまっていたのです。どうしてなのかというと、これはあまりにも当たり前のことで、書き忘れたのだと思います。アメリカの独立革命、日本では独立戦争と申しますが、独立革命自体がどういう精神で戦われたかというと、それは啓蒙主義の基本的人権を実現するという精神で戦われた革命ですから、当たり前のことだったと思ったのでしょう。でもそれはやはり書いておいた方がいいということになり、三年後に憲法修正が行われます。アメリカにおける最初の憲法修正。憲法修正第一条から第十条ですね、これが憲法に修正条項として書き加えられるわけです。そしてその第一条がこの政教分離、そして表現の自由なんですね。第二条は何かというと銃を持つ権利です。基本的人権としてアメリカ国民は銃を持つ権利を持つのだ、これが憲法修正第二条なのです。

さて、それでは憲法修正第一条、政教分離の部分はどういうふうに書いてあるか。これも私の拙い訳ですが、「連邦議会は国教を定めるための、いかなる法律も制定することはない。また宗教の自由な活動を禁止するための、いかなる法律も制定することはない。」これが憲法修正第一条の最初の部分なのです。すなわち二つのことを禁止するというんですね。まず何を禁止するかというと、establishment of religion ですね。特定の宗教を国の宗教にすることです。ですから、国教というものをアメリカは定めない、そのような法律はこれから一切作らないというのですね。ではそれまではどうだったのかというと、キリスト教の歴史は、紀元三九一年にローマ帝国の国教になります。国教になるということは、それ以外のすべての宗教は不法なものとして退けられるということです。国で定められた唯一の法律によって認められた教会、法定教会ですね。その三九一年以降のキリスト教の歴史は、ずっと国教の歴史なのです。

宗教改革が起こります。宗教改革が起こってどうなったか。それは、宗教改革の教会はローマ教会から分離独立しました。それでは国教会制度はどうしたかというと、国教会制度はそのまま引き継いだのです。ですから、ルターがいましたドイツのザクセンという国家では、ルターの教会が国教になったのです。ジュネーヴという都市国家ではカルヴァンの教会が国教になっていったのです。もちろん例外はあります。わずかな例外ですが、国教を批判したアナバプティスト（再洗礼派）のグループはありますが、大半は宗教改革になっても国教制を引き継いだ。ピューリタン革命もまったくそうです。英国国教会を批判してピューリタンが革命を起こした。それじゃあ国教をやめたかというと、ピューリタンの教会を英国の国教にしたわけです。ですから国教会制度はずっと続くわけです。これを放棄するということを人類史上初めて宣言したのが、このアメリカ合衆国の憲法修正第一条であるわけです。

ところが大統領主催の礼拝が、聖公会という一教派の大聖堂で行われた。これは政教分離違反ではないのか。私は明らかに違反だと思います。このことについては、後でもう一度お話しますが、アメリカにおける政教分離の理解の問題と関係してきます。アメリカにおいては、政教分離とは何か。政府・国家と特定の宗教組織との分離です。英語でいいますと separation of church and state、特定のチャーチと国家を分離することです。ところが日本社会で考えられる一般的な政教分離は separation of religion and politics なのです。政教分離の政は政治の政であり、政教分離の教は宗教の教である。政教分離とは政治と宗教の分離である。ところがアメリカは違うのです。アメリカの場合は、それは政教分離の政は政府の政であり、政教分離の教は教会の教なのです。政府と特定の教会を分離することです。

公的領域でも宗教活動は自由

憲法修正第一条で述べられているもう一つのことは、宗教の自由な活動（free exercise of religion）を保障するということです。それは私的領域だけではなくて、公的領域においてもその自由を保障される。公の領域とは何か。それは政治であり、そして公教育でしょう。政治と公教育という公の領域においても宗教は自由に活動することができるのだ。しかし、特定の教会のための教育、すなわち、特定の教派・教会のための「すりこみ教育」（religious instruction）はしてはいけない。しかし宗教についての教育はやってもいいのだということです。これについては、何度も法廷で争われまして、そのような法例が定まっています。

アメリカの宗教の特徴を考えますと、国教を定めないで、すべての宗教を法の下に平等に扱い、信教の自由を最大限尊重していきながら、同時に、「見えざる国教」（civil religion）によって、多文化社会、多民族社会アメリカを統合していく。もう一度申します。憲法修正第一条によって、国教を定めない。ですからすべての教会、宗教に対して憲法のもとで平等の権利を与え、そして自由に活動させる。信教の自由を最大限認める。しかし同時に、法的には存在しないけれど、現実においては、あるいは現実社会においては機能している、「見えざる国教」によってアメリカを統合する。この二つのうちのどちらか片一方を実現するのではなく、同時に実現していく。これがアメリカの宗教の特徴であると私は考えているわけです。

これまではアメリカ政府は遠慮をしながら、「見えざる国教」による統合を行ってまいりました。

「見えざる国教」が一番はっきり見える形で現れるのはいつかというと、それは四年に一度の大統領就任式です。大統領就任式はまさに宗教儀式として行われます。私は参考文献にあげた『宗教からみる「アメリカ」』の第一章で大統領就任式について扱っておきました。クリントン大統領の就任式の分析をそこで行っておきました。しかし、大統領就任式は特定の教会において行われるのではない。国会議事堂の前のテラスで行われるのです。特定の宗教、特定の教派の色彩というものをできるだけとって、いわばアメリカ国民の宗教の最大公約数的な形にもっていこうという配慮を働かせながら、宗教による国家統合を行ってきている。

ところが九月十四日のワシントン・ナショナル大聖堂における追悼礼拝は、まさにそういう配慮を行わず、政教分離違反を犯すことになったとしても、あえてそれをホワイトハウスは行っていった。どうしてそういう判断を行ったのかというと、アメリカ世論の支持を得ることができると思ったからだと思います。すなわち、これは戦時下である。戦時下という特別の状況のもとにおいては、少々政教分離違反ということがでてきたとしても、あえて国家統合を優先させるという政策をホワイトハウスは行ったのではないかと思います。

セム的一神教による一致

さてつぎに、この追悼礼拝の中から、注目したいと思うところを抜粋してまとめました。追悼礼拝の最初、開会祈祷がワシントン・ナショナル大聖堂の牧師であるバクスターによって行われます。そして彼は神に対して、つぎのように呼びかけるのです。"God of Abraham and Mohammed and Father of the Lord, Jesus Christ"（アブラハムの神、ムハンマドの神、そして我らの主イエス・キリストの父なる神）。これは今までには、なかったことだと思います。

三つの一神教、すなわち「セム的一神教」とか「アブラハム的宗教」とよばれる宗教、古い順番からいいますと、ユダヤ教からキリスト教がうまれ、そしてユダヤ教、キリスト教からイスラームが生まれる。ですから、これら三つは兄弟の宗教です。イスラームの立場からいうと、アブラハムもイエスも預言者である。ただムハンマドは最後の啓示を受けた最後の預言者である。そういう立場をとりますが、しかしアブラハムもモーセもイエスもイスラームからみると五大預言者のうちの三人であるわけです。欧米ではアブラハム的宗教という言葉が使われますが、日本では四、五年ぐらい前からでしょうか、イスラーム研究者を中心にセム的一神教という言葉が大体定着しています。ですから、私もこれを使いたいと思いますが、先程言いました「アブラハムの神、そしてムハンマドの神、イエス・キリストの父なる神」というこの呼びかけはまさにセム的一神教の神、唯一の神に祈りを捧げようとしているということの現れであると思います。

追悼礼拝の最初は軍隊の旗の入場から始まるのですが、その後のプログラムは省略しております。そしてシディキという名前のイスラームの聖職者（イマーム）が祈りを捧げるわけです。"In the Name of God, most gracious, most merciful. Lord"です。この祈りはもちろん英語で捧げたわけですが、アラビア語の祈りを直訳しているわけで、このアラビア語の祈りはイスラームの祈りでも最も基本的な神に呼びかける言葉なのです。そして次に、順番で途中を抜いておりますけれど、ユダヤ教のラビであるハバーマンが聖書朗読を行うわけです。旧約聖書の「哀歌」三章からの朗読を行うわけです。その中に“The steadfast love of the LORD never ceases”（主の慈しみは決して絶えない）という言葉が含まれています。ひとつ飛ばして、次に讃美歌、詩篇二三編が少年少女聖歌隊によって歌われるわけですが、もちろんそこには“The Lord is my shepherd, I shall not want”（主はわが牧者なり、我乏しきことあらじ）ですね。

私がどうして今これらを特に引用したかといいますと、三つに共通してLord（わが主）という言葉が使われているからです。イスラームの聖職者はアッラーに祈っているのですけれど、アッラーという言葉を使わずにLord（主よ）と呼びかけています。ユダヤ教のラビもLordという言葉を使っています。これはもちろん旧約聖書の主なる神なのです。そしてまたこの詩篇二十三編からまたLordですね。だからこのセム的一神教の三つの宗教の神は一つなのだという、そういうメッセージがこめられているのではないかと思います。

片一方、追悼礼拝は愛国心をあおり国家国民を統合するためのものですが、もちろんそういう意図のもとに式がつくられているわけで、私はそれを讃美歌の選び方に見たいと思います。上から三つ目のところにHYMN（讃美歌）“A Mighty Fortress Is Our God”とあります。「神は我がやぐら」です。讃美歌を持ってきましたので、歌詞を見てみましょう。これは宗教改革者のマルティン・ルターによって作詞された讃美歌です。「神はわがやぐら、わが強き盾」ですね。「盾」と訳されていますが、

ワシントン大聖堂での追悼礼拝（9月14日）

(NATIONAL DAY OF PRAYER AND REMEMBRANCE at Washington National Cathedral)

式次第（抜粋）

INVOCATION
Led by the Very Reverend Nathan D. Baxter, Dean of Washington Cathedral.
“ God of Abraham and Mohammed and Father of the Lord, Jesus Christ ”

PRAYER
Led by Dr. Muzammil H. Siddiqi
Imam, Islamic Society of North America
“ In the Name of God, most gracious, most merciful. Lord ”

SCRIPTURE READING
Lamentations 3:22-26, 31-33 read by Rabbi Joshua O. Haberman, Rabbi Emeritus of Washington Hebrew Congregation
“ The steadfast love of the LORD never ceases ”

HYMN
“ A Mighty Fortress Is Our God ”
ANTHEM-PSALM23
Sung by the Cathedral Boy & Girl Choristers
The Lord is my shepherd, I shall not want

SERMON
The Rev.Dr.Billy Graham

CLOSING HYMN
“ Battle Hymn of the Republic ”

BLEAAING & DISMISSAL
Led by Bishop Dixon
“ And the blessing of God Almighty, the God who created us, the God who liberates us, and the God who stays with us throughout eternity be with you this day and forever more. Amen.”

Fortressといっていますから、砦ですね。神は我が砦である。あとちょっと飛ばし読みします。「われと共に戦い給うイエス君こそ、万軍の主なる天つ大神」。「黄泉の長よ（死者の国の長）よ、吠え猛りて、迫り来とも、主の裁きは汝がうえにあり」。「我がいのちも、わが宝も取らば取りね、神の国はなお我にあり。」これは信仰の戦いを歌った歌なのですが、しかし「9・11」の三日後というコンテキストでこの歌を歌うと、これはもう完全に愛国歌になるわけですね。

そしてもうひとつ CLOSING HYMN（閉会の最後の讃美歌）、これは"Battle Hymn of the Republic"あの「グローリー、グローリー、ハレルヤ…」です。これはいつ作られたのかというと、南北戦争の時に北軍の軍歌として作られた歌なのです。"My eyes have seen the glory of the coming of the Lord"（神が来られるという栄光を私はついに見た）。そして"His truth is marching on"（神の真実は前進し続けるのだ）。"Glory, glory, Halelluja, his truth is marching on"こういう歌ですよ。これを九月十四日というコンテキストで歌うと一体どうなるのですか。Truth（神の真実）はアメリカと共にあって、このTruth is marching on（進むのだ）、グローリー、グローリー、ハレルヤ。こういう内容になっているわけです。

「国家の牧師」ビリー・グラハム

それから説教、The Rev. Dr. Billy Graham。出てきました（笑）。あの有名なビリー・グラハム。ビリー・グラハムという人は、アメリカで最も尊敬を受けているプロテスタントの牧師です。もともとは南バプテストの牧師ですが、それを超えていまして、国家の牧師、大統領の牧師と言ってもいいくらいで、今までに何度も大統領就任式で祈りを行っています。現ブッシュ大統領の就任式の時には、彼はパーキンソン病だったと思いますが、かなり弱っていて彼が祈りをしなかったのです。誰が出てきたかというと、息子です。フランクリン・グラハムですね。なぜ息子がでてくるのか。他に誰かいないのか。いないのです。ビリー・グラハムしかもういないのです。アメリカを代表する、アメリカの「見えざる国教」の牧師はビリー・グラハムなのです。世襲制をいやがるアメリカ人が、息子のフランクリン・グラハムを仕方なく認める。そのくらい重みを持っている人です。彼はミネソタ州のミネアポリスに本拠地があるのですが、ビリー・グラハム、ミネアポリス、ミネソタで手紙が届くらしいですよ（笑）。元気であったときには、大体年に五回か六回は伝道集会を持っていまして、ドジャーズ・スタジアムやヤンキー・スタジアムだとか、そういうところでやるわけです。だいたい三日間ぐらい連続で夜一時間か二時間ぐらいです。それがテレビ中継されるのです。どこで流れるかというと、日本でいえばフジテレビ系列、テレビ朝日系列、あの一般の三大ネットワークで流れるのです。しかもその時間はゴールデンタイムです。ゴールデンタイム一時間半を三大ネットワークで流したら一体お金はいくらかかるのでしょうか。スポンサーは誰かというと、ビリー・グラハムです（笑）。コマーシャルの時間には献金を呼びかけるのです。それで集まるのです。それでやっていけるだけのお金が集まるわけです。

大統領の牧師であると言いましたけれど、親父さんのほうのブッシュ大統領の時代、湾岸戦争があって、その時に「砂漠の嵐作戦」という地上作戦をおこなった。それを決断する前夜、ブッシュ大統領はこのビリー・グラハムをホワイトハウスに呼びます。そして彼は一晩ホワイトハウスに留まったのです。こんなことは日本で全然報道されていません。これは事実なんです。何が行われたかは知りません。しかしビリー・グラハムはホワイトハウスに留まった。そういう人なんですよ。そのビリー・グラハムはもう大統領就任式には出てこられないのに、両脇を抱えられながら出てきて、そして非常に力強い説教を行っております。たぶんまだナショナル大聖堂のホームページにこれの全文があると思いますので、興味のある方は見ていただければと思います。

この追悼礼拝は最後、ディクソン主教の祝祷をもって終わるわけです。"And the blessing of God Almighty, the God who created us, the God who liberates us, and the God who stays with us throughout eternity be with you this day and forever more. Amen."こういう祝祷ですね。ここで注意していただきたいのは、普通は、「父・子・聖霊の…」という三位一体の神による祝福ですけれど、ここでは違います。God Almightyですね、全能なる神、その神とはわれわれを創造した神であり、そしてわれわれを解放する神であり、そして永遠にわれわれと共に留まる神である。ですからここにはキリストも神の子も出てこないわけですよ。この祝祷の表現は三位一体の形を取りながら、セム的一神教のすべてが受け入れられる表現なのです。しかし全体的な式の順序、それから説教は、やはりプロテスタント的なものである。こういうことが言えるのではないかと思います。

統計にみる「宗教国家」アメリカの現実

次に「宗教国家アメリカ」と書いておきましたけれど、一般的な日本でのイメージの中で、アメリカは決して宗教的ではありません。むしろそれは世俗的なアメリカであると思います。しかしこれは、私が以前から言っているのですが、報道が偏っているからです。日本に流されるアメリカの報道は、宗教的アメリカの部分を報道しない。このことについては、今日はやめます。「9・11」のあのテロ以来、イスラームだけではなく、アメリカにおいても宗教が非常に大きな役割を果たしているということが初めて、日本社会でも認識されるようになった。そのことを、ギャラップ調査機関による宗教調査によって、紹介させていただきたいと思います。

「あなたはこの七日間の間に、教会あるいはユダヤ教の会堂、シナゴグに出席しましたか?」。すなわち、「あなたは先週礼拝に行きましたか」という質問です。イエスかノーしかないでしょう、この答えは。「いえ、私は何十年間毎日行ってたんです。しかし先週はたまたま病気になって行けなかったんです」。その人はノーです、答えは。それくらい、この統計ははっきり出るということです。一番新しいこの三月に行われた統計では、全国民の四四%が先週礼拝に行ったと答えています。去年の五月が四一%、九月二十一日、テロ攻撃の直後に四七%になり、そしてその後、四二%、四一%になっているわけですね。アメリカにおける礼拝出席率というのは、第二次世界大戦以降、ほとんど変わることなく平均して四〇%です。ただ地域によって差はあります。例えば南部は六〇%、中西部は五〇%、東部と西部は三〇%ぐらいです。でも平均すると四〇%です。「そんなはずないよ」と皆さんは言われると思います。アメリカ経験の多い方は特にそうでしょう。それはなぜか。皆さんが付き合われるアメリカ人、皆さんがいかれるアメリカは、宗教的アメリカではないところに行っておられるからです。大学だとか、ビジネスだとか。しかしどうでしょうか。アメリカ全体をみるならば、そうじゃないですね。南部だと六割、十人に六人は毎週礼拝に行っているんです。この数字というのは驚異的な数字です。特に先進国においては例外的な数字です。例えばかつてキリスト教国であったヨーロッパはどうかというと、大体一〇％です。北ヨーロッパは五％ぐらいです。それに比べてアメリカは常に四〇％です。それがテロ直後は四七％になったのです。ギャラップの調査を見ますと、四七％より上になったのはかつて二回あります。一九五五年と一九五八年。この時四九％まで上がっています。どういう時期だったかというと、冷戦の一番激しい時期ではないでしょうか。対ソ連。非宗教国家ソ連に対する、自由主義国アメリカ、宗教国家アメリカという国家意識から四九％まであがったのだと思います。冷戦の時代というと本当に不安の中にあった時代だと思います。それと同じ程度の不安、国家的不安というのが、あの「9・11」以降にあったというのですね。

「宗教は今日の問題のすべて、あるいはほとんど全てに対して、答えることができると思いますか、それとも、宗教は時代遅れのものであると思いますか?」という問いに対して、すべての問題に宗教は答えられると答えている人が六一％です。時代遅れのものであると答えた人は二一％しかいません。「あなたの生活において、宗教はどの程度重要ですか?」の質問に、「非常に重要、まあまあ重要」と答えた人が、六〇％と二六％。テロの直後は六四％、二四％、あまり変わっていません。大体、

宗教国家アメリカ（ギャラップ調査機関による宗教調査）

○あなたはこの７日間の間に、教会あるいはユダヤ教の会堂、シナゴグに出席しましたか？

	Yes	No
2002 Mar 18–20	44%	56%
2001 Dec 14–16	41%	59%
2001 Nov 8–11	42%	58%
2001 Sep 21–22	47%	53%
2001 May 10–14	41%	59%

○宗教は今日の問題のすべて、あるいはほとんど全てに対して、答えることができると思いますか、それとも、宗教は時代遅れのものであると思いますか？

	Can answer	Old fashioned	No opinion
2001 Dec 14–16	61%	21%	18%

○あなたの生活において、宗教はどの程度重要ですか？

	Very Important	Fairly Important	Not Very Important	No opinion
2001 Dec 14–16	60%	26%	13%	1%
2001 Sep 21–22	64%	24%	1%	*

○現時点において、アメリカの生活に対する宗教の影響力は、増加していると思いますか、それとも減少していると思いますか？

	Increasing influence	Losing influence	Same (vol.)	No opinion
2001 Dec 14–16	71%	24%	2%	3%
2001 Feb 19–21	39%	55%	3%	3%

○あなたは公立学校での祈り（voluntary prayer）を可能にするための憲法修正に賛成ですか、あるいは反対ですか？

	Favor	Oppose	No opinion
2001 Aug 16–19	78%	20%	2%

八六％、八八％、これはテロ以前もずっと同じです。大体この数字です。大体八五％ぐらいの人が宗教は自分の生活にとって重要であると答えています。

「現時点において、アメリカの生活に対する宗教の影響力は、増加していると思いますか、それとも減少していると思いますか？」。これはテロの前と後ではっきりと差がでていますね。去年の二月では三九％の人が影響力は増加していると答え、減少していると答えた人は五五％でした。ところがテロ後の去年の十二月になりますと、増加していると答えた人が七一％に増えているという数字がでております。

「あなたは公立学校での祈り（voluntary prayer）を可能にするための憲法修正に賛成ですか、あるいは反対ですか？」。もう時間がないので説明いたしませんが、一九六二年に連邦最高裁で公立学校の朝礼の時に行われていたお祈りは違憲である、憲法修正第一条の政教分離への違憲であるという判決がでたわけです。しかし、その判決は行き過ぎである、公立学校においてもお祈りをしたほうがいいと七割のアメリカ人が考えている。ここがアメリカ人の面白いところですね、最高裁の判決をひっくり返すのにどうしたらいいかというと、憲法に基づいて判断しているのだから、そのもとの憲法を変えろと、こういう面白い考え方をするのです。公立学校での祈りの復活については何度も憲法修正が出されているわけです。成立はまだしていませんが。しかし、公立学校での祈りを可能にする憲法修正に賛成だと答えている人が七八％いるのです。これはテロの前です。こういう宗教国家アメリカの現実を統計で見ていただきました。

共通の過去を持っていないために

それでは、アメリカはなぜこれほどまでに宗教的なのか。それは国の成り立ちの違いだと思うのです。神学者モルトマンが一九七七年にアメリカについて述べました言葉を引用しておきます。「アメリカは共通の過去を持っていないために、共通の未来についての意思が欠如すると、昔の民族的アイデンティティへと逆行してしまう国である」。共通の過去を持っている人が民族です。過去についての共通認識を持っている人が民族です。民族は生物学的概念ではなく、歴史的文化的な概念です。アメリカの場合共通の民族はいない。多民族国家である。その多民族国家即ち共通の過去を持っていないアメリカがひとつになるためにはどうしたらいいのか。過去が共通でないのだから共通の未来を持つしかない。共通の未来によって国家統合が行われるのだ。そうしたらその共通の未来が崩れ去ったらどうなるのかというと、国はバラバラになる。昔の民族的アイデンティティへと逆行してしまうと、モルトマンは指摘したのです。これは一九七七年の論文です。

ところが一九九一年にこれがソ連で起こるのです。ソ連の崩壊です。モルトマンの言葉の「アメリカ」を「ソ連」に置き換えて読んでみます。「ソ連は共通の過去を持っていないために、共通の未来についての意思が欠如すると、昔の民族的アイデンティティへと逆行してしまう国である」。このフォーラムの共通テーマは「民族と宗教」ですか、多民族国家、多宗教国家ソ連をひとつにしていたものは、それは「宗教としての共産主義イデオロギー」でした。「宗教としての共産主義イデオロギー」があったから、アゼルバイジャンやチェチェンのようなイスラーム圏も、ひとつに統合することができた。しかしその共通の未来が崩壊したらどうなるのか。昔の民族的アイデンティティへと逆行してしまう、それが今現実に起こっているのです。民族を中心とした、そしてその民族の中心には宗教があるわけですが、民族と宗教を中心とした十五の独立国家に分かれた。独立国家共同体が形成されているわけでしょう。ソ連と同じように、アメリカも共通の未来が崩れ去ると、バラバラになってしまう国なんです。

ではその共通の未来とは何か。それは理念であり理想です。アメリカは日本のように、黙っていてもひとつになれるような国ではないのです。理念でひとつになるのです。その理念とは何か。それは啓蒙主義の理念です。啓蒙主義、あるいは民主主義、共和制というものでしょう。ただそれを表現するのにどういう表現をとっているかというと、「見えざる国教」という宗教的な概念や用語を使って表現するわけです。キリスト教的、聖書的な枠組みをもって説明するのです。それはなぜか。それは全国民の九〇%が、ユダヤ、キリスト教的伝統に属する宗教を自分のものとして信じているからなのです。すなわちユダヤ教、プロテスタント、カトリック、ギリシア正教、モルモン教の五つです。すなわち「ユダヤ・キリスト教的伝統」です。このユダヤ・キリスト教的伝統に属する国民が九〇%いるんです。この九〇%以上に、より多くのアメリカ人を含みこんでいく概念はないのです。ですから、このユダヤ・キリスト教的な「見えざる国教」によってアメリカはひとつになっているのだということができると思います。

二つの原理主義の対立

「９・11」とその後のアメリカの反応をみますと、イスラーム、アメリカ双方に原理主義的傾向を見ることができます。「オサマ・ビン・ラディンはイスラームではない」、イスラームはあんなものではないという議論があります。私はそうではないと言っているのです。あれもイスラームだ、それを認めないと議論にならない。平和な共存を願うのもイスラームです。キリスト教も同じです。ブッシュのあの十字軍という表現に見られるキリスト教をどう考えればいいのか。あのブッシュの立場もキリスト教です。「アメリカの見えざる国教」の一つの形態です。ですから、あれもキリスト教なのだということを認めないと議論にならない。

原理主義の定義はいろいろありますから、ここではやめます。原理主義という言葉、原理主義というレッテル貼りをイスラームの方は嫌がります。しかし、ビンラディンもイスラームである、イスラームの原理主義的あり方なんだ。そしてブッシュの立場も、「原理主義的アメリカ主義」だというふうに受け止められるのではないかと思うのです。そしてそこに共通する要素は何かということを、つぎにあげておきました。

（１）真理は簡単に知ることができる単純なものである。
（２）それは正典に明白に書かれており、正典は解釈なしで、文字通り真理として受け入れるべきものである。

（3）自分たちは真理を知っているのであり、それを人びとに伝えることが、自分たちに与えられている使命である。

（4）もし、それを受け入れない人がいるなら、彼らは真理の妨害者であり、それを排除することが神に対する責務である。

これはビンラディンにもブッシュにも共通する要素ではないですか。私はこれを原理主義の定義として、宗教や神学の側から定義するのではなく、現象として原理主義を分析したときに、有効な定義ではないかと思っています。そして原理主義者とは「待てない人びと」だと思います。真理というのはそう簡単には分からない。キリスト教においてもイスラームにおいても、真理というのはそんなに簡単には分からない。そういう立場の人は原理主義ではありません。原理主義者は、自分たちは真理を知っている、自分たちは真理を持っていると信じる人たちです。だからもしひとつの真理が崩れ去ったら、ソ連の場合を例に考えると簡単です。共産主義イデオロギーという真理が崩れ去ったら、次に、また次の真理、新しい真理をすぐに掴み取らなければ満足のできない人、それが原理主義者であると思うのです。だから原理主義者とは「待てない人びと」であると思います。世界において宗教復興が起こっていますけれど、いろいろな地域における、いろいろな宗教の宗教復興の中心は原理主義です。各宗教における原理主義です。その原理主義の立場というのは「待てない」というところにあります。そして先に書きました四つの共通項があると思うのです。

それではどうすれば、「アメリカの見えざる国教」の原理主義的傾向を克服することができるのだろうか。アメリカはどのようにしてブッシュの原理主義を克服することができるのだろうかということを次に考えたいと思います。

すべての宗教には原理主義的傾向と非原理主義的傾向があるように、アメリカの「見えざる国教」においても、原理主義的「見えざる国教」と超越的「見えざる国教」があると思います。そして多くの場合、どちらかというとアメリカ絶対主義、自己絶対化に走る原理主義的「見えざる国教」が力を持っていることのほうが多いのですが、アメリカの歴史をみると、決して消え去ることなく超越的、自己批判的な「見えざる国教」が綿々と流れている。そしてその原理主義的「見えざる国教」に走りすぎたとき、その批判的な声があがってきます。残念ながら現在のアメリカ社会において、この声をあげることは難しい状況にあります。それほどアメリカ社会は一種のヒステリー状態にあると思います。しかし決してなくなってはいない。

「9・11」当夜の集会

テロの次の日、十二日の夜、私は新聞を買い漁っていました。ニューヨークで事件が起こったので『ニューヨーク・タイムズ』を買わなくてはとバークレーの町を走り回っていたのですが、『ニューヨーク・タイムズ』は全部売り切れ。結局買えませんでした。走っていると、バークレーのキャンパスの近くで夜の八時頃ですが、ぞろぞろと人が集まってきているのです。これは何かあるんだろうと思って、車を止めてキャンパスの中に入ってみると、二千名ぐらいが手に手にキャンドルを持って、集まっていました。これはバークレーのキャンパスでは珍しいことです。私が大学院で勉強していた七〇年代はそのような集会は日常的でした。しかし最近は大学が非政治化して、学生たちが政治集会に集まるなんてことはほとんどなかった。それが二千人ぐらい集まって、次から次にスピーチをするのです。フリースピーチです。パレスチナからの留学生、それからユダヤ系アメリカ人の学生団体。次から次に出てスピーチをするのです。中に愛国的な「アメリカ万歳」みたいな旗を持ってきて演説する人もいました。しかし、ブーイングです。結局、私は三十分ぐらいその場所にいましたが、スピーチの中心的な論調は何かというと、もちろん、これは悲惨で悲しいことだけれど、なぜアメリカが攻撃されたのかということをわれわれは考えなければいけないという論調でした。これはブッシュにおいても、また「9・11」以降のアメリカにおいて欠けている視点です。そして特に「テロ対反テロ」という図式を導入したために、アメリカはなぜ攻撃されたのかということを考えなくてもよくなってしまいました。ところがそこに集まった二千人の大学生たちは、そのように発言したのです。アメリカの良心は生きているんですよ。それと同じように、アメリカの「見えざる国教」においても、自己批判的で超越的な「見えざる国教」は、決してなくなることなく生き続けています。

「私をおいて他に神があってはならない。」これは十戒にある言葉です。「アッラーのほかに神なし。」これイスラームの信仰告白です。私はこの二つには、共通するところがあると思うのです。この十戒とイスラームの信仰告白は、ユダヤの神、イスラエルの神、あるいはイスラームの神だけを神として、それだけを絶対にして、他の神を全部退けろというメッセージであるかのように聞こえます。しかし、そうではないと思うのです。神以外のものを神としてはならない。神は神のみである。教会も宗教も宗教理念も、国家も国家理念も、それらは全部、神になってはならない。ブッシュはアメリカを神にしています。しかし、そうではなくて、神は神しかいないのだ。神の前にはすべてのものは絶対ではない。こういうメッセージですね。これは宗教の根本にある、宗教が持っている超越的要素ではないかと思うのです。アメリカ史をみると、南北戦争のときのリンカーンしかり、公民権運動のときのキング牧師しかり、常に国家を批判し、自らの立場を有限なものとして、神にのみ栄光を帰していくという、そういう超越的アメリカ理解は常に消え去ることなく存在してきました。

もしキング牧師が生きていれば

キング牧師が今生きていれば、アメリカに対して何を語るだろうかということを考えてみたい。次頁に、一九六三年、公民権運動のクライマックスのときに、あのワシントン大行進の最後に、リンカーン記念堂で行った彼の有名な演説"I have a dream"の一説を引用しておきました。私たちは今日、約束小切手を現金化するためにここにやってきたのだと言うんですね。その約束小切手とは独立宣言のことです。それは何を約束しているか。それは、全ての人には譲り渡すことのできない権利が神から与えられているということ。その権利とは生命、自由、幸福の追求である。ところがアフリカ系アメリカ人に関する限り、この約束小切手は未だ現金化されていない。だから今日、私はそれを現金化するためにやってきた。現実には、困難さが充満しており、そしてフラストレーションもたくさんある。しかし「私は今なお夢を持っている」。そして It is a dream deeply rooted in the American dream、私が今主張しているこの黒人の夢は、「アメリカの夢」に深く根ざした夢なんだと言っているのです。その「アメリカの夢」とはなにか。それは、全ての人は生命、自由、幸福の追求という基本的人権を保障されているのであり、それを実現するということが「アメリカの夢」だと言うのです。「独立宣言」には「すべてのアメリカ人は」とは書かれていません。ここに注意してくださいね。そうではなくて「全ての人は」と書いてあるのです。だからアメリカ以外の人びとにも、この基本的人権は保障されているんだ。そしてアメリカ人であるけれど、本当のアメリカ人になれていない、この黒人であるわれわれにもこの権利は保障されているのだ。そしてこの私の持っている夢は、黒人の夢だけではなくて、アメリカの夢に根ざしているのだ、こう言っているのです。

もしキング牧師がいま生きていれば、彼はこう言うと思います。"I still have a dream"。現実のアメリカはひどい、ブッシュはひどい。しかし自分は絶望しない。「独立宣言」にうたわれている基本的人権は、アメリカ国民だけでなく、「すべての人びと」に保障されているのだ。それを実現するためにアメリカという国家は存在しているのだ。そして、「すべての人びと」のなかには、パレスチナの子どもたちもアフガニスタンの子どもたちも含まれている。この事実をアメリカは知らねばならない。Pursuit of happiness（幸福を追求すること）、それは「夢を見る権利」ではないでしょうか。「夢を見る権利」がパレスチナの子どもたちに、そしてアフガニスタンの子どもたちにも保障されている

キング牧師がいま生きていれば、アメリカにたいして何を語るだろうか？

In a sense we have come to our nation's capital to cash a check. When the architects of our republic wrote the magnificent words of the Constitution and the Declaration of Independence, they were signing a promissory note to which every American was to fall heir. This note was a promise that all men would be guaranteed the inalienable rights of life, liberty, and the pursuit of happiness.
I say to you today, my friends, that in spite of the difficulties and frustrations of the moment, I still have a dream. It is a dream deeply rooted in the American dream.

（「私には夢がある」1963年）

だろうか。もし、キング牧師が生きていれば、アメリカに対してそのように語るのではないでしょうか。

私はこの問題を解決するための一つのポイントは、南北問題の解消だと思います。経済的な南北問題だけではなく、情報における南北問題が解消される必要があると思います。アメリカ人はパレスチナの子どもたちやアフガニスタンの子どもたちが、どんな状態にあるのか、どういうふうに夢を描くことができないでいるのか知る必要があると思います。現実を知ることによって、アメリカ人は変わることができると思います。ところが今はそれを知ろうとしていない。

アメリカン・イスラームは可能か？

もう時間がきましたので、最後に、一体これからアメリカの「見えざる国教」は、どのように変わっていくのかについてお話しします。アメリカの「見えざる国教」はこれまでも変化してきました。現在カトリックはアメリカの「見えざる国教」の中心を占めていますけれど、今から百年前のアメリカにおいては「見えざる国教」の外にある宗教、すなわち外国の宗教でした。ところがそのカトリックがアメリカ化、すなわち民主化し、バチカンから自立した独自のアメリカ的カトリック教会に変化したために、一九六〇年には、ジョン・F・ケネディが初めてカトリック教徒の大統領として登場してきました。この時点においてカトリックは完全にアメリカの「見えざる国教」の中に入ったと思います。かつてアメリカの「見えざる国教」を構成する人びとはWASPと呼ばれる人たちでした。WASPは頭文字をとっているわけで、Wはホワイト、白人。ASはアングロサクソン、すなわちイギリス系。Pはプロテスタントです。ですから、白人でイギリス系でプロテスタント、これがアメリカ人であり、そしてアメリカの「見えざる国教」を形成する人びとでした。百年前のアメリカの「見えざる国教」には、カトリックは入っておりません。アフリカ系アメリカ人も入っていない。ところが一九五〇年代になりますと、先ほど言いましたユダヤ・キリスト教的伝統の宗教が、アメリカの「見えざる国教」を構成する要素なのだと考えられるようになった。

今後の課題は、イスラームも含めて、セム的一神教がアメリカの「見えざる国教」となるのかどうか。これはクエスチョンマークです。そのことに関しては、参考文献の一番最後に書いておきましたアスマ・グル・ハサンという人が書きました『私はアメリカのイスラム教徒』という最近翻訳された本ですが、非常にいい本で、イスラームがアメリカの「見えざる国教」を形成していくという立場から書かれている本です。アメリカの現状は変わってきているということです。もう時間が来ました。アメリカは多元的な形で宗教も変化しつつある。しかしもう一度確認したいのですが、多元的で多様な宗教は認めるけれど、宗教による国家統合ということについては絶対にあきらめていない。あるいは今なお、それは必要だと考えている。イスラームを含めて、国家統合がはかられるのかどうか、それがいま問われていることだと思います。

参考文献

森孝一『宗教からよむ「アメリカ」』、講談社選書メチエ、一九九六年。

森孝一『「ジョージ・ブッシュ」のアタマの中身―アメリカ超保守派の世界観』、講談社文庫、二〇〇三年。

アスマ・グル・ハサン『私はアメリカのイスラム教徒』、明石書店、二〇〇二年。

Washington National Cathedral
http://www.cathedral.org/cathedral/index.shtml

第8章

日本社会のイスラーム理解を再検討する

板垣雄三

板垣雄三

（イタガキ・ユウゾウ）

一九三一年生まれ。東京大学文学部西洋史学科卒。東京大学東洋文化研究所助手、東京外国語大学アジア・アフリカ言語文化研アラビア部門助教授、東京大学教養学部助教授・教授、同東洋文化研教授、東京経済大学コミュニケーション学部教授、エジプト・アインシャムス大学中東研究センター客員教授、国立民族学博物館客員教授、日本学術会議会員（第1部長）など、歴任。

現在、東京大学および東京経済大学名誉教授。専門は中東・イスラーム研究。

著書

『歴史の現在と地域学』（岩波書店）

『石の叫びに耳を澄ます』（平凡社）

『イスラーム誤認』（岩波書店）

編著

『「対テロ戦争」とイスラム世界』（岩波書店）

など。

皆様こんにちは。前島先生からご紹介いただいた板垣です。今日は、イスラームそのものについての話も少しはいたしますが、日本でイスラームがどのように理解されているか、その問題点を考えてみたいと思います。非常に欲張って盛りだくさんのことを言おうとしていて、かなり駆け足の話になると思います。どうか頑張ってお付き合いください。

A　いかにして私は中東・イスラーム研究に呼び寄せられたか？

最初に、自分自身のことをちょっと自己紹介がてらお話しします。どうしてあなたは中東・イスラーム研究などという珍しいことを始めたのですか？　という質問を、私はよく受けます。最近は日本でも、アラビア語などの授業やイスラームについての講義をおこなう大学が増えてきたので、それほど少数派ということではなくなってきましたが、私などが勉強を始めた半世紀も前には、確かにマイノリティのマイノリティという感じでした。当時、人から見向きもされなかったイスラーム研究や中東研究に着手したのはなぜか？　と聞かれて、その背景を説明しだせば、延々と長い時間がかかるものですから、「それはアッラーフのご計画でしょう」などと言ってお茶を濁しています。皆さんきょとんとします。実はお茶を濁すつもりではなく、それが結論の結論なのですが。

私が大学にはいった一九四九年の秋に中華人民共和国が成立しました。こんな話をすると、歳をとっているなと思われるでしょうね。一九四五年、日本がポツダム宣言を受諾して降伏し、敗戦国となった後、一九五一年、私が大学三年生のときですが、サンフランシスコで講和会議がありました。日本に対する戦勝国の多数が参加して、敗戦国日本との間で平和条約を結ぶことになったのです。今盛んにアメリカはいつイラクを攻撃するかということが話題になっていますが、そのイラクも一九五一年には日本に対する戦勝国の一つとしてこのサンフランシスコの会議に参加していました。湾岸戦争の時もそうだったのですが、最近も、私は、日本は一九四五年にはイラクにも負けたんだよと申しますと、日本がアメリカに負けたのは知っていたけれど、イラクにも負けたんですか、とそんなことを言ってびっくりする人がいます。ついでに日本は、エジプトにも負けたのです。こうして結ばれたサンフランシスコ平和条約、それの第三条、いわゆる「沖縄条項」について、サンフランシスコ講和会議に出ていたエジプト王国の代表団が疑問を提起しました。当時、エジプトはスエズ運河地帯に駐留していたイギリス軍の撤退を求める交渉をやっていました。革命が起きて共和国になる直前のエジプト王国が派遣した代表団でしたが、このエジプト王国代表団が、沖縄に対するアメリカの施政権などを定めた対日平和条約第三条については態度を保留するとして帰国したのです。沖縄を占領したアメリカの支配や信託統治を認める第三条は、イギリス軍撤退を要求しているエジプト自身の立場と関わるという認識からでした。目立たないこのニュースがなんとなく私の頭に引っかかっていました。

するると、私が大学四年生になって卒業論文に取り組んでいた翌一九五二年の夏に、そのエジプトでナセルが率いるエジプト自由将校団の革命が起こり、ファールーク王は亡命してエジプト共和国が成立したのでした。今の人には想像もつかないでしょうが、敗戦直後の日本の大学は左翼的な空気が強かった。例えば、育英会の奨学金は必要ない者もみんな貰ったほうがいい、じきに日本でも革命が起きるから借金は棒引きになって奨学金は返さなくていいことになる、などと学生同士でしゃべっている、そんな雰囲気の時代でした。ですから私の周りでも、ロシア革命とか中国革命とかの話が絶えず聞こえていたのです。みんなが面白がっていることをやっても面白くないと感じていた私は、エジプトで起きた革命のえたいの知れなさを勉強したら面白いのではないかとも思ったりしました。西洋史の学生として、私は一九世紀後半のイギリスの労働運動と政治体制との関係について卒業論文を書いていたのですが、議会文書など史料の中でたえずエジプトの話に出くわしていたのです。「風と共に去りぬ」のストーリーを思い出してください。アメリカの南北戦争で北部軍が南部の港を封鎖してしまったので、アメリカ南部から積み出す原綿がイギリスのランカシャーにこなくなる。「世界の工場」イギリスの綿紡織業が大打撃をこうむります。イギリスの綿業主たちは、原料の綿の代替え品がどこかにないか、必死でした。インドの綿は繊維が太くて短くて、ランカシャーの工場の機械にかからない。エジプト綿がアメリカで最高のシーアイランダースという品種に勝るとも劣らないと分かると、綿業主たちはエジプトに殺到します。一八六〇年代以降、エジプトはこうして綿作モノカルチャーに変わっていくのです。一九世紀末にイギリス「帝国」がどのように形成されていくのかということに関心をもっていた私は、卒業して大学院に進学するにあたって、その「帝国」を立体的に考えるためにも、今度はエジプトについて勉強してみようかという気になったわけです。サンフランシスコ講和会議のときから気になっていた、あのエジプトです。

エジプトの勉強を始めるのならアラビア語を勉強しなくてはならない。イスラームについても知らなければいけない。クルアーン（コーランはヨーロッパ人の聞き訛り）をアラビア語で読んでみよう。このようにして、目標はだんだんはっきりしてきました。ところが、そこで考え直してみたら、エジプトを含む中東は私にとって無縁なところではなかったのです。私が親しんできた聖書の舞台は中東でした。私は子どものとき、小学校低学年の段階でも、もし世界の白地図を与えられてエルサレムはどこにあるかと聞かれれば、この辺だと印をつけることができたと思います。ナイル川は？　ダマスクスという町は？　といわれても、大体答えられたでしょう。東京は本郷にあった教会学校（日曜学校）で、私はえらい先生たちに教わったものだと思います。今では聖書の国には「回教徒」（当時はイスラーム教徒をそう呼んでいました）がたくさん住んでいるとか、そこで話されているのはアラビア語という言葉だとかいうことを、なんとなく自然に私は教わって知っていたのです。さて中東の勉強を開始し、実際にクルアーンを読んでみれば、そこに出てくる話は旧約聖書物語とすっかり重なり合っている。こうして、後で考えてみると、「これはアッラーフのご計画ではないか」という私の結論が出てくるというわけです。

B　イスラーム理解に関する日本社会の惨状

知的状況、メディアの情報力、社会の意識状況

私の自己紹介で、私がイスラーム研究をどういうふうに始めたか、わかっていただけたでしょうか。日本の社会の中では、中東に一番関係が深く、またイスラームに近接することがわかっている人、そ

れはキリスト者であり、キリスト教の学校に学んでいる人なのです。しかし日本の社会全体の状況をみますと、それはまさしく「惨状」です。まったくひどい状態だと思います。二〇〇一年九月十一日以降、マスメディアは、ウサーマ・ビン・ラーディンがどう、アル・カーイダがどう、イスラーム原理主義がどうと、しゃべりちらしました。そこで語られたイスラームをめぐる話は、救いがたい内容のものではなかったかと思います。どうしてそうなったのか、事柄の土台を考えてみましょう。

オイルショック、イラン・イスラーム革命、湾岸戦争の受けとめ方

一九七三年の十月戦争（第四次中東戦争）を機に、アラブ産油国の対日石油禁輸の決定が伝えられたりして、日本で「オイルショック」が起こりました。一九七三年十一月のことですが、日本中ひっくり返ったように、アラブを知らなければならない、イスラームを知らなければならないと、大騒ぎをしました。ところが、価格は高騰したものの「油断」は起きないことがわかったとたん、熱気はあっけなく過ぎ去り、イスラームのことも中東のこともたちまち忘れてしまうことになりました。でも、オイルショックを境にして、日本の高度経済成長は終わったのです。中東の安い石油があってはじめて可能となった一九六〇年代の日本経済の高成長は、中東戦争に付随するオイルショックとともに過去のものとなりました。そして、この転換期の意味も忘れられたのです。

一九七八―七九年のイラン・イスラーム革命でも、日本は大騒ぎしましたが、ついで一九九〇―九一年の湾岸戦争のときも大騒ぎをして、中東・イスラームを研究している者はてんてこ舞いをしま

した。日本の社会は短い、あっけない期間でしたが、急にイスラームづいたのです。日本の大学で中東に関する講座や講義が新設され、研究・教育の態勢の整備も叫ばれました。日本における中東・イスラーム研究者の数が増加したのは、まず一九七三年のオイルショックを経たところで第一の飛躍、さらに九〇—九一年の湾岸戦争を経て第二の飛躍を迎えたのです。オイルショックが経済の大きな曲がり角だったとすれば、湾岸戦争は日本国の国際政治的なあり方が大きく変化するきっかけとなりました。この湾岸戦争を機として、湾岸戦争が終わったとたんに、日本の自衛隊が海外に派遣されることが始まりました。PKO（平和維持活動）の目的のために派遣されるということで始まったのですが、国家のあり方が大きく変化したのです。日本という国はもっと「国」らしい国にならなければいけない、日本国憲法第九条を改正して戦力保持や交戦権を認め、海外にも軍隊を派遣できる国にならなければいけないと主張していた改憲論者でさえも、湾岸戦争の最中にはまだ、自衛隊の海外派遣がそんなにはやく実現されると思ってはいなかったはずです。だが中東での戦争は、日本社会の「戦後」意識を一挙に転換させてしまいました。

二〇世紀後半の日本の国や社会の変転は、以上のように、オイルショックにせよ、イラン・イスラーム革命にせよ、湾岸戦争にせよ、そして九・一一後のアメリカの反テロ戦争にせよ、絶えず中東・イスラームの動向を軸にして起きてきたのです。これに対する日本の中での受けとめ方や取り組みは、研究者の層がしだいに厚くなってきたという変化は確かに認められるものの、社会全体としては、大騒ぎをしてはすぐ忘れるという健忘症の軽薄で上滑りな反応を繰り返してきただけでした。その上、いるのです。

大騒ぎの時も、見当はずれの話をしている。誤解と偏見で塗り固められた思い込みがひとり歩きしている

エルサレムの壁崩壊からベルリンの壁崩壊への道筋がわからない

日本では、一九八九年のベルリンの壁の崩壊は世界の大変化を象徴する事件として受け止められました。ここで冷戦の時代が終わったという感覚です。ところが、よくよく考えてみれば、これには後追いでしかものが見えないという問題がある。ベルリンの壁が崩壊することによって、二〇世紀社会主義はある区切りを迎え、二〇世紀社会主義が積極的な意味をもつことがついにできなかったのだということがはっきりした、こうして世界は大きく変化せざるをえない、そういうことが一九八九年になってわかったということが、実は問題なんですね。本当は、一九六七年エルサレムの壁の崩壊ということにまず重要な予兆があったのであって、それを見極められなかったということを、むしろ八九年に反省するということが重要だったのではないでしょうか。六七年にエルサレムの壁が崩壊したというのは、どういうことだったか。それを簡略に説明しましょう。

一九四八年五月イスラエル国家が独立を宣言すると、このイスラエルと周りのアラブ諸国との間で一九四八―四九年の第一次中東戦争（アラブ側はパレスチナ戦争、イスラエル側は独立戦争、と呼ぶ）が起こります。その結果、一九四七年の国連総会のパレスチナ分割決議（パレスチナをアラブ国家・ユダヤ人国家・国際化されたエルサレムに三分することを予定した）とは似ても似つかない別の三分

割が現実化して、パレスチナは、国連が予定した範囲より拡大したイスラエルと、ヨルダン川西岸地区を併合したヨルダンと、ガザ地帯を占領したエジプトとの間に、引き裂かれることになりました。エルサレムという都市は、市街の真中を南北に軍事境界線が貫くかたちで、東西に分割されてしまったのです。ヨルダンが東エルサレムを、イスラエルが西エルサレムを支配するという状態になった。街を切り裂く軍事境界線沿いに壁が築かれました。しかし、一九四九年に生じたエルサレムのこの姿は、一九六七年の戦争でさらに激変します。六七年の第三次中東戦争（イスラエルは六日戦争、アラブは六月戦争と呼ぶ）で、イスラエルは東エルサレムを征服し併合してしまったのです。エルサレムの壁は崩され取り払われました。国際社会はイスラエルによる東エルサレムの武力併合と原状変更とを認めず、国連は六日戦争でイスラエルが押さえた広大な占領地からの撤退の要求とともに、東エルサレム併合の取り消しを求める決議を何度も何度も繰り返し行いました。しかし、イスラエルはこれを受け入れず、三五年間事態は動かぬまま現在にいたっています。イスラエルは東西を合わせた統合エルサレムが自分の国の首都だといっていますが、アメリカや日本を含めほとんどの国がこれは認めず、だからほとんどの国の大使館はエルサレムではなくテルアヴィヴに置かれているのです。

さて、一九六七年の「エルサレムの壁」崩壊が世界の大変化の予兆だったというのは、どういうことでしょうか。一九五〇年代後半からソ連はエジプトやシリアやイラクなどアラブ社会主義の体制とアラブ世界におけるアラブ社会主義の潮流とを応援していました。例えばエジプトのアスワン・ハイダムはソ連の援助で造られましたが、ソ連はソ連社会主義の世界史的進歩性・優越性をそういうところで証明しようとしていたのです。ソ連は、資本主義に対するソ連社会主義体制の栄光ある勝利を、アラブ社会主義の成功ということに賭けていた。ところが、そのアラブ側の大敗北となって終わったのが、六七年の戦争なんですね。エルサレムの壁が崩れたことが象徴するアラブ社会主義の敗退は、ソ連社会主義の敗北を意味したのです。同時に、この六七年の戦争で大勝利を博したイスラエルでは、四九年の支配領域の三倍もの広大な占領地を手に入れた結果、そして安価な労働力プールとして多数のパレスチナ人を支配領域の中に組み入れた結果、ユダヤ人国家が変質して、イスラエルの政治を動かす中心の座を占めてきたイスラエル労働党は力を失い、マルクス主義に発するルーツをも持っていた社会主義シオニズムが溶解してしまうという変化が起きてくることになりました。こうして、いろいろな意味で二〇世紀社会主義の終わりが、エルサレムの壁の崩壊によってすでにはやく暗示されていたと言えるのです。これが見抜けなかったのは、中東から世界を観る視点が欠けていたというより、中東に世界の中心性が凝集していることが見落とされていたためですね。

ソ連の解体がアフガニスタン介入から始まったのに気付かない

一九七九年イスラーム革命がイランの王制を倒した後、ソ連はアフガニスタンに武力介入しました。アフガニスタンの社会主義政権を守るということで、ソ連軍がアフガニスタンに介入していったわけです。そのアフガニスタンで、ソ連軍は、アメリカがすでにベトナムで経験したような泥沼の戦争に直面することになり、一九八〇年代を通じてずるずると深みに陥って、にっちもさっちも行かなくなるのです。ソ連体制の解体は、こうしてアフガニスタンの戦争を通じて進行していきました。一九九〇年代になって、湾岸戦争の後、ソ連邦という国がなくなってしまう原因を考えようとすれば、どうしても八〇年代のソ連軍のアフガニスタン介入、その泥沼化の過程を考えなければなりません。ですから、二〇〇一年九月十一日の事件があって、そしてアメリカが黒幕と名指したウサーマ・ビン・ラーディンたちアル・カーイダをかくまうターリバーン政権に対して反テロ戦争がアフガニスタンで開始される、ここから急にアフガニスタンが世界の注目を浴びることになった、といったそんな理解ははなはだ問題なのです。アフガニスタン問題の中に、ソ連の解体を読み取っていなければならなかった。ここにもまた、大きな見落としがあったのです。系統的にアフガニスタンの状況に注意を払っていれば、アメリカがイラクのサダム・フセイン政権に対イラン攻撃（イラク・イラン戦争）をやらせてイスラーム革命つぶしを狙いながら、アフガニスタンでは国際的なイスラーム戦士たち（ムジャーヘディーン）を支援してソ連軍と戦わせるという二面政策をもてあそんだために、アメリカ子飼いのウサーマ・ビン・ラーディンたち旧ムジャーヘディーンの勢力が今度は世界的な反米ネットワークを形成する動きも、後追いでなく把握することができたはずなのです。

朝鮮半島の情勢と中東情勢とのつながりを無視する

日本では、北朝鮮の話はあくまで朝鮮半島ないし東アジアの問題という見方で扱って、中東の問題から切り離して考えられることが多いのですが、北朝鮮（朝鮮民主主義人民共和国）は、ミサイル輸出でパキスタン、イラン、イラク、シリア、イエメンなどとつながりをもっている。このようなつながりに対抗して、それを断ち切るため、一九九三年初め、イスラエルは北朝鮮との間で、国交樹立まで視野にいれた経済協力・科学技術協力など広範囲な領域にわたる秘密交渉を北京を舞台に進めようとしました。この秘密交渉を察知したアメリカが介入して、イスラエルに北朝鮮との交渉を止めさせます。そこでイスラエルは、それならよろしい、別の相手とやろうということで、またもやアメリカにはこっそり、今度はＰＬＯ（パレスチナ解放機構）との間の秘密交渉を、北欧を舞台にしてやったのです。これがオスロ合意を結実させました。一九九三年夏のことです。アメリカはあとから駆けつけて、ホワイトハウスの庭で調印式のお披露目をして面目を保ちました。イスラエルが北朝鮮に対して試みた接近とそのノウハウは、たちまちアメリカが核・ミサイル問題をめぐって北朝鮮との間で展開する交渉に活かされることになりました。オスロ合意の成立過程そして中東和平問題の背景を理解しようとすれば、どうしても北京でのイスラエル・北朝鮮交渉を視野に入れなければならないし、国際政治の中で北朝鮮問題を考えようとすれば、またアメリカの東アジア安保戦略のひろがりを見抜く上でも、いやおうなく、われわれは中東・イスラーム世界を見渡す視野を必要としているのです。現在の日本社会の世界を知る知り方が露呈している欠陥は、こういうところにも示されています。

中華・ヒンドゥー・キリスト教文明の紋切り型理解

紋切り型理解とは、中国は中華文明、インドはヒンドゥー教文明、ヨーロッパないし欧米はキリスト教文明、という式でわかったことにする大雑把な考え方です。これは、われわれ自身の世界認識の土台そのものがかかえる問題性を実は示している事柄ではないかと思うのです。中華文明は唐末・宋・元という時代にイスラーム文明と接して新しい飛躍をとげたし、ヒンドゥー教文明のインドも一〇世紀頃からのイスラーム化に注目しなければならないし、ヨーロッパの文明は地続きのイスラーム世界から社会思想・科学・産業商業技術などの面でイスラームの近代性と都市性に学ぶところ多大なものがあったのです。多様な文明がバラバラに発展したのでなく、イスラーム文明のネットワーキングによってグローバルに交流しあう姿に注目しなければなりません。イスラームと言えばすぐ原理主義とかテロリズムといった先入観で見てしまい、文明を衝突しあうものと決めてかかるのは、世界諸文明の紋切り型「誤解」から出てくるのです。

二〇世紀から二一世紀へ　グローバルなイスラーム問題

さて、「二〇世紀から二一世紀へ　グローバルなイスラーム問題」としてまとめた以下に掲げるリストをご覧ください。一九九〇年代から現在まで、十二年間位の世界のビッグ・ニューズが挙がっています。

湾岸戦争とその結果としてのソ連の崩壊及び中央アジア諸国の独立／ソマリア紛争／インドのアヨーディア事件／南アのアパルトヘイト体制終焉／アルジェリア内戦状態の発生／チェチェン紛争の泥沼化／中東和平のためのオスロ合意、その前奏曲としてのイスラエル・北朝鮮交渉／ルアンダ・ブルンディ内戦激化／ボスニア紛争／米朝基本合意と米朝ミサイル協議の曲折／環カスピ海石油・天然ガスブーム／内戦下のアフガニスタンでターリバーン勢力登場／イスラエルのラビン首相暗殺／ペルー日本大使公邸人質事件／エジプトのルクソール観光客襲撃事件／ダイアナ妃事故死／タイ通貨危機からアジア経済危機拡大／インドネシアのスハルト政権崩壊／インド・パキスタン地下核実験／タジキスタンで武装勢力が国連政務官秋野豊を殺害／ケニア・タンザニアの米大使館爆破に対して米国がスーダン・アフガニスタンに巡航ミサイル攻撃／マレーシアのアンワル副首相解任・逮捕／国連査察への非協力を理由に米英、イラクにミサイル攻撃／コソボ問題とＮＡＴＯによる爆撃／キルギスタンでの日本人技師人質事件／東チモール独立に向けオーストラリア軍を中心とする国際軍派遣／イラン・インド・パキスタンのミサイル実験／ローマ教皇ヨハネ・パウロ二世の聖地訪問／中国の内陸開発計画／フィリピンのエストラーダ政権の動揺／韓国・北朝鮮共同宣言／イエメンで米駆逐艦爆破／パレスチナ人の第二次インティファーダ始まる／米クリントン政権の中東和平工作の失敗／インドネシアで味の素事件／バーミヤン石仏の爆破／インドネシアのワヒド大統領解任／イスラエルのシャロン政権成立とオスロ合意の終末／米国での九・一一事件と「対テロ戦争」／パレスチナ人の自爆抵抗とイスラエルのパレスチナ自治区再占領／カシミール紛争混迷／アフガニスタン情勢の不安定／米国の対イラク先制攻撃準備／―

この一覧表から読み取れるのは、あれもこれもと、ほとんどの項目がイスラーム関連であることです。こんなにまでイスラームの問題性にわれわれは取巻かれているんだということを、感じとることが大事です。

国際紛争の焦点の複合化と東漸

九・一一事件以降の反テロ戦争と呼ばれるもの、これは一体どういう意味をもっているのか、考えてみましょう。私は、九・一一の事件が起きて、ニューヨークの世界貿易センターのツイン・タワーが崩壊した後、反テロ戦争の第一段階の一番重要な着目点は、中央アジアにアメリカ軍が展開したことだと見ています。アフガニスタンの戦争はもう終わって、これからは復興の時代だなどと言われていますが、アフガニスタンの戦争が終わったとはまだ全然言えないのです。アフガニスタンでのターリバーン政権の解体は、一九九〇年代以来の内戦の続きの物語のある一コマにすぎませんでした。米英軍が空から爆弾をいっぱい落としたけれども、それは恐るべき精密誘導爆弾であったかもしれないけれども、しかしターリバーン政権を倒す作戦の中心を担ったのは、アフガニスタンの北部同盟という内戦の片側の人たちの野合だった。現在のアフガニスタンはそういう一つの段階を経過しつつあるだけなのであって、内戦がこれで完全に終息したとか解消したとか、そんなことでは決してないわけです。大事な点は、むしろ外回りの中央アジア、すなわちウズベキスタン、トルクメニスタン、タジキスタンなどにアメリカ軍が展開し駐留するようになったことです。それが可能になったのは、なんと言っても九・一一が世界に及ぼした衝撃があってのことでした。ロシアも中国も文句が言えない。ロシアはイスラーム教徒のチェチェン人の反抗を抱えており、中国は新疆ウィグル自治区においてイスラーム教徒のウィグル人の独立運動を抱えているから、アメリカがイスラーム問題を盾に反テロ戦争を始動させることに対して真っ向から異議を唱えることができなかったのでした。

二〇世紀初めに、パレスチナ問題が、国際紛争の焦点として組み立てられました。パレスチナ問題の構造については、図の1、2、3を眺めて研究してみてください。それは、図4の十字軍以来の植民地主義と図5の一八—一九世紀の東方問題（ヨーロッパ列強がオスマン帝国内部に干渉して宗教紛争を煽動し操縦する）の分割統治政策とを受け継ぐもので、文字通

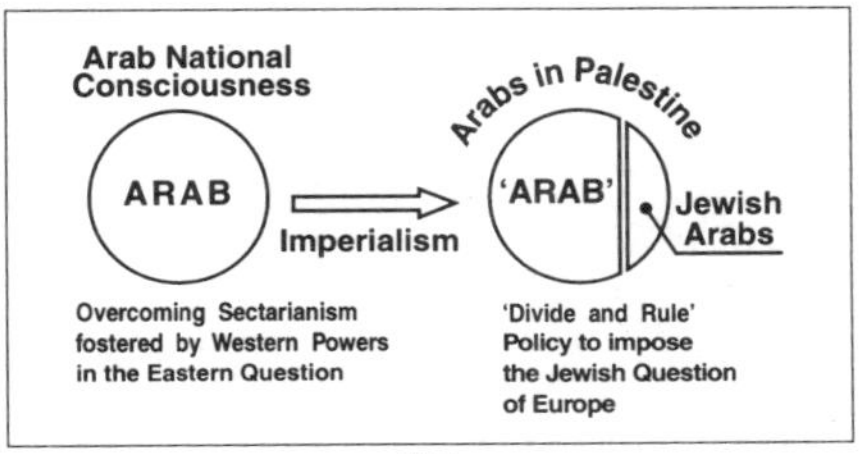

図1

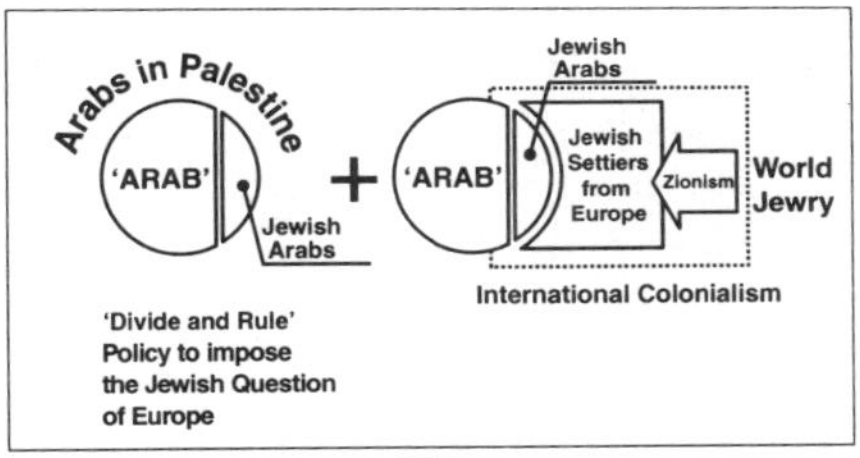

図2

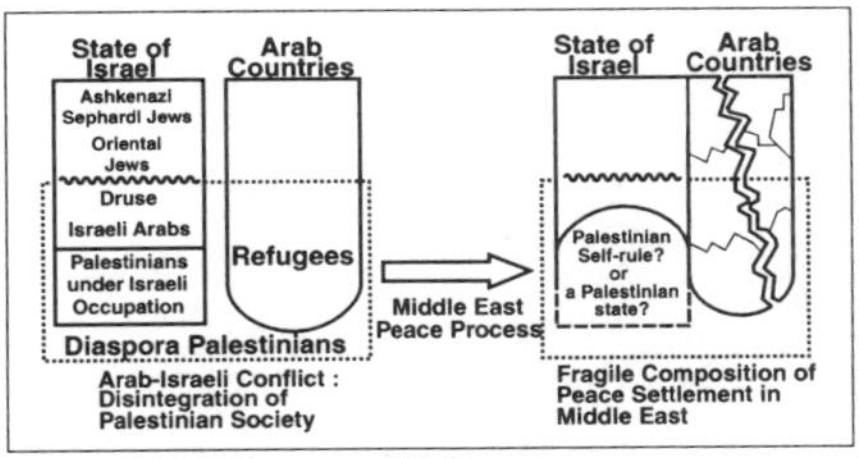

©YUZO ITAGAKI　図3

り国際政治の焦点としての重みをもつ問題なのです。問題の組み立てに一番大きな責任を負うべき国はイギリスです。第一次世界大戦後に区画を定めたパレスチナにユダヤ人の国をつくる計画を進める、そしてユダヤ人とアラブとを対立させ、対立を操縦しながら、まあまあと仲裁に入って、調停者のふりをしながらその地域に対する支配力を維持しようとした。しかしイギリスがパレスチナ問題をうまく運営できなくなったスキをついて、アメリカとソ連が連携して一九四八年にイスラエルという国を造りだしたのです。ここから、イスラエルと周りのアラブ諸国との間の対立によって戦争が繰り返されることになる。米ソの対抗がそれにかぶさる。さらに、イスラエル建国によって郷土から追い出されて世界に離散したパレスチナ人やイスラエルの支配領域に組み込まれたパレスチナ人が、イスラエルの支配体制に対する民族的抵抗運動の担い手となって登場してくる。こうして、一九六〇年代以降、アメリカのがわでパレスチナ問題を管理することが厄介なことになってきます。

そこでアメリカは、一九六〇年代の末に、イスラエルと王制イランとを機軸として中東に睨みをきかせつつ、石油資源をコントロールしようとする湾岸問題を、あらたにしつらえました。これはパレスチナ問題がうまくいかないので、その困難を打開するために、その脇にもうひとつ別の問題をつくりだし、二つを組み合わせて、ちょうど二つの焦点を持った楕円構造として中東を操縦・管理するという目論見だったのです。これで、パレスチナ問題の操縦も湾岸の産油地帯の管理も、ともにうまくゆくはずでした。さらには南アジアや東南アジアを含むイスラーム世界全体もうまく操れる企てのはずでした。ところが、湾岸問題でたちまちつまずきます。一九七九年、イランの王制が崩壊してしまう。イスラーム革命が起こったためです。

アメリカはイスラーム運動が世界にひろがるのを食い止めるため、イランのイスラーム革命に打撃を与える勢力として、イランの西隣のイラクを支援し軍事的に強化しました。その結果、イラクのバース党のサダム・フセイン政権が中東におけるひとつの軍事パワーとしての地歩を確立していくわけです。アメリカがイラクの強権政治と軍事力の支え手だったのです。そのイラクが一九九〇年お隣のクウェートに攻め込んで湾岸戦争に火を付けただけでなく、これを非難するアメリカのダブルスタンダード（二重規準＝イスラエルの占領・併合は許してイラクのそれは許さない）を暴露してしまいました。サダム・フセイン政権は、ほっておけばイラクの国民に見放されるでしょう。しかしアメリカは、湾岸戦争後これまでは、経済制裁と査察で締め上げ、時々ミサイルを打ち込んでは、イラク国民のナショナリズムを刺激することによって、サダム・フセイン政権を支えてきたのです。

イラン・イスラーム革命はアメリカの中東政策に打撃を与えただけではなく、イラン・イスラーム革命の影響は、中央アジアやコーカサスにたく

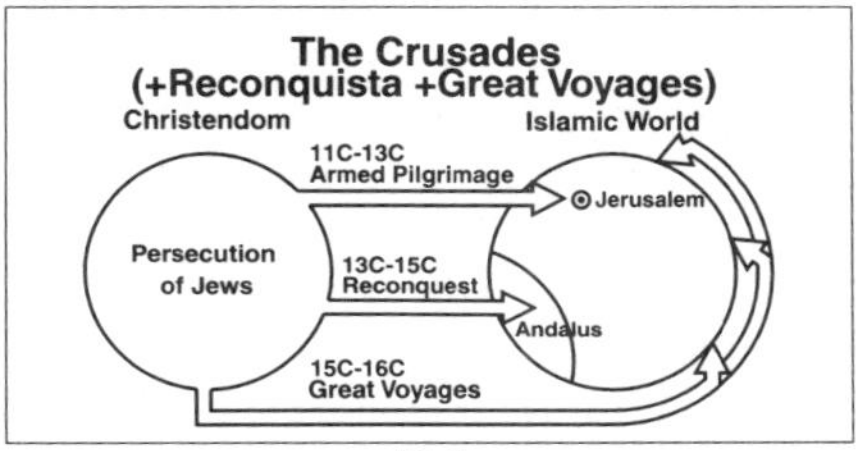

図４

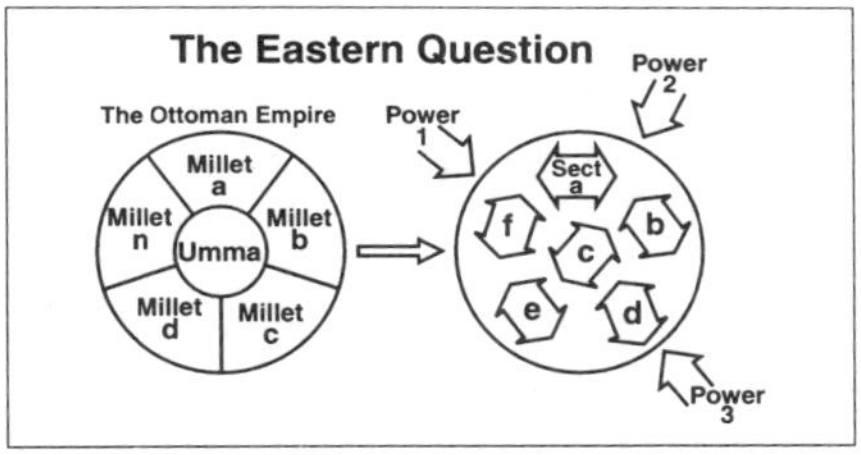

　図５

さんのイスラーム教徒を抱えていたソ連という国にとっても、重大な問題を投げかけました。そこで、すでにお話したように、ソ連軍のアフガニスタン介入が起こるわけです。イスラーム世界からアフガニスタンに義勇兵として入ってきたムジャーヘディーンがアフガニスタンの人々とともにソ連軍と戦いましたが、このムジャーヘディーンをアメリカは応援しました。武器を与え、軍事訓練を施し、資金を注ぎ込みました。そういうムジャーヘディーンの一人だったのがウサーマ・ビン・ラーディンです。だから、彼はアメリカの中東政策の産物だと言えます。ウサーマ・ビン・ラーディンやアル・カーイダを、単純にアメリカの仇敵と思い込んでしまうわけにはいきません。しかし、湾岸問題におけるつまずきから、アメリカは飼い犬に手を噛まれるように世界に広がるイスラーム運動の反米ネットワークの出現を許してしまったのでした。

以上のようにして、パレスチナ問題がうまくいかないから湾岸問題を設計するが、それもうまくいかなくなったので中央アジア問題をつくりだす、これが今日の状況です。紛争の焦点というものがだんだん複合化してきて、ほころびをつくろうために、また脇の別のところを切開してみて傷口をひろげ、だんだんと手の施しようがない状態に次々と進んでいくといった、そんな重症化が見られるのです。さきにお話したように、中央アジア問題というのは、ロシアが抱えるチェチェン問題ばかりでなく、中国でのウィグル人の分離独立問題、さらにインド・パキスタン間のカシミール問題などに連結し、それは東アジア、東南アジアの紛争につながってくるだろう。朝鮮半島や台湾海峡やマラッカ海峡がパレスチナ問題とも直結するという、そういう可能性も十分に考えられるのですね。現にバリ島でのホテル爆破事件をとってみても、既にわれわれの地域、東アジア・東南アジアに問題が広がってきていることがわかるでしょう。国際紛争の焦点が東へ東へと移動し、国際紛争の連結と複合化が進んできていることが認められると思います。

C　イスラーム文明の理解がどのように歪められてきたか

さきにイスラーム理解に関して、あえて日本社会の「惨状」と申しましたのは、その根底に(一) 世界をつながりあったものとして見ない、(二) 学校でこういうたぐいのことを全然習わない、(三) われわれの頭の中に、保育園・幼稚園の段階からか、あるいは母親の胎教の段階からか、イスラームに対する偏見が刷り込まれてしまっているのではないか、そういう次元での問題から見直さなければならないと感じるからです。

イスラームの根幹にかかわる誤解の要点

なぜ日本社会のイスラーム文明に対する見方について「偏見や誤解の刷り込み」とまで言わなくてはならないのか。その歪みが、イスラームにとって最も本質的と考えられるようなところで起きているのではないかと考えられるからです。イスラーム理解の根幹に関わる問題とは何か。

誤解はかならずしも日本の社会に限ったことではなく、あとで述べるように欧米の誤解の受け売りだと言えますが、それが日本の社会でことさらひどい格好で現れているということに、まず目を向けたいのです。イスラームは沙漠の遊牧民の宗教だ、こういう固定観念ができあがってしまっている。それから摩訶不思議な戒律の非合理性、個人の自由を押し潰す集団主義や女性蔑視・男性優位の反時代性、そして他の宗教に聖戦をしかける独善的・排他的・好戦的な宗教の偏狭さ、凶暴さ、といったイスラーム・イメージが、「常識」となって流通してきました。「コーランか剣か」の攻撃性・侵略性・狂信性の既成イメージが、九・一一の惨劇の映像と犯人像とによって、イスラーム原理主義のテロリズムという見方を揺るぎないものとしています。このようなステレオタイプのために、イスラーム教徒の身なりに接したとたん、反社会的犯罪者への警戒心がたちまち呼びさまされたりするのです。イスラーム教徒のあるところ、殺傷事件や争乱や紛争や戦争が絶えないのでは？　イスラーム教は疑惑と不安をふりまく危険な宗教なのでは？　みんなで声をそろえて、イスラームなんて知らない、わからない、関係ない、と言いながら、すでに疑いようもないものとして一人歩きしているイスラーム像、マスメディアも情報の受け取り手の公衆もその上で踊っている「通念」、これこそ日本社会におけるイスラーム理解の問題性の根幹をなすものです。

タウヒード（一つにすること、一と数えること、多元主義的普遍主義）

イスラームという立場の特質について、すでにこのシリーズで、他の講師の先生方からいろいろ学んでこられたと思います。私の話に関連するところで、簡単に要約的に整理しておきましょう。

イスラーム教徒に「イスラームって何ですか」と聞きますと、必ず「それはタウヒードです」という答えが返ってくると思います。イスラームのエッセンスはタウヒードだと言うのです。「タウヒード」とは「一つにすること」とか、「一と数えること」とか、一という数に関係のあるコンセプトですが、これを私は「多元主義的普遍主義」とか「多即一」と説明しています。タウヒードは、やみくもに一つにまとめてしまう、一と決めてしまうのではなく、まず森羅万象（宇宙・世界の中の一切の現象）の気も遠くなるような多様性を前提として積極的に承認し、その万華鏡のような多様性に目を向けて、一つひとつのモノ・コトを差異的な「個」として徹底的に観察し研究する、たゆみなくこれを重ねていくと、第一原因としての「究極の一」を悟ることに行きつかざるをえない、これがタウヒードだと考えられている。

つまり「多と一」の火花を散らした統合というか、「多即一」の境地ですね。差異的な「個」の多様性・対等性・関係性を徹底的に考え、そこに着目していけば、否応なく多が多としてあるだけではなくて、多が多としてあることの根底にその事実の第一原因としての「究極の一」の存在に目を向けざるをえなくなるということを強調するのが、イスラームの立場です。こうしてタウヒードは、宇宙・世界の無限の多元性を創造する神の唯一性を確信すること、となります。それは一挙に「一」から出発するのではなく、徹底的に「多」を見極め問題とするところから出発する多元主義的普遍主義でしょう。沙漠の地平に孤独に立つ人間が「我・汝」関係で神と対する図ではなく、「都市」の雑踏を生き、「差異」をあきない、多様な「自分」を選び分ける「政治」を主体化する人の生き方だと言うべきだと思います。

他の宗教をどのように見てきたのかも、タウヒードと関係しています。図6をご覧ください。Revelations Repeated for n-Times すなわち「n回繰り返された啓示」という図です。God＝神、これはアラビア語ではアッラーフといいますが、アッラーフはイスラーム教の神様ではありません。さきほど私が「アッラーフのご計画」といった場合も、別にイスラーム教徒の神様を意味しているわけではありません。英語でGod 日本語でカミ、アラビア語ではアッラーフであって、宗教がなんであれ、アラビア語で暮らしている人にとっては神様はアッラーフなのです。だからアラビア語で暮らしているキリスト教徒やユダヤ教徒にとっても、神様はアッラーフです。アッラーフは、旧約聖書（ユダヤ教の聖書）の神エロヒームや新約聖書で「わが神」として示されるエロイないしエリと、セム系言語として同根です。イスラーム教徒は、キリスト教徒やユダヤ教徒と同じ神を拝していると考えていることに、目を向けておいていただきたいのです。

図6では、この神が預言者を通じて人間の特定の言語による聖書（啓典）を下す、その聖書（啓典）を受け取った人々がひとつの宗教共同体というものを形成する、という「啓示の過程」なるものが、まず示されています。ついで、この「啓示の過程」がn回繰り返される「啓示の歴史」に注目してください。神様が人類に向かって、これでもか、これでもか、まだわからないかという感じで、時系列的に、啓示を繰り返し下された、とイスラーム教徒は理解するわけです。n回のnは一体どんな数字なのか。これは神のみぞ知る、人間の知恵ではわからない。つまりn人の預言者がいて、nの数の人間の言語が使われて、nの数の聖書（啓典）が下って、そしてnの数だけこの地上には宗教がある、

というわけです。どの宗教も全部神が啓示を下した結果として成り立っているのだ。その地上にあるnの数だけの宗教は神によって制定されたのだ。こういうことが信じられているのですね。

預言者第一号はアダムですが、nの中間項の一つはモーセ、アラビア語のムーサーで、彼を通じてヘブライ語やアラム語でタウラー（トーラー、律法）が下された。これを受け取った人々がユダヤ教徒である。また別の中間項の預言者イエス、アラビア語のイーサーという存在を通じて、ギリシア語でインジール（福音書）が与えられた。これを受け取っているのがキリスト教徒だ。そしてnの最終値、すなわちn人いる預言者の最後の預言者がムハンマドであり、アラビア語のクルアーン（コーランはヨーロッパ人の聞き訛り）を伝えて、それを受け取った人々がイスラームのウンマ（イスラーム教徒の共同体）を形作っている、とされる。クルアーンでは、アブラハムやモーセやイエスはもちろん、ノア、ロト、イシュマエル、イサク、ヤコブ、ヨセフ、アロン、ダヴィデ、ソロモン、エリヤ、エリシャ、ヨブ、ヨナ、ザカリヤ、洗礼者ヨハネ、イドリース（エノクか？）、そのほかフード、サーリフ、シュアイブなど、たくさんの人々がイスラームの預言者だと認められています。クルアーンに登場するルクマーンは仏陀では？　とも言われました。地上にnの数だけある宗教は、みな神の前に対等であり、横並びにみ

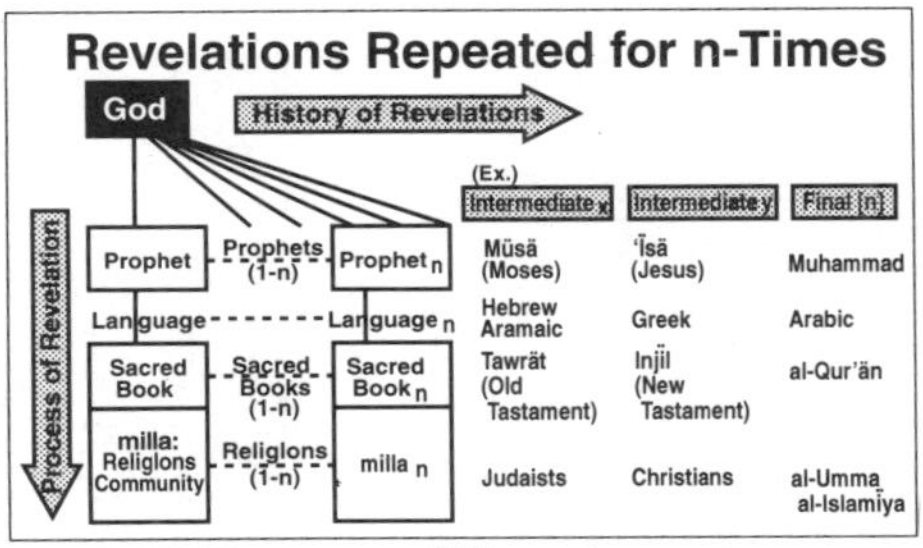

©YUZO ITAGAKI　図6

な仲間同士だという、こういう考え方です。これは、諸宗教のタウヒードです。宗教・言語・文化の多様性をありのままに認めながら、それらの間の共同性と公共の場とが発見されることになります。

イスラーム（神への服従・帰依）は人間のみならず被造物一般の創造主に対する正しいあり方であり、あらゆる宗教の本質だという考え方から、イスラーム教徒の間では、自分たちだけで「イスラーム」という名前を独占すべきでないので、自分たちの宗教はただアッ・ディーン（ザ・宗教）と呼ぶほうがよい、と議論したりしていたほどです。預言者ムハンマドが西暦七世紀初めにメッカで活動するにあたって訴えたことは、「アブラハムの宗教を回復せよ」ということでした。すでに申したように、当時既にアラビア半島に広がっていたユダヤ教徒やキリスト教徒たちはアッラーフを拝していたのです。ですからムハンマドはまったく新しい別の神様を持ち出したわけではない。イスラーム教徒は、ユダヤ教徒やキリスト教徒の聖書を神の啓示として尊重するし、モーセやイエスの誕生祭も祝うのです。

もちろんキリスト教とイスラームとの間で、立場の相違はあります。イエスは神の子（ないし受肉した神）で救い主なのか、単なる人であって預言者なのか、ということのほかに、もう一点、原罪観も対立点です。イスラームにおいては、アダムとイブが犯した罪は、エデンの園からの追放によって、判決がくだり処罰が執行済みなのだから、子孫までが罪を問われることはありえない、という個人主義と法的思考法の合理性とを徹底したものの考え方をします。そうした違いはあっても、連帯感があった。ことにカルケドン信条の三位一体論によって「異端」とされたキリスト単性論派諸教会やネストリオス派が主流だった東方キリスト教は、イスラームと深い親近性で結ばれていました。イスラーム教徒はユダヤ教にも親密な仲間意識を持ったのです。だから、キリスト教徒やユダヤ教の立場を公正に尊重しました。

カイロのマタリーヤ地区に「マリアムの木」があり、幼子イエスを連れてエジプトに逃れたマリアが、この木に洗濯した衣服をかけたと言い伝えられている木ですが、これをマリアムの木として守ってきたのはイスラーム教徒です。エルサレムの聖墳墓教会（ゴルゴタの丘の十字架が立てられた地に建てられたことになっている）の鍵を守って教会堂の管理をしてきたのは、エルサレム市民のイスラーム教徒の一族です。現在でも、レバノン、シリア、パレスチナ人などアラブのキリスト教徒たちはアッラーフをたたえる賛美歌を歌い、世界のイスラーム教徒たちはアーメンと唱えます。このような相互浸透的・融合的な関係、理解と協力が成り立ってきた歴史を見落としてはなりません。この中東のタウヒード的状況こそ、イスラームのタウヒードの思考法を支えてきたのです。

「コーランか剣か」という言葉は、十字軍の時代に西欧の人びとが発明した、イスラームに対する悪口言葉で、それは実は十字軍が実践していた「改宗か死か」という自分たちの思想を相手になすりつけ、それでイスラームをやっつけたことにする自己欺瞞の符丁でした。イスラエルが、「ユダヤ人を海に追い落とす」悪者として実は自分たちが海に追い落としたパレスチナ人を非難するのも、同じ手法です。今から十五年ぐらい前までの日本の高校世界史の教科書などでは、イスラーム成立の章で、イスラーム教徒は「コーランか剣か」を旗印に周辺を征服した、などと麗々しく書いていたものです。

さすがに最近、これはなくなりました。それでは教科書の検定を通ることも、むずかしくなったのでしょう。

イスラームのアーバニズム、近代性

イスラームのアーバニズム Urbanism（都市を生きる生き方）に注目したいと思います。イスラームの特徴は何かといいましたら、砂漠の宗教ではなく、遊牧民の宗教でもなくて、人間を「都市」化する宗教、「都市人間」を育てる宗教だと言わなくてはなりません。「都市の宗教」というか、都市を生きようとする人間のアーバニズムを理想とする宗教だ、とも言えるでしょう。都市というものに結び付けてイスラームを理解する必要があるのです。ここのところが非常に大きく取り違えられている。都市といえばヨーロッパの中世都市、学問といえばヨーロッパの大学の歴史に視点を合わせるような、ヨーロッパ中心主義の毒に日本人は骨の髄まで冒されているようです。私は七世紀からの近代性（モダニティ）ということを日頃議論しておりますが、人類史的にいって、都市化と商業化と政治化（ポリティサイゼーション）、そして個人主義・合理主義・普遍主義の社会的展開が、イスラームの成立とともに始動するのです。無論その前提には古代のギリシャの文明からのつながりを考えなければなりません。古代ギリシャ文明の達成の上にイスラーム文明が生まれてきたし、古代ギリシャ文明の直接の継承者はイスラーム文明だったのです。このことを押し隠して古代ギリシャ文明を排他的・独占的に「西洋古典」文明と呼び、ギリシャ・ローマの「古典」時代を受け継ぐヨーロッパを世界史の中

心に据えて、イスラームへの敵意をむき出しにしながら「近代」はヨーロッパに発するという主張を捏造するのが、ヨーロッパ中心主義です。ヨーロッパがイスラーム文明に負うところがいかに大きかったかは、われわれが問題にしてきたモダニティという事柄、例えば社会科学においてモダニティに関連づけられたルネサンスや宗教改革や国際法や社会契約思想や啓蒙・寛容・市民革命の思想の巨視的な見直しを迫るものです。ヨーロッパはイスラーム世界と一体化させて理解し直す必要があります。それは、アーバニズムとモダニティに関するこれまでの学問そして大学が自覚せずにいた落とし穴を明らかにするとともに、二一世紀の世界に対するわれわれのまったく新しい視野を開くものとなるでしょう。図の7、8、さらにそれに加えて、図9は、この課題への取り組みに役立つさまざまなヒントをみなさんに提供すると思います。あとでじっくりと眺めて研究し

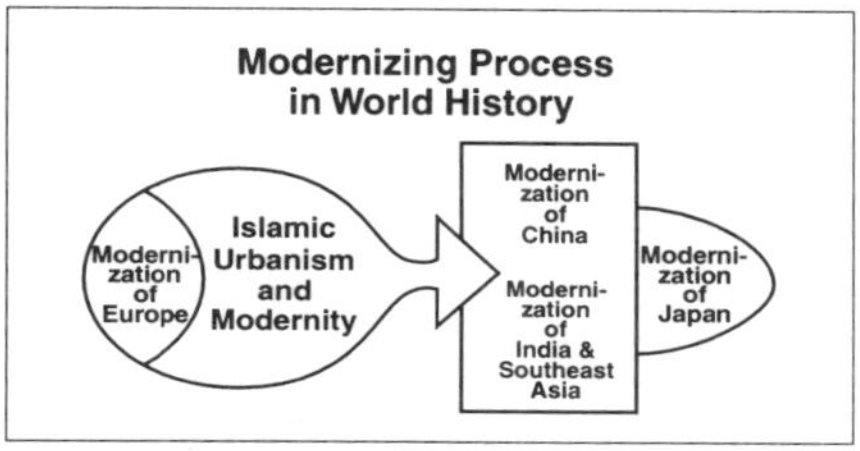

図７

European development was under the influence of Islamic modernity & urbanism.

individualism / rationalism / universalism
community of discourse
market economy
rule of law / civil society / nation state / republicanism
science / philosophy / ideas of social contract / values of knowledge and information / role of intellectuals / university / disciplinary formation
medicine / architecture / techniquea in commerce & banking, agriculture, stock-farming, and craftsmanship
urban living / foods / costume / accessories / etiquette / music / etc.

図８

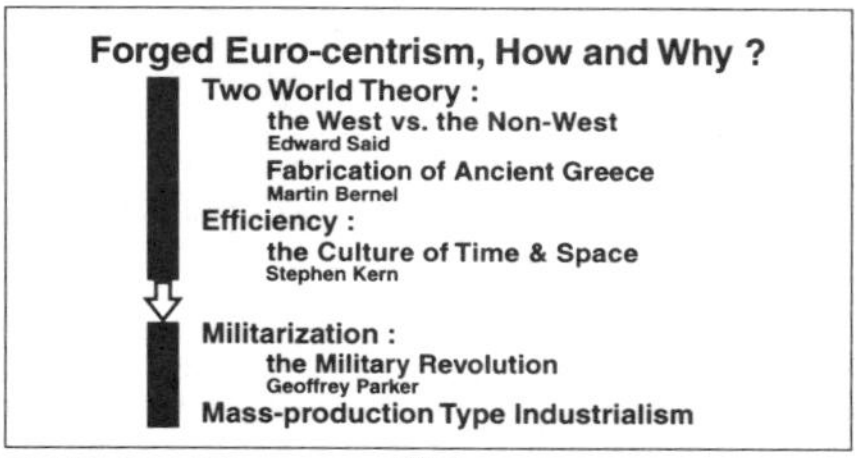

　図９

てください。

アイデンティティ複合

アイデンティティ複合とは、多様な自分を状況の中で主体的に選び分けること、と考えてみてはいかがでしょう。一人の人間は、いろいろな関係の場の中にある一個人として、さまざまな自分というものを持っているのです。「私」は、親からみれば「子」ですし、祖父・祖母からは「孫」、いとこ同士の関係では「いとこ」、別の角度からは「甥または姪」でもあり、子どもが生まれれば「親」にもなる。そういう「自分」はもっと広い社会的な場では、自分が何であるか、多様なアイデンティティを持ち、使い分けることになる。「都市」的状況は、そうした個人個人の主体的アイデンティティ選択の真剣勝負的切り結びの上に展開することになるのです。例えとして、identity choosingとは、非常にたくさんの違った肩書きの名刺を持ち歩いていて、あるシチュエーションのもとで、特定の肩書きの一枚を選び出し、私はこういうものですと名のるといったことでしょう。これは、タウヒードであり、アーバニズムであり、モダニティなんですね。

ここで図10をみていただきたいのです。「族」的結合の可変性、そして「族」的結合のダイナミックスを考えるための図です。Self（自己）があって、その上に三角形の斜辺で丸がずっと繋がっている、それは父親の系列です。Selfは男性でも女性でも、通常アラビア語の名前（名付け）では、本人の名前があって、次に父親の名前がきて、その次におじいさんの名前がくるという構造になっています。男性も女性も、パスポートや身分証明書では、名前は三代の名を連ねる形で示されます。これはイスラーム的というより中東的考え方です。「アブラハム、イサクを生み、イサク、ヤコブを生み——」という式で、ヤコブ（別名イスラエル）は「ヤコブ、ベン・イサク、ベン・アブラハム」です。女性の場合ですと、二番目にくる名はお父さん、三番目はおじいさんの、いずれも男性の名前になります。結婚しても実家のお父さん・おじいさんの名前を一生背負っている。ベンはビンやブンやイブンと同じで「——の息子」。最近は「ビン・ラーディン」を知らない人はいないでしょう。「——の娘」はビントです。

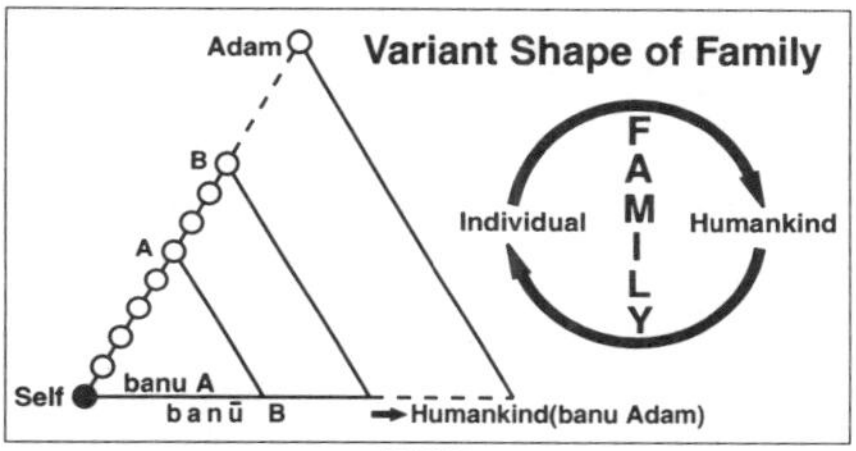

©YUZO ITAGAKI　図10

しかし、名前は固定したものではないことが重要なのです。図10で、先祖の中のAさんを誇りに思う、自分はAの子孫なんだということを強く意識すると、バヌーA（Aの子ら）として、自分の名前の後にすぐAを連ねて、それを自分の名前にする。ところが次の日、私はBの子孫なんだと自覚すると、私の名前のすぐ後にBがくることになる。状況の中で先祖の中からより取りみどり、気に入ったご先祖様を選んでは、自分の名前を作っていく組み替えが、自由自在に可能なのです。日本では、これは人間としてのいい加減さを表すもので、そんな人は信用できない、と言われそうですが、新約聖書の冒頭の「アブラハムの子、ダビデの子、イエス・キリスト（の系図）」を思い出してみてください。「バヌー・——」は、日本語では「――部族」となるでしょうが、すでに名前の取り替えでおわかりのように、中東では部族は運命的に固定したものではなく、社会的・政治的に人々が結束する可変的な「家族」の枠組みの一局面にすぎないのです。社会的状況の中で私が何者かを絶えず選び分けるのは政治化（ポリティサイゼーション）であり、これが「政治」の原点です。

そうした選択肢の一つとして、私は「アダムの子孫（バヌー・アーダム）」なのだという観念が成り立つ。日本ではキザっぽいけれども、庶民の日常生活の中で正真正銘私はアダムの子孫だと自然に名乗る、つまり「お前、誰?」と聞かれて「私、人類」と答える場面が中東の社会ではいくらもあるのです。おそるべき身についた普遍主義の感覚です。人々は、自分の属する「家族」のサイズを、最小の単位の「私」（少なくとも、将来子孫を持つべき家族ポテンシャル）と最大単位の人類との間で自由自在に変動させながら、現実の中での主体的な自己管理を自己責任でおこなっている、といえます。

図11でも、人々の宗教的帰属は、自由な組み替えが可能です。イランの十二イマーム派のイスラーム教徒を例にとれば、彼または彼女は、自分を十二イマーム派だとも、シーア派だとも、イスラーム教徒だとも、啓典の民（ユダヤ教・キリスト教・イスラームを包摂するアフル・アルキターブ）だとも、さらには先刻の私の説明の仕方でいけば人類のnの数の諸宗教すべてを包括したものに所属する一員だとも、自覚でき、選び分けつつ暮らすことが可能なのです。アイデンティティ複合は、この面でも、イスラームのアーバニズムによって活性化されてきたのでした。

「ジェンダー」の問題もアイデンティティ選択の次元で考えられます。これも個人のあり方の選択肢であり、フェミニズムはある種の「民族運動」だと考えることができます。イスラームは女性に厳しいとか、男性優位だとか、思いこんでいる方がいます。男女の平等を原理的にもっともするどく強調したのは、七世紀からのイスラームだったということは、好むと好まざるとに関わらず認めざるを得ないでしょう。七世紀の初め、日本でいえば聖徳太子の時代に（預言者ムハンマドと聖徳太子とは同時代人です）、出現したイスラームのもとで、女性の遺産相続権や証人となる権利が法的に確立され、制度化されたのです。女の子の赤ちゃんの間引き（嬰児殺し）も禁止されました。これらは世界史的に画期的なことです。アフガニスタンのターリバーン治下での女性の地位をめぐる問題は、パシュトゥーン地域社会の伝統や国際環境など具体的条件を検討すべきで、それを飛び越して問題をイスラーム一般に拡張してしまうわけにはいきません。

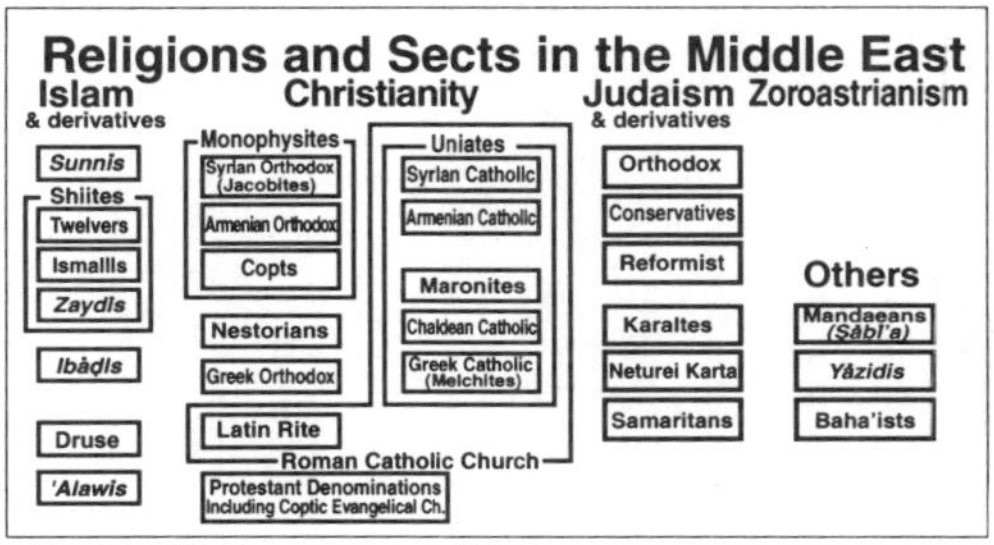

©YUZO ITAGAKI　図11

ネットワーキング、イスラーム経済論、法と科学

さきに触れましたが、イスラーム文明の特質的な機能の一局面としてネットワーキングが注目されます。個人が、家族が、集団が、都市が、地域が、産業が、生態系が、ネットワークとして連なっていく。超域的な商業活動と知識・情報の循環を実現するコミュニケーション

によって、イスラーム文明はグローバリズムの先駆者となったのです。ここでも、タウヒードの活性というものを認めることができます。一四世紀モロッコ出身のイブン・バットゥータがおこなった西アフリカから中国におよぶ大旅行や、一五世紀初め中国の雲南出身のイスラーム教徒である鄭和が率い、アフリカに達した遠距離交易船隊の大プロジェクトなど、指標となるでしょう。二一世紀の世界ビジョンにおいて、もちろんこれから日本社会にとってのビジョンとしても、ネットワーキングという自己組織性は、あらためて新しい意味を与えられることになる、と見られています。イスラーム研究が寄与すべき場面はここにもあるのです。

イスラーム経済論は、二〇世紀後半から、あらたに世界的関心を呼び起こした分野です。ここでそれを全面的に紹介することはできませんが、利子（リバー）の禁止というイスラーム本来の原則的立場に関連する事柄にかぎって見ておきましょう。人間が不労所得としてカネにカネを生ませた利子を得ることは、人間としてのもっとも恥ずべき堕落と考えられています。額に汗し、情報を駆使し、知恵を働かせて利益を上げるという営為は、それ自体が人間の責任応答的な生き方として重視されてきました。マックス・ウェーバーは世界宗教の研究でイスラームに到達しなかったために、プロテスタンティズムの倫理の話で止まってしまった、とも言えるかもしれません。イスラームでは、正当な商業活動によって利益を得るのは人間として立派な行為なのですが、利子生みはきびしく禁止されます。

その結果、図12が示すように、預金者が銀行に預金して利子を得、銀行が企業に融資して利子を取る、利子生み活動の上に在来型金融・経済が成り立ってきたのに対して、イスラーム経済論は、アラビア語のムシャーラカ（英語のパートナーシップ）というコンセプトを強調するのです。投資家としての個人の集合が無利子銀行にカネを集めて、事業体（企業）プロジェクトに投資する。情報開示によって、各出資者はプロジェクトの活動状況を絶えず十分にチェックしている。いってみれば、皆がパソコンを持って、ネットを組んで、フォローアップとフィードバックに怠りない情報社会、それが理想、ということになります。そして利益が上がった場合も損失が出た場合も、Profit-Loss Sharing（PLS）方式で、出資者・無利子銀行・事業体の三角形の各パートナーがそれぞれの自己責任でシェアしあうことにより、利益ないし損失を合理的に配当するというもので、イスラーム法の禁じる利子生みはしないという考え方です。これについてはある種のごまかし（リーガル・トリック）だという批評はいくらでもあり得るのですが、一番根本のところは働かないで増殖する利子を不労所得だとして排する批判であり、銀行改革の要求なのです。この思想および理論、そして一九七〇年代以降広がってきたイスラーム銀行の実績およびパフォーマンスは、現在、大型の長期プロジェクトの運用の面でも、逆にマイクロ金融の展開の面でも、関心を集めるようになっています。日本でも、今、生協の活動などの中で、イスラーム経済について勉強したいと考えるようになった人々が現れています。

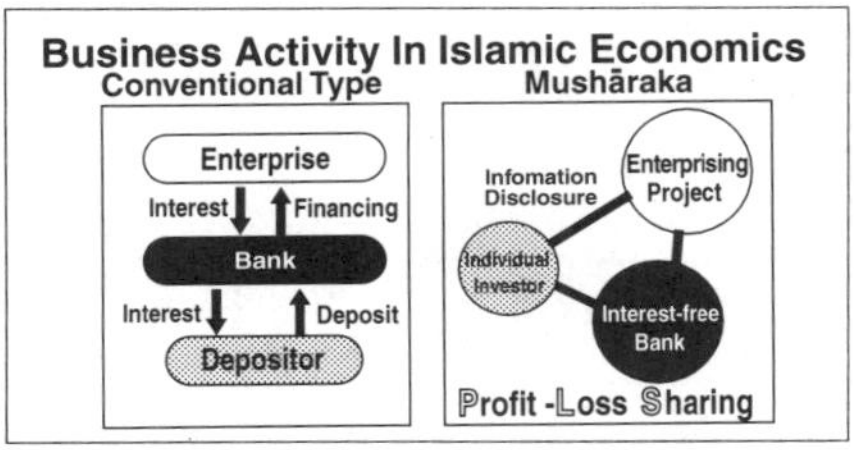

©YUZO ITAGAKI　図12

イスラームでは、リーガル・マインドを徹底的に重視します。社会契約という次元で、社会的ネットワーキング（パートナーシップもネットワーキングの一つの形態です）を考えていく。社会契約においては、「安全と公正」という社会的価値に格別の重要性が与えられます。バイアというのは、金曜日の昼の集団礼拝の際に述べられる説教の中で、説教者が国の統治者の名前をメンションする（誰それさんの上に神の恵みが豊かにあらんことを、とか、誰それさん万歳、とか、いうようにして）ことです。地区ごとにイスラーム教徒の男女が参集する場でこのバイアがおこなわれることは、礼拝に集まった人々がみんなして統治の正当性・合法性（レジティマシー）を承認するという政治行為を意味し、いってみれば選挙の手続きは踏まないけれども、信者たちによる信任投票がおこなわれたのと同じことで、社会の信任が成り立ったことにするという話なのです。バイアという言葉の本来の意味は、商取引がまとまった際の「手打ち」です。これが政治の話になると、金曜日の集団礼拝の機会に人民が統治者の統治を形式的とはいえ承認する「手打ち」を意味することになります。どんなに恣意的で残虐な支配者といえども、たてまえとしては、神の法に基づいて「安全と公正」を求める人民の審査に毎週かけられ、「支配者」としてでなく、人々の合意の上に立つ「指導者」として認知される手続きにさらされる、というわけです。歴史を通じてカリフやスルターンは、そして現在は国王たちや大統領たちが、毎週金曜日、全国のモスクに響く声に、すなわちイスラーム教徒の共同体の声に、全く無関心ではいられないことになってきたのでした。

イスラームにおいて、統治は社会契約の上に初めて成り立つのだというたてまえがあることは、米国がイスラーム世界の「民主化」を呼号したりする今日、イスラーム自前の民主主義を問題にしていくにあたって大事なポイントです。日本では社会契約論というと、ホッブスとかロックとかルソーとか、ヨーロッパの話としてしか考えないのが普通ですけれど、それに先立つ数百年間にわたってイスラーム教徒の学者たちが、社会契約について論争を重ね、統治のレジティマシーや「指導者」の資格（イマーマ）についての多角的な議論を蓄積してきた経過を無視して、後にヨーロッパで受け継がれる議論だけを切り離して論じるのは、学問として失格だと言わなければなりません。イマーマに関する議論の中では、すでに、悪しき君主は倒されるべきだという君主放伐論（市民革命にむかう理論）から、君主の権力には神に発する権威が具わっているとする王権神授説まで、ヨーロッパにおいて一七、八世紀に復習される理論の原型が出そろっていた観があるのです。世界の大学も日本の大学も、一九世紀以来のヨーロッパ中心主義のパラダイムを制度化してしまった学術の歪みと頽廃を徹底的に見直していかなければならないでしょう。

このような観点から、イスラームが提起してきた「知識」の意義付けや「科学」的精神について、私の文章（『イスラーム誤認』岩波書店刊に所載の「イスラームの未来をひらくもの」、本書二七六―二七九頁所載）を、あとで読んでくださり、ぜひ考えていただきたいと希望します。

D　誤解と偏見はどこからきたか

私の話は終わりにしなければいけない時間が、だんだん近づいてきました。やっと話が始まったという感じなのですが、はしょって要点だけを説明することにします。

イスラームに対するわれわれの誤解や偏見はどこからきたのか。まず西洋からの影響として、ヨーロッパのオリエンタリズムについてよく考えてみる必要があります。オリエンタリズムという言葉は、近頃、流行していますが、パレスチナ人で米国市民、コロンビア大学の比較文学の教授であるエドワード・サイードという人が一九七八年に出した『オリエンタリズム』という書物に盛られた概念からきています。八〇年代半ばに平凡社から、その翻訳（同名の）が出て、現在は二分冊で平凡社ライブラリーに入っています。オリエンタリズムは、元来、「東洋趣味」とか「東洋学」の意味で使われてきた語でしたが、サイードは、これに「西欧側のコンプレックスに基づく屈折したイスラーム観と東洋知識、欧米はこれらを自意識確立および東洋支配のための道具立てとした」という意味づけを与えたのでした。欧米はイスラームの強迫観念からどうしても逃げられない。世界を西洋と東洋（自己と他者）に分ける二項対立論に立って、他者としての東洋をイスラームという「敵」によって代表させ、これを、「好きだから嫌い」、「頭が上がらないからばかにする」、「恐ろしいから攻撃する」という矛盾・葛藤する感情でもって眺める一方、「ダメ東洋」に対する「光り輝く西洋」という自己愛を強めて西洋の東洋支配を正当化する心的傾向で自らを激励しながら、知と力の結合としてのヨーロッパ優越論の言説に身をゆだねてきたのです。サイードが批判したこの歪んだイスラーム観、アジア観は、明治期以来、日本社会によって輸入され、ときに無邪気に、ときに必死になって、それへの同化適応が進められたのでした。

ヨーロッパの二分法・二項対立の思考法が、われわれの頭の中に埋め込まれてしまいました。もともとヨーロッパの二項対立の考え方の土台にあったのは、ユダヤ人対異邦人（非ユダヤ人）という二分法です。新約聖書の使徒言行録の二八章二八節に示されるように、キリスト教は異邦人の宗教だという立場から、歴史の問題としては、つまりキリスト教の歴史的責任としては、キリスト教の反ユダヤ主義が生じたのでした。今日のキリスト教はこのことについての内省と省察を強めていますが、十字軍以降、二〇世紀にまでわたり、「神殺し」、「聖体のパンの冒瀆」、「儀式殺人」などの非難中傷によってユダヤ人に対する苛烈な迫害が加えられました。キリスト教の自立を支えた「ユダヤ人か異邦人か」という二分法が、心と身体、霊と肉、物質と精神、政治と宗教、等々、対置される二項への二分法に基づくヨーロッパの論理方法を生み出してきたのです。オリエンタリズムもその産物でした。要素還元主義や価値の序列化から、ヨーロッパ中心主義と密接する人間中心主義、男中心主義、人種論、マニフェスト・デスティニー（白人の使命）、文化相対主義など、あらゆる鉄面皮の、あるいは偽装された、さまざまな「中心主義」が生まれてきたのです。これら欧米の二項対立論（善玉悪玉論、悪の枢軸論など）やあらゆる「中心主義」は、イスラームのタウヒードの多元主義的普遍主義やネットワーキングを敵視し、それと対決する二分法に賭けようとしています。

すでに図4（二五一頁参照）は今日初めの段階でご覧いただきましたが、十字軍からレコンキスタ、大航海にかけて、キリスト教世界対イスラーム世界という二分法の上に、物語は成り立っています。この「二つの世界」論を、一九世紀になって古代史解釈にあてはめたのがペルシア戦争における東洋的専制とポリスの民主主義とが激突する東西対立の物語であり、二〇世紀になって国際政治のマネージメントにあてはめたのが共産圏と自由世界の対峙する東西対立の物語だった、ということになります。「キリスト教世界」とは、即、ユダヤ人差別・虐殺を内蔵するものだったわけですが、十字軍言説の中の「イスラーム世界」は図11（二六五頁参照）が示しているような現実の多元性、多様性を意図的に捨象し、それによって、アラブのエルサレム市民として暮らしていた東方キリスト教諸教会のキリスト者までも抹殺してしまうエルサレム「奪還」論の虚構を隠す仮想空間としての「二つの世界」の片割れだったのでした。

ところが、図5（二五一頁参照）のオスマン帝国を相手取る東方問題の時代になると、こんどは中東社会の多元性・多様性につけこみ、「モザイク社会」論をもてあそんで、「宗教・民族紛争」の地イスラーム世界というイメージを振りまくこととなるのです。オスマン帝国における多様な民族、多様な宗教コミュニティの間の、社会契約に基づく共生のシステムが、逆転されて紛争のシステムに転化させられることになりました。図5が語るように、例えば英国がドルーズやユダヤ教徒を応援し、フランスがカトリック勢力を支援し、ロシアがギリシャ正教会の人びとを手なずけるというようにして、資金を与え、武器を与え、学校を作り、病院を建ててやるという式で、交錯するパトロン・クライアント関係のもとで、外側から紛争を煽動するわけです。

以上のような、「キリスト教世界」（ないしユダヤ・キリスト教文明）を脅かして暴虐の劫掠をほしいままにする賊徒の物語とイスラーム世界に頻発する「宗教・民族紛争」という物語との結合にこそ、二〇世紀末から二一世紀初頭にかけての世界の「反テロ戦争」言説の古めかしい土台がある、と言えましょう。日本社会はこのカラクリにころりとまいってしまう危険がある憂うべき状態です。日本人の多くは、問題の本質を見誤って、イスラーム教徒はどうして紛争が好きなのか、どうしてテロや戦争にばかりはしるのかという疑問に誘導されています。

日本社会の現状に批判の目を向けるためには、ただ欧米オリエンタリズムの歪んだメガネを借りて見ているからといった反省だけでなく、「日本のオリエンタリズム」の批判が必要なのです。日本社会は、欧米からオリエンタリズムを輸入する前に、日本の社会自身が中国とどう違うか、インドとどう違うかを問い続け、アジアを対象化してアジア離れの立場からものを考える日本オリエンタリズムを持ち越してきたのです。本朝（日本）・唐（中国）・天竺（インド）という「三国」意識に沿って日本のアイデンティティ（枝葉花実に対する根本や、やまとごころ・みくにぶり）を探求するという素地があったので、欧米オリエンタリズムを簡単・安直に受け止めてしまったのではないか、ということを検討してみていただきたい。そしてさらには、第二次大戦後の日米安保の身体化のために、世界をどう見るか、世界にどう働きかけるかを、全部アメリカ任せにする知的・精神的衰弱を結果したのではないか、という点の自己吟味も必要だと私は考えています。

いよいよ時間切れになってしまいました。よく考えてみれば、日本とイスラームの両文明は西暦七世紀以来の並行現象であり、日本の「和」とイスラームの「サラーム（平和）」との対照が暗示するように、両者には文明間対話の契機がそれぞれ内蔵されており、日本の八百万のカミはイスラームの森羅万象にあふれる「神のしるし」の考え方と違わないのではないか、など、新しい視点を提案してみようと、欲ばって盛りだくさんの話題を予定したため、途中で終わることになったことをお許しください。それにしても、わかりづらい話を、みなさん熱心に注意深く聴いてくださったことに感謝します。どうもありがとうございました。

〔後記〕時間切れとなった部分について記述した以下の書物が、その後出版されたので、参考のため挙げておきます。

板垣雄三『イスラーム誤認―衝突から対話へ』、岩波書店、二〇〇三年九月刊。

イスラームの未来をひらくもの——板垣雄三

イスラーム教徒の論理と生き方に、またイスラームという宗教の将来に、世界の関心が向けられている。だがイスラームの問題性とは、イスラームに限定してだけ考えることができぬ全体構造の索漠たる現実なのだ。

二〇〇一年九月一一日以後の米国は、〈敵〉の可能態あるいは現実態としてのイスラーム教徒の影を付けまわす「対テロ戦争」の名において、援護すべき理念と制度とをみずから破壊する「自傷行為」に走っている。アフガニスタンや中央アジアへの軍事展開のほころびと独り勝ち経済のよろめきとが深部で結びあう暗闇が、外にはイラク攻撃への、内には市民相互監視・摘発システムの構築への、衝動をかき立てている。イスラエルでは、並みの市民たちが、今やなんと「レヴィナス的」問いを反芻するにいたったパレスチナ人大衆を脇に据えつつ、レヴィナスの翻訳をベストセラーに押し上げ、ヘブライ大学のレヴィナス研究集会に詰めかけるといった惑いと模索の中にあるのに、国家は、自民族中心のホロコースト体験独占と「他者」否定のホロコースト実践とによって、国際政治がイスラエルを救うため考案した一九六七年以降の占領地問題の処理方式を意図的に壊し、一九四八年の「ユダヤ人国家」建設にさかのぼる原「占領」の意味を人々に吟味し直させるよう促してしまっている。建国の初めから国際刑事裁判所の設置を要求し待望してきたイスラエルが、今ではこれをもっとも恐れ警戒する国となってしまった。世界のあまたの国々の指導者(イスラーム教徒と名のる人々をも多数含む)が、米国への気兼ねの「愚かしさ」を知りつつ漂流するガヴァナンス喪失状況を恥も外聞もなく晒している。こんな索漠とした現実が、先行きの見えない閉塞感と崩落への危機感覚とを世界に拡げるのだ。

ここから、イスラームを悪の根源と見立てたり、逆にイスラームの迫力に感じ入ったりする、安直な「癒し」系心理療法が流行しはじめた。なぜイスラーム世界は米国を憎悪するのかとか、イスラームは欧米の近代文明に対する対案たり得るか、といった問い方が横行している。「欧米対イスラーム」という二分法・二項対立に必死にしがみつくオリエンタリズムの季節はずれの「あだ花」現象とでもいうべきか。

それでも欧米の「あだ花」現象が精一杯計算ずくの策略をしのばせているのに比べると、日本でのそれは、あまりにも無邪気に西洋中心主義に同化してその毒が全身に回ってしまった日本社会の知的状況のために、将来ほとんど修復不能なまで世界認識を誤らせることにつながる危険がある。日本社会において、イスラーム認識に欠陥があることは自覚されているが、それはとりも直さず、欧米認識にも、アジア認識にも、そしてみずからのアイデンティティーに関しても、重大な誤認があることなのだ。なぜ、そうなのか。

近代性をヨーロッパ発のものと定める約束は、一九世紀以来の底の浅い西洋中心主義の、しかし権力的に世界を席巻しつつ制度化を進めたパローキアルな言説の、産物であった。七世紀以来、イスラームのアーバニズムは近代性を開花させ、都市化・商業化・政治化を通じて個人主義・合理主義・普遍主義を拡張・深化させた。イスラーム文明のネットワーキング機能に触発されて、一〇世紀から一六世紀にかけて、ヨーロッパの、中国・インド・東南アジアなど多様なアジア諸社会の、果ては日本の、さまざまな「近代化」過程が相互作用をともなって展開した。このグローバリズムの歴史を、西洋中心主義は隠蔽したのだ。西欧の軍事化された産業主義が、やがて合流する日本のそれとともに、途中から人類史の軌道に大きなズレを生じさせたとは言え、現在、世界が直面する文明的危機とは、七世紀に端を発する近代性の展開の総過程が、今、決算を迫られているということなのだ。欧米をイスラーム文明から切り離して理解することはできない。イスラームは、近年になって外部から介入的に登場してきた意義申し立て人などではなく、近代性が行き着いた結末としての世界の閉塞的現状に対して、重大な責任を担わなければならない当事者なのである。

このことは、かつて科学・技術、市民社会、男女平等、市場経済を主導したイスラーム文明の惨憺たる現状とも密接に関連している。イスラーム文明にとって基本的な立脚点であったはずのウンマ（イスラーム共同体）は、理念・現実の両面で、その一体性を失って時すでに久しい。名のみであったカリフも、第一次世界大戦後に消滅した。今日、観念としてのウンマの実態は、政治的に八つ裂き状態である。急進的イスラーム運動の潮流には、イスラーム諸国会議機構を構成する諸国家のイスラーム性を否定して、新しいカリフの擁立によるウンマ再建を目指す動きもあるが、これに確たる展望があるわけではない。事実、「イスラーム諸国」と称する国の中には、権力の腐敗と圧制、無残な人権状況に関して目を覆うほどのものが少なくない。もう一つの立脚点であるシャリーア（イスラーム法）についても、知識人が神の法の斬新な解釈を展開する合理精神を摩滅させ喪失した長い沈滞期の後、一九世紀にはヨーロッパの法体系にほとんどの領分を蚕食されて、法の二重過程が生まれ、その体系性と自己完結性とを解体されてしまった。現在、シャリーアの回復を要求する運動やこれを利用する為政者の政策も、法状況に根本的な変革をもたらすことは望むべくもない。

おそらく、イスラームのもっとも基本的な立脚点とされるタウヒード（一つにすること、一と数えること、神の唯一性の確信）の立場こそ、この行き詰まった世界の全体構造の中で、その集中的負荷に悩むイスラームに新たな未来をきりひらく可能性を秘めたものではないだろうか。それは「多」即「一」の立場である。まず宇宙万物・森羅万象の多様性、個別性、差異性、対等性に着目し、たゆみなく枚挙し、観察し、知識化・情報化する。この気も遠くなるような作業を徹底すると、万有の第一原因＝創造主である「究極の一」が求められる、というのだ。こうして宗教とは科学であり、商業であり、政治でもあることになる。イスラームは、「究極の一」を「見てしまった」という条件を除けば、万物をくまなく見渡して「神」的なものなどどこにもないと徹底的に主張する「条件付き無神論」である。タウヒードは「多元主義的普遍主義」だとも説明できるだろう。多元的思考は、心身、霊と肉、物質と精神、教会と国家、聖と俗、信仰と行為、現世と来世、等の二分法をきびしく批判して統合を企てる。イスラームの一神教は、神の前に孤独に立たせられる「我・汝」関係によってよりは、クルアーンの言明に充満しているように、多様な自然現象とその遷移の内に神のアーヤ（徴、しるし）を認めるものとして、理解される。これは森羅万象がカミの立ち現れと見る日本的汎神論に近い。

しかも、「個」的存在は、多元的関係性の中で多元的関係性とともに創造される、と考えられている。ここから、宇宙的・環境論的・生態系的視野が強調され、神が制定した諸宗教の共生と共同目的とが意味づけられ、家族は家族ポテンシャルとしての個人から人類（アダム族）までの幅で変換自由のものとなり、ネットワーク志向やアイデンティティー複合（状況の中での多様な自分の選び分け）が発揮される越境型の都市人間が理想化される。人間的開花・充足としての営利はパートナーシップに支えられ、安全・公正・公益・

信託に関わる社会契約が重視される。イスラームはこの世に多数の正義があり得ることを認め、それらの間で「折り合い」・「釣り合い」をとる公正な中道を求める。終末に向かって神への責任・応答性が、たえず社会的・自然環境的な場で試される。このようにして、関係性は共同性として表象され、共同性は公共性へと昇華する。

イスラームにおけるタウヒードの論理と生き方は、人類社会の進化とそこでの近代性の展開を強力に推進した。そして、現在、索漠たる現実に覆い尽くされた世界がもっとも必要としているもの、それはタウヒードの論理なのではないか。タウヒードは、今日、近代性の行きついた隘路を打開する「スーパーモダン」原理として眺め直すことができるだろう。すでに思想の現代的営みの多くが、このヒントを暗黙のうちに認めている。

世に喧伝されるイスラームのテロリズムあるいは原理主義、それはまさしくタウヒードの立場を逆転するという手続きによって捏造された符丁なのだということにも気付く。イスラーム運動として括られる諸潮流の中には、確かに「欧米対イスラーム」の二分法に拠って対決主義の路線に立つグループも存在する。だがそれは、タウヒードの論理から逸脱して「西洋中心主義化」した分子以外の何者でもない。

イスラームは、人間の歴史を下降線をたどるものと見ている。堕落・逸脱・彷徨に傾く「現状」への反省、自己批判こそ、イスラームの本領である。ここからタウヒードの論理の人類的汎用性が拓けるだろう。非イスラームの立場からも、イスラームのタウヒードに学び、その再活性化に寄与する協力ができるに違いない。

『イスラーム誤認』岩波書店、二〇〇三年より転載

RCCフォーラム開催記録

■2000年6月16日
東アジアと日本　池　明観

■2000年11月17日
現代日本のナショナリズムと宗教　花崎皋平

■2000年12月1日
「無宗教」社会・日本の課題　阿満利麿

■2001年6月7日
イスラームにおける信仰と律法
―イスラームの宗教性　小田淑子

■2001年11月15日
現代イスラームと民族問題　小杉　泰

■2001年11月30日
イスラームの世界観と宗教対話　中田　考

■2002年5月21日
“God Bless America”と星条旗
―「同時多発テロ」後のアメリカを読みとく　森　孝一

□2002年10月11日
ヨーロッパ知識人から見たイスラーム
オリヴィエ・ミエ
ドミニック・ミエ-ジェラール
［通訳］　森川　甫
北原ルミ

□2002年10月26日
バルト神学と反ナチ闘争
―ユダヤ人問題を中心に―　エーバーハルト・ブッシュ
［通訳］　辻　学

■2002年11月15日
日本社会のイスラーム理解を再検討する　板垣雄三

シンポジウム開催記録

2003年1月17日
パネルディスカッション

民族、宗教、紛争

―多宗教社会・日本からキリスト教とイスラームを問う

パネリスト

宮谷宣史　神学部教授
後藤裕加子　文学部専任講師
畑　祥雄　総合政策学部教授

司会

松木真一　RCCセンター長

※役職はすべて開催当時のもの

What's RCC ?

「キリスト教と文化研究センター」(Research Center for Christianity and Culture、略してRCC)はキリスト教と文化の諸問題の総合的研究と教育の充実を目指して、一九九七年四月に発足した関西学院大学の研究センターです。

「キリスト教と文化」という名称は、人間に関わるさまざまな問題とキリスト教がどうぶつかるかを研究するセンターでありたいという理念に基づくものです。RCCは、生命倫理や自然環境、情報倫理や民族問題といった現代の切実な問題とキリスト教がどう関わるかを研究し、RCCフォーラム(公開講演会)などを通して、問題をともに考える場を提供しています。

RCCフォーラムは参加自由。今後も、興味深いテーマでの開催を企画しています。最新情報はキリスト教と文化研究センターのサイトをご覧下さい。

http://www.kwansei.ac.jp/RCC/

理 コトワリ

KOTOWARI
No.52
2019

関西学院大学出版会
KWANSEI GAKUIN UNIVERSITY PRESS

自著を語る

草はらに葬られた記憶「日本特務」

日本人による「内モンゴル工作」とモンゴル人による「対日協力」の光と影

内モンゴルシリンゴル盟職業学院教育学部研究員
ミンガド・ボラグ

日露戦争後、一時穏やかな顔を見せていた日本とロシアは、満洲国建国に伴い再び激しく対立するようになった。こうしたなか、日本は、満洲国の安全を保つために内モンゴル（現「中国内モンゴル自治区」）の西部地域に親日・満の独立国家を建立させ、ソ連共産主義勢力の東進と南下を食い止める計画のもとで軍事作戦を伴う様々な活動を開始させた。いわゆる「内モンゴル工作」である。

　その一環として日本は、満洲国に編入されていた内モンゴル東部を足場に、内モンゴルの西部へ影響力を徐々に伸ばしていった。彼らが最初に取り掛かったのは、ソ連の侵攻企図に関する情報を収集することであり、満洲国建国とほぼ同じ時期から内モンゴル各地のラマ廟（寺）に特務機関を設置しはじめた。そして、モンゴル人の親日感情を高めるための宣伝及び支援活動を行うことを目的とした「善隣協会」や、特務機関による軍政工作の補助機関としての貿易会社「大蒙公司」を次々と作り、やがて役所にも日本人顧問を派遣するなどして内モンゴルを日本の占領下においた。

　しかし、今日、この史実について知る日本人はほとんどいない。戦後の日本は、意図的にかつての植民地であった内モンゴルのことを忘れようとし、その歴史をきちんと次世代に教えなかったからである。もちろん、内モンゴルの近代史について研究している日本人研究者はいるが、そのほとんどが満洲国やその時代の内モンゴルの表舞台で活躍する人物に焦点を当てた研究である。その背後には日中政治関係史に束縛され、少数民族地域からわざと目を逸らす日本人特有の「まろやかさ」がないことはない。

ならば書こうじゃないか。そう思いながら私はフィールド調査に乗り出したが、困難の連続だった。なによりモンゴルの広大な大地を移動しながらフィールド調査を行うことは大変なことだった。日本特務機関で働いたことがあるという男性に会うため、わざわざ日本から現地を訪れたら四日前に他界していた。また、人々の警戒心も強く、日本からきたと聞くだけで門前払いされたことも多々あった。そんななか、こんな出来事も起きた。

二〇一七年の夏、私はある女性のところを訪れた。彼女は文化大革命中、菩提寺の活仏に乗合馬車を引っ張らせ、その馬車に仲間と一緒に乗って約二〇キロ走らせたことで有名である。その活仏が日本の協力者で、戦時中、日本特務機関の招待で来日したこともあるとのこと。私には彼女を責める気持ちは毛頭なく、事の真相を知りたいだけであると繰り返し説明したが、彼女は懺悔するかのように両手を合わせて拝みながら「当時、私は幼かった。私は無知で馬鹿だった」と言いながら泣き出した。その時、外から入ってきた彼女の息子らしき男が突然、ナイフを取り出して私たちを家から追い出した。こうした様々な困難な道のりを乗り越えて本書ができあがったのである。

本書は、関東軍が内モンゴル・シリンゴル草原に設置した日本特務機関に直接または間接的に関わったモンゴル人の回想を、史実に照らし合わせて解説を加えたドキュメンタリーである。誤解を恐れずに言えば、本書は日本が内モンゴル草原に残した負の遺産を背負って生きてきたモンゴル人の人生ドラマである。というのは、のちの文化大革命時、彼ら全員が日本のスパイを意味する「日本特務」や、売国奴を意味する「日本帝国主義の走狗」として吊るし上げられ、その負の連鎖は今なお続いているからである。私もそのような一族に生まれ育った。

また、本書は日本、ソ連、中国といった大国に翻弄され、その狭間で生きるモンゴル逸史でもあるが、三者の中で主導権を握っていたのは間違いなく日本であり、日本の直接または間接的な関わりによって生まれた逸史こそが日本史の別の側面を織りなしているといえる。ゆえに、一人でも多くの日本人にこの史実を知ってほしいと願っている。

自著を語る

ソウルを歩く
韓国文化研究はじめの一歩

日本女子大学准教授
平田《ひらた》　由紀江《ゆきえ》
京都産業大学教授
山中《やまなか》　千恵《ちえ》

「今韓国に行って大丈夫なの？」という言葉を、この夏ひさしぶりに聞いた。

近年の日本と韓国をめぐって、メディアやSNSを通じたイメージのやり取りから生まれているすれ違いを目にするにつけ、現場へ足を運ぶことの重要性を、あらためて実感させられる日々である。

切り取られ拡がる憎悪、そしてその憎悪と不安を増幅させるような構成のワイドショーなどのテレビ番組が目に付く。まるで「韓国」が一枚岩で、すべての人々が「反日」であるかのように。そして「反日」の意味も単純化して語られてしまう。

実際に韓国・ソウルの街を歩いていると、ぶっきらぼうな対応にも、無関心にも、そしてちょっとした笑顔のコミュニケーションにも出会うことができる。それはどの国のどの街を歩いていても起こることだろう。どんな「現場」も一枚岩ではないという想像力が今こそ求められているのではないか。

このように語ると、まるで本書が、昨今の日本と韓国における関係（および感情）悪化に待ったをかける目的で書かれたように感じられるかもしれないが、本書が企画されたのは数年前に行われた日韓の社会学、政治学等を専攻する研究者が集まったシンポジウムでのことだ。日本と韓国、あるいはそのほかの国々を行き来しながら研究を行う研究者が集まり、互いが互いを見わたすことのできる窓を広げる作業をコツコツ続けていくなかでの、そのささやかな成果の一部である。

とある場所、とある街には、場所特有の文脈を受け継ぐ「ローカル性」が刻印されてもいる。政治や経済や戦争のような大きな流れもさることながら、日常的に接する街の様子や色、匂い、そして人々の流れは、常に変化しつつその一部は歴史となり、その場所の個性を常に新たに生み出していると言っていい。

本書は、こうした場所性にこだわり、新村、江南、梨泰院等ソウルのいくつかの街を「歩いて」見ることで、街の風景の中に文化研究のアイデアを見つけ、場所の特性を理解して思考を深めるための知識や方法を身につけることを目指した。もちろん、「現場」での体験を通じて得られる感覚は多様で、興味や興奮以外にも違和感や不快感も含まれる。メディアやSNS上のやり取りだけではたどり着けないような刺激に満ちているのだ。だからこそ、その刺激と多様性に満ちた体験を言葉にするのは難しくもある。しかしあえて、この複雑でもやもやした、あるいはぼんやりした体験を、文化研究の言葉で整理してみたとしたらこんな思考が開かれるのではないか?と読者に提案してみようと考えた。

もちろん、ソウルの歩き方は人によって、年代によっても様々だろう。どれが答え、ということではない。音楽、演劇やミュージカル、グルメやお酒、建築や美術など、自身の趣味をテーマとした街歩きから生まれる発見もあるだろう。また、歴史を含むその場所自体への興味から「現場」へ赴く場合もあるだろう。本書は「文化研究」という切り口から、そのほんの一例を提示したにすぎない。主に韓国地域研究や文化研究に興味をもった大学生の学習用補助教材になれればと思い編んであるが、旅行ガイドブックよりはもう少し深くソウルの街を理解したいと思う読者にも、手に取ってもらえたらと思う。

ソウルを歩く
韓国文化研究はじめの一歩

平田 由紀江／山中 千恵［編著］

Ａ５判　一八八頁　本体二〇〇〇円(十税)

『ニュルンベルク合流――「ジェノサイド」と「人道に対する罪」の起源』

フィリップ・サンズ（二〇一八年）白水社

望月　康恵

本のタイトルと、六二〇頁のボリューム（厚さ四・八センチメートル）は、一般の読者を敬遠させるかもしれない。しかし国際法の学徒にとっては、世界大戦を経て国際法がどのように生成されていったのか、一家族の軌跡から垣間見ることができる興味深い書物である。

著者のフィリップ・サンズは、ロンドン大学の国際法の教授であり法廷弁護士としても活躍している。作者は、世界大戦下での祖父と母の人生を探りながら、「人道に対する罪」と「ジェノサイド」がどのように生み出されたのかについても探る。本書は十六カ国語に翻訳されベストセラーとなり、英国でベイリー・ギフォード賞を受賞した。サンズ氏は英国ペンクラブの会長に選出された。日本ではペンクラブ会長に大学教授が就任することはよもや考えられないが、これは文筆家としての作者の力量を示している。

この本はまた第二次世界大戦を経験した人が世を去りつつあるなかで、失われた歴史を掘り起こす営みでもある。本書は、東欧の町リヴィウ（現ウクライナ領域）での作者の先祖の生活や氏の祖父と母が戦火を逃れてウィーンそしてフランスに移住したストーリーでもある。物語は、サンズ氏が、祖父の形見から家族の歴史を探っていくという謎解き仕立てになっている。またラウターパクトやレムキンという、国際法を学んだものであれば馴染みのある著名人の隠された接点もつまびらかにされる。原著のタイトルEast West Street: On the Origins of "Genocide" and "Crimes Against Humanity"（直訳は、『東西通り——「ジェノサイド」と「人道に対する罪」の起源について』）は、サンズ氏の祖先が住んでいた通りの名前にちなんでいるが、この物語が、ユダヤ人であるがゆえに東欧から西欧へと移動させられた家族についてである点に着目すれば、タイトルは東（欧）と西（欧）を、またさまざまな文化や人々を結びつけていることさえも暗示している。

『ニュルンベルク合流』
白水社、2018年

サンズ氏は、祖父の遺品である写真や手紙から、祖父の人生を、また彼と関わった人を捜そうとする——すでに故人となっている人を含めて。人探しは意外な展開を見せるのだが、本書の面白さは、著者が、世界大戦下の欧州での出来事を辿りながら、戦争犯罪の形成と、ニュルンベルク裁判について専門家としての視点を交えて描いている点である。ラウターパクトは「人道に対する罪」を起草し、レムキンは「ジェノサイド」を提唱した。本書は、国際法の生成における個人の役割という、これまであまり着目されてこなかった歴史的事実の断片をつなぎ合わせてもくれる。

サンズ氏は、これら研究者の人生を探り国際法の生成プロセスを叙述しながら、国際法学者として、人の権利をどのように捉えるべきか自説を展開する。彼は、人の権利は個人に帰属するというラウターパクトの立場をとり、「意図を以って特定の集団を殺戮する」ジェノサイドに対しては、いささか懐疑的である。その背景には、個人の価値の否定によって彼の家族を始めとする集団が被った忌まわしい過去と、集団性を対象とすることによる個の埋没への危険性を感じているからではないだろうか。

私たちは公的に認知された事柄を「歴史」として学び、個人の経験と結びつけようとするが、この本は、家族の軌跡を歴史の出来事のなかで確認する物語である。サンズ氏の物語から読者は、人が社会と結びつき、世代を超えて歴史を構成していることを知るだろう。さらにこの本は、一見無機質な、国際法の形成の背後にある、人々の営みについても教えてくれる。学問は人と人を結びつけるものであることを本書から学び、また国際法に対して愛おしささえも感じられるのであった。

（関西学院大学　もちづき・やすえ）

リレーエッセイ　海外　私の足あと

青年海外協力隊で出会った人たち

山田　一美

いまから約二十数年前、福島県二本松市の協力隊訓練所で、隊員候補生として八十日間の派遣前訓練を終えた私は、念願の日本語教師としてマレーシアに派遣された。そこにたどり着くまでには、当初考えていたよりもはるかに大変な道のりがあった。まず、日本語教育検定試験に合格し、英語の資格試験で目標のスコアを取得し、協力隊の英語試験、職種（日本語教育）の専門試験、語学適正試験、一般面接、専門面接に合格し、健康状態を整え、且つ、協力隊訓練所での訓練を経たのちの、やっと掴んだマレーシア派遣であった。

派遣された日本語教師隊員たちは、それぞれが異なる地域の学校に赴任した。当時のマハディール首相が提唱したルックイースト政策のもと、東の日本や韓国に習い、国を発展させるための一つの施策として、マレーシア人日本語教師の養成があった。多くのマレーシア人教員を日本の大学に留学させ、帰国後は教育省のいわゆるエリート教育機関である全寮制中高等学校に日本語教師として着任させていた。当時日本語は外国語の中で人気の高い科目であったが、その理由の一つは、日本人の協力隊日本語教師もその全寮制の学校でマレーシア人教師と共に教えていたことにあった。

私はジョホールバルの全寮制女子中高等学校で二年間、第二外国語として日本語を教えた。先輩隊員のKさんやマレーシア人日本語教師のTさんとのティームティーチング、マレーシア全土の日本語教師隊員たちとの教科書改訂作業、全国日本語統一テストの作成、日本語教師会議、数々の学校行事への参加等々、目まぐるしく学校隊員として活動していた。忙しい生活の中で、時々、アフリカに派遣されたGさんやSさんを思い出した。訓練所で同じ班であった彼らは体育教師隊員、理数科教師隊員としてそれぞれケニア、ザンビアに派遣された。たまに届く手紙には、コップ一杯の水で体を洗えるようになった、洗濯物に巨大な蜂がいて、うっかり着てしまったら皮膚の中まで潜られた、またマラリアに罹った、あと一回で日本に強制送還だ、というような過酷な生活の様子が記されていた。私は自分の置かれた環境を彼らと比較せずにはいられなかった。私の周りは、協力隊のそれとはまったくかけ離れていたからだ。赴任地ジョホールバルの対岸はシンガポールで、週末には多くのシンガポール人が物価の安いマレーシア側に買い出しに訪れた。彼らの需要を満たすジョホールバルの町は、いくつもの大型ショッピングモールが立ち並ぶ、まさにビッグシティであった。水道をひねれば普通に水が出てくる、気をつけている限り感染症には罹らない。隊員訓練所でマレーシアは「夢の国」と呼ばれていたが、実際に赴任し、他国の隊員から情報を得ることで、この意味を噛みしめることができた。恵まれた国で隊員活動をしているからといって卑屈になることはなく、与えられた場所で一生懸命に働くのが大事だと思う。

学校隊員には長期休みがある。同期のTさんとは仲良しで、よく一緒に過ごした。非常に頭が切れる人で、洋服やメイクのセンスもよく、いつも品の良いおしゃれをしていた。Tさんは赴任先の首都クアラルンプールでとても生き生きと活動していた。さまざまな観光スポットも心得ていて、日本から来た人たちをよく案内していた。しかし、Tさんは自然をあまり楽しめない人だった。隊員総会がボルネオ島のサラワクで開催されたとき、ワクワクして現地入りした他の隊員たちとは対照的に、Tさんはもう首都に帰りたいといって、バスの中で動かなくなってしまった。窓の外にうつろな目を向け続けるばかりである。トイレもきれいな場所以外では絶対ムリだという。協力隊員がみな自然に関心があり、どのような場所も平気だというわけでは決してないのである。

マレーシアでの活動が原点となり、二人とも希望していた職を得ることができた。いまでも何かといっては連絡を取り合っている。中堅といわれ、仕事の悩みがつきない年齢になっても、会えばすぐに二十代の頃の関係に戻れる友達は本当に貴重だ。協力隊への参加を通して出会えた人たちは、文字通り、私の一生の財産である。

（関西学院大学　やまだ・かずみ）

リレーエッセイ　関西を知る・語る・歩く

ケーブルカーのある風景

大東　和重

ケーブルカーやロープウェイに乗るのが好きである。

六甲山の北、三田市で育ったので、人生で最初に乗ったロープウェイは、有馬温泉と六甲山頂を結ぶ、「六甲有馬ロープウェー」かと思う。行楽や行事で何度も乗った。

ただし、物心ついたときから高所恐怖症である。急傾斜とはいえ地面を走るケーブルカーは安心だが、ロープウェイは何度乗っても下を見ると足がすくむ。留学先の中国では観光地に設けられたリフトによく乗ったが、ゴンドラもなく宙ぶらりんで長時間の乗車はつらい。地面すれすれで十分、高きに上るのは目的でない。

ケーブルカーを利用する目的は、景色のみならず、土地の由来を知ることである。ペナン（マレーシア）や香港といった、大英帝国の旧植民地都市には、決まってケーブルカーが敷かれている。熱帯や亜熱帯の植民地で、英国人が好んだのは、海に面し急峻な山のひかえる地形だった。土地は狭くとも、船舶に必要な水を供給でき、山上には住居や避暑地を設けることができる。ペナン・ヒルしかり、香港のヴィクトリア・ピークしかりで、緯度を移動できないかわりに垂直移動が可能である。

一九二七年三月五日、欧州への留学途上、ペナンに寄港した和辻哲郎は、ペナン・ヒルを登るケーブルカーに乗り、「比叡山のよりはずっと貧弱」との感想を、のちに公開される書簡集『故郷の妻へ』（角川書店、一九六五年）に記した（一一八頁）。有名な『風土――人間学的考察』（岩波書店、一九三五年）は、この垂直移動の経験から説き起こされる。ケーブルカー乗車が、壮大とも時局便乗的ともいうべき文明論を生み出した（詳細は橋本順光・鈴木禎宏編著『欧州航路の文化誌――寄港地を読み解く』青弓社、二〇一七年所収の拙稿参照）。

神戸も英国人が目をつけただけあって、島でない点を除けば、ペナンや香港と姉妹のように似ている。新鮮な飲料水をもたらす六甲山は、格好の運動場や避暑地ともなった。開発の過程で敷かれたケーブルカーに乗ると、土地の歴史が見えてくる。

　六甲山地に向けては、南麓から山上へ、複数の路線がある。六甲山頂へ向かう「六甲ケーブル」、摩耶山頂へ向かう「摩耶ケーブル」及び「ロープウェー」、ハーブ園へ向かう「神戸布引ロープウェイ」の三本があり、やや西に、須磨浦山上遊園へ向かう「須磨浦ロープウェイ」

『欧州航路の文化誌』
青弓社、2017年

がある。景色のよさでは文句なしに摩耶山の掬星台だが、須磨には「カーレーター」なる乗り心地の悪い名物があって捨てがたい。

　関西にはケーブルカーやロープウェイがまだまだある。兵庫は城崎温泉にロープウェイがあり、大阪には能勢妙見に参詣する「妙見の森ケーブル」及び「リフト」がある。京都には比叡山を横断する「叡山ケーブル・ロープウェイ」と「坂本ケーブル」がある。「叡山」は高低差が日本一、「坂本」は長さ日本一で、延暦寺に参詣でき、坂本の門前町を歩くのも楽しい。ケーブルカーの聖地と呼びたい。京都はほかに、石清水八幡宮の本宮に間違いなく参詣できる「男山ケーブル」がある。

　関西のケーブルカーは、山上の宗教施設へ向かう路線が多い。奈良の「吉野山ロープウェイ」、和歌山の「高野山ケーブルカー」もそうである。

　大阪と奈良を分かつ生駒山地や金剛山地も、ケーブルカー天国である。奈良側からは「生駒ケーブル」と「葛城山ロープウェイ」、大阪側からは「西信貴ケーブル」と「金剛山ロープウェイ」がある。信貴山にはかつて「東信貴ケーブル」もあって、しかも二つの山上駅を「信貴山急行電鉄」がつないでいた。今もこれがあれば、比叡山と並ぶ聖地となったことだろう。

　学生時代をのぞけば、生まれも育ちも暮らしも関西。しかし、行ったことのない場所は数知れず残っている。ケーブルカーやロープウェイくらいは、せめて関西で完乗してみたい。滋賀には「坂本」以外に、湖西に「びわ湖バレイロープウェイ」、湖東に「八幡山ロープウェー」がある。次は両者に乗り、琵琶湖を東西から眺め比べてみたい。

（関西学院大学　おおひがし・かずしげ）

連載

世界から

第22回 ノートルダム再建 未来志向か復元か

海老坂 武

四月十六日朝、LINEを見ると火災の写真が入っていた。パリの友人からのものだ。ノートルダム大聖堂の火災らしい。尖塔が焼け落ち、聖堂の屋根組の一部が焼失したことを少しのちにテレビで確認した。

ノートルダムが燃える！　実感としてすぐに響いてはこないのだが、とにかく大変なことだ。フランス人にとってノートルダムとは何か。パリのシンボル？　違いない。そもそもパリという街は、大聖堂のあるシテ島から始まっている。全国の道路標識はすべてこのノートルダムからの距離で測られ、その起源はルイ十五世に遡る。フランス国民の心の支え？　そうかもしれぬ。一九四四年八月、ドイツの占領軍を追い払ってパリを解放したとき、「自由フランス軍」をひきいるドゴール将軍がまっすぐに訪れたのがこの大聖堂であり、祝典の鐘が打ち鳴らされた。

ヴィクトル・ユゴーの『ノートルダム・ド・パリ』をひもといてみよう。この作品以上にその魅力ある姿を描いたものは他にないからだ。そもそもこの小説は、大聖堂の塔の壁石に「運命」という言葉を見つけたことから着想されている。そして小説の途中、第三編の一章ではルネサンス以来貶められてきたこのゴチック建築物の美しさにオマージュがささげられ、美女のエスメラルダをめぐる三人の男たちの恋の話になかなか移っていかないのだ。

その一句を記しておく。

「神の行った天地創造と同じように、力強く豊かな人間の創造物であり、人間は神の創造物から多様性と永遠性という二重の性格を盗みとって、この大聖堂を作りあげたように思われる」

ユゴーはまた、その以前の時代の様式であるロマネスク建築と比較してこうも書いている。

「ゴチック建築の特徴は、鋭いとがった形と大胆な構えをもつ点に認められる。政治的シンボルとしては共同体的、市民的であり、芸術作品としては自由で、気まぐれで、気ま

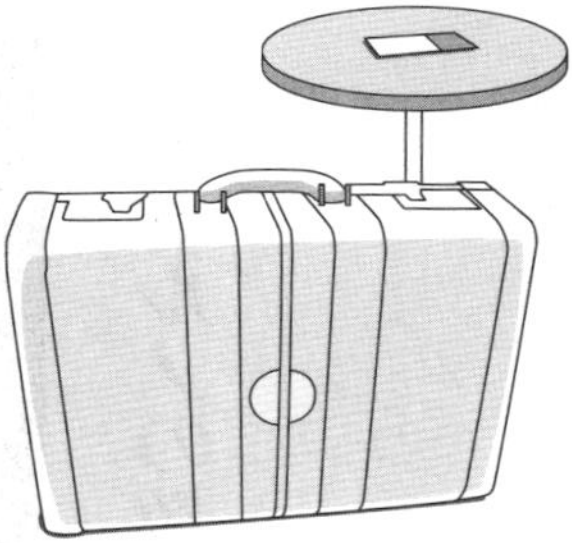

まだ。もはや神聖文字的でも、不変でも、聖職者的でもなく、芸術的で、進歩的で、民衆的な、建築の第二期の変態である」（辻・松下訳）。大聖堂が単にカトリック信者だけでなく、一般の市民に愛される秘密が語られてはいないだろうか。

もしあの人が生きていたら……私は今、哲学者の森有正のことを考えている。彼は一九五〇年代、四十歳の頃に東大のポストを捨ててパリに住み着いた。何故か。「一つの文化、一つの文明に感覚的に不断に触れてのみ、我々は一つの思想に達することができるのだ」（『流れのほとりにて』）。「感覚の純化」の試みに人生を賭けたのだ。その試練の第一の対象がパリの大聖堂で、「まだわからない、まだ感覚の中に映ってこない」と何度もつぶやいている。そして晩年はノートルダムが窓から見える所に住まいを求めた。

ところで、再建の計画は？　再建会議では国際コンペティションの実施が決定された。ただマクロン大統領は次期を含めて自分の在任中にという野心だろうか、「五年以内」と時間を区切り、しかも元どおりの復元でなく。現代建築をと示唆している。この点で建築家の意見も割れている。屋根裏の骨組みの素材をコンクリートや鉄にするか、あるいは元のように樫の「森」にするか。「単なる再建でなく、未来のヴィジョンに向けた視線」とドミニック・ペローは現代性に傾く。他方ロラン・カストロ（六八年五月革命のリーダーの一人だった）は「樫の骨組みの神秘性」にこだわる（L'OBS 25/04/2019）。世論調査ではフランス人の七〇％以上が元どおりの復元を願っている。工事は始まっているが今のところ、横光利一の『旅愁』の主人公たちがその上で寝たという鉛の屋根が溶け落ちた残骸の除去や足場除去など整備の段階にあるようだ。さあ、どのような再建がなされるだろうか。

（フランス文学者　えびさか・たけし）

アドルノの教育思想

「アウシュヴィッツ以後」の啓蒙

関西学院大学教授
白銀《しろかね》 夏樹《なつき》

本書の内容

現在の教育の世界は、全体的に窮屈さを増しているように思われます。到達目標や育成すべき能力を明示し、教育効果を徹底し、改善するためにPDCAサイクルを進める――たしかに合理的ですが、そもそも人が教え学び育つことは合理的な統制に収まらない、もっと豊かなものではないでしょうか。

この問いに導かれながら、本書ではドイツの社会哲学者テオドール・W・アドルノの教育思想を再構成しました。

理性的な社会像と人間像を掲げ、その実現手段として教育を位置づけた啓蒙という知的運動。しかし啓蒙的理性の徹底が暴力と結託し「アウシュヴィッツ」を招いたとアドルノは批判しながら、その再来の回避を教育に期待しました。

ここで問題となるのが彼の根本的な教育観です。理性を徹底し実現する手段として教育をとらえるかぎり、彼が「啓蒙の弁証法」と呼ぶ「アウシュヴィッツ」を招来した原理を抜け出すことはできません。この啓蒙的な教育観とはまったく異なる立論が必要になりますが、彼がそれを語ることはありませんでした。

本書ではその鍵を「多様なものの共生」という理念に見出しました。哲学・社会学・美学に向けられた彼の批判の根底には、「多様なもの」を画一化し分断する理性の問題がありました。そして本書ではこの理念に照らしながらアドルノの教育論を読み解くことで、彼が教育に期待していたものが、「多様なものの共生」を阻むものをそのつど意識し、回避し、除去する「抵抗」にあったことを明らかにしました。学校内の権威主義の除去、普遍的な善と自律の追求よりも現状における悪と他律の回避、「現状がすべてではない」と感知する経験――アドルノが教育実践に求めたのは、理性を万人に徹底し実現することではなく、むしろ現状を支配する合理的な統制を共に警戒しながら、「多様なものの共生」の豊かな可能性を擁護し保持することだったといえます。こうした意味を込めて、本書では彼の教育への期待を「現代社会の只中での抵抗の橋頭堡」と呼びました。

「フクシマ以後」、監視社会、ポスト真実、印象操作、同調圧力、新保守主義など現代の問題を想起しつつ、それに対抗する教育の基礎理論としてお読みいただければ幸いです。

『アドルノの教育思想』
関西学院大学出版会、2019年
A5判　240頁　3000円（税別）

関西学院大学研究叢書への申請

この本は、私の博士学位論文に加筆修正を加えたものです。博士学位論文は学位授与後一年以内の出版かインターネットでの公表が求められます。出版を希望する方も多いでしょう。しかし出版社側としては、学術書の出版は補助金に頼らざるをえない状況です。

出版補助といえば科研の研究成果公開促進費（学術図書）が有名ですが、事務手続きが煩雑なうえ、「どうしてこの本が採択されないの？」という疑問も聞こえます。むしろ私には関西学院大学研究叢書（以下「叢書」）のほうが魅力的でした。学位授与後一年以内の博士学位論文の出版は、最優先で叢書に採択されます。博士学位論文＝売れない学術書、ほぼ確実に出版できる貴重な機会を逃す手はないでしょう。また私は補助金の申請先を叢書だけに絞りましたが、科研にまず申請し、年度初めに出るその採択結果を待って、六月締め切りの叢書に申請することも可能です。

ただ私の場合、学位授与が昨年十月でしたので、「学位授与後一年以内の出版」のためには、七月の叢書採択決定後、三カ月で刊行するスケジュールを組まなければなりませんでした。しかし関西学院大学出版会（以下「出版会」）はそうした事情を汲んで、拙論の内容にも理解を示してくださいました。いつしか私も「叢書に落ちても出版会で刊行するぞ！」という気持ちになり、叢書の申請と同時並行で作業を進めていくことにしました。

叢書に採択され、タイトなスケジュールのなか、このたび出版されることとなりました。博士学位論文の執筆と出版をお考えの方、学位授与のタイミングを含めたスケジュール管理とともに、科研と叢書を管轄する研究推進社会連携機構ならびに出版社への早めの相談をお勧めいたします。

【9、10月の新刊】

『ソウルを歩く』
韓国文化研究はじめの一歩
平田由紀江　山中千恵［編著］
A5判　一八八頁　二〇〇〇円

『19世紀ポーランド社会経済史』
ウッジにおける企業家と近代社会の形成
藤井和夫［著］
A5判　二二〇頁　三八〇〇円

『日本の若者たちは社会保障をどう見ているのか』
阿部敦［著］
A5判　一八四頁　三六〇〇円

『死とスピリチュアルケア論考』
窪寺俊之［著］
A5判　三八〇頁　四八〇〇円

『草はらに葬られた記憶「日本特務」』
日本人による「内モンゴル工作」とモンゴル人による「対日協力」の光と影
ミンガド・ボラグ［著］
A5判　二六四頁　二四〇〇円

『アドルノの教育思想』
「アウシュヴィッツ以後」の啓蒙
白銀夏樹［著］
A5判　二四〇頁　三〇〇〇円

『いま、ことばを立ち上げること』
林香里　細見和之　石井伸介
細川周平［著］
A5判　一〇六頁　予価一〇〇〇円

K・G・りぶれっと47
『はじめての会計と税務』
小西砂千夫　北尾俊樹　菅原正明［著］
A5判　一三四頁　一三〇〇円

K・G・りぶれっと48
『新聞から見る一九二三年の神戸』
『大阪朝日新聞 神戸附録』の研究
神戸近代文化研究会［編］
A5判　一二二頁　一二〇〇円

【近刊】　＊タイトルは仮題

『Feature Transfer and Feature Learning in Universal Grammar』
石野尚［著］

※価格はすべて税抜表示です。

好評既刊

近代神戸の小学校建築史

川島智生［著］

戦前から七〇年代に建てられたものまで、全国千校以上の小学校舎を一校ずつ訪ねて丹念に調査。設計者の人物像にまで掘り下げて研究し、そこに込められた理念を追求する。

A5判696頁7900円（税別）

スタッフ通信

装丁を決めるのは好きな仕事の一つだ。手にとっての触感、表紙を開くと目に飛び込む見返しの色、上製本なら本文の天地に貼る花《はな》布《ぎれ》と栞《スピン》ひも選びも加わる。見本帳を睨みつつ、過去に出会った本の記憶を総動員して選ぶ。

きもののおしゃれのようだ。布にツヤのあるなし、チラリと覗く長襦袢や半襟、帯揚げや帯締めでアクセントを効かせる。

いまやパソコンでデザイン作業のほとんどをこなすが、ものとしての本にするからには手にとって魅力的な一冊になるようこれからも努めます。（松）

コトワリ No. 52　2019年10月発行
〈非売品・ご自由にお持ちください〉

知の創造空間から発信する
K.G. University Press
関西学院大学出版会
〒662-0891　兵庫県西宮市上ケ原一番町1-155
電話0798-53-7002　FAX0798-53-5870
http://www.kgup.jp/　mail kwansei-up@kgup.jp

民《たみ》と神《かみ》と神々《かみがみ》と

—イスラーム・アメリカ・日本を読む

2004年5月25日　第1版第1刷発行

編　者　関西学院大学キリスト教と文化研究センター

発行者　山本 栄一

発行所　関西学院大学出版会

〒662－8501

兵庫県西宮市上ヶ原1－1－155

電　話　0798－53－5233

印刷所　協和印刷株式会社

ISBN：4－907654－49－9

http://www.kwansei.ac.jp/press/